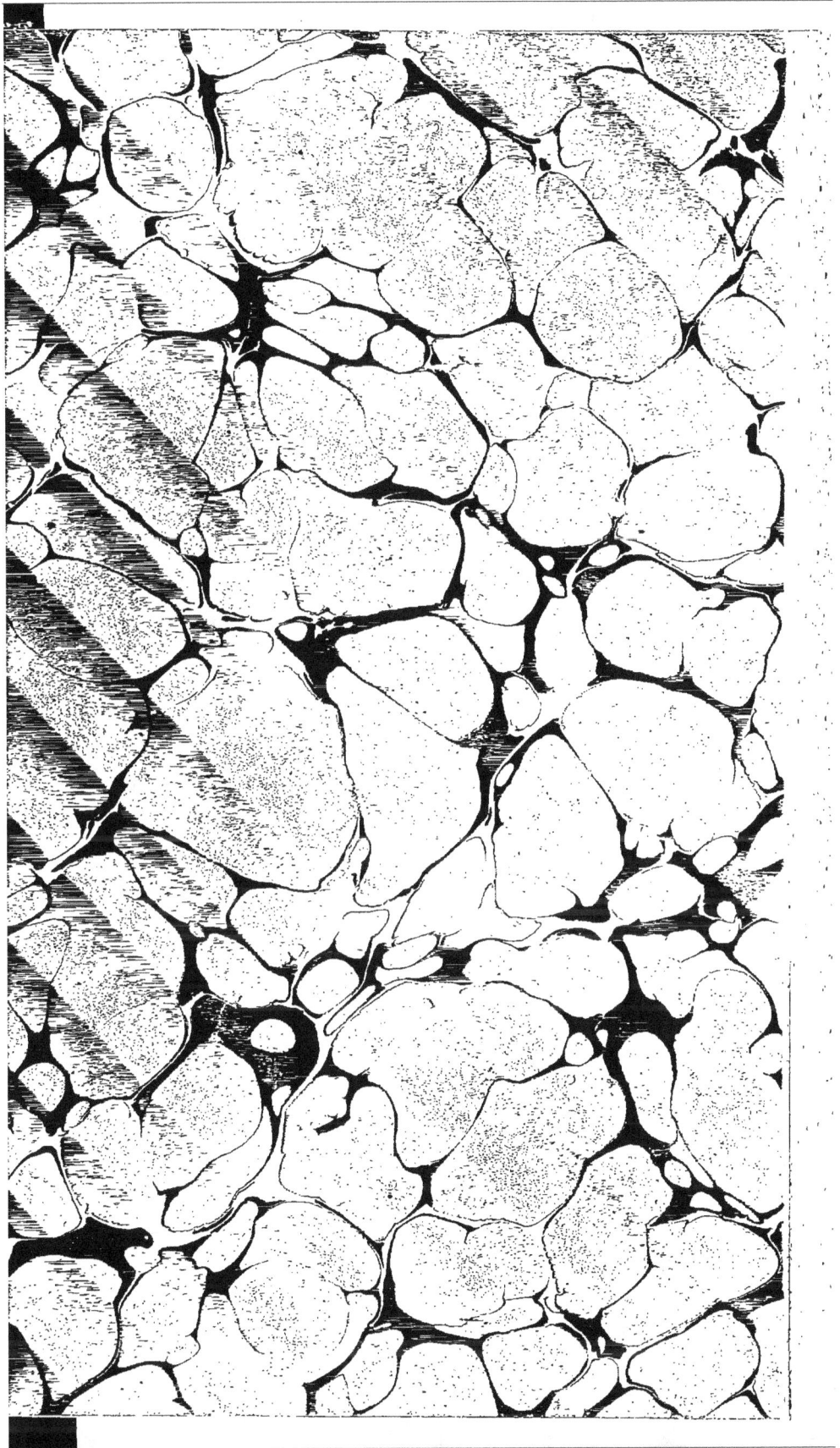

LIBRAIRIE
DE L'ÉCHO DE LA SORBONNE
PARIS, 7, RUE GUÉNÉGAUD.

ENTRETIENS SUR LA LANGUE FRANÇAISE

HISTOIRE

DE

LA GRAMMAIRE

Origine et permutation des Lettres

FORMATION DES MOTS

PRÉFIXES, RADICAUX ET SUFFIXES

PAR

HIPPOLYTE COCHERIS

Conservateur à la Bibliothèque Mazarine
Membre de la Société nationale des Antiquaires de France
Membre du Comité national des Travaux historiques
et des Sociétés savantes au Ministère
de l'Instruction publique
Membre de la Commission d'examen
à l'Hôtel de Ville.

H.C.   F. MÉAULLE SC.

A

MADEMOISELLE MARIE BOUTTEVILLE

HOMMAGE D'AFFECTUEUSE SYMPATHIE ET DE PROFOND
RESPECT.

PARIS. — IMP. JULES LE CLERE ET Cᵉ, RUE CASSETTE, 29.

LIBRAIRIE
DE L'ÉCHO DE LA SORBONNE
PARIS, 7, RUE GUÉNEGAUD.

ENTRETIENS SUR LA LANGUE FRANÇAISE

HISTOIRE
DE
LA GRAMMAIRE

Origine et permutation des Lettres

FORMATION DES MOTS

PRÉFIXES, RADICAUX ET SUFFIXES

PAR

HIPPOLYTE COCHERIS

Conservateur à la Bibliothèque Mazarine
Membre de la Société nationale des Antiquaires de France
Membre du Comité national des Travaux historiques
et des Sociétés savantes au Ministère
de l'Instruction publique
Membre de la Commission d'examen
à l'Hôtel de Ville.

H.C   F. MÉAULLE, sc

©

I

DES DIFFÉRENTS GENRES DE GRAMMAIRE. — GRAMMAIRES FRANÇAISES DU MOYEN AGE.

Mademoiselle,

Vous me demandez la suite de mon cours sur la langue française, désireuse de savoir, dites-vous, ce que je pense de la grammaire, et plus désireuse encore d'apprendre quelque chose de nouveau sur ce sujet tant de fois traité et souvent si mal traité.

Hélas! mademoiselle, il en est de la grammaire comme de toutes les constitutions, elles sont évidemment perfectibles, mais dès que l'on veut y toucher, les routiniers crient au sacrilége, les amendements se retirent, et le dieu Terme inscrit sur sa gaîne de marbre une victoire de plus.

Pour vous dire quelque chose de neuf, il faudrait émettre des opinions, que l'on pourrait peut-être qualifier de subversives, et se laisser aller à des aspirations personnelles qui, fussent-elles excellentes, — et il est permis d'en douter, — n'en seraient pas moins fort mal placées ici.

Je ne peux être et je ne dois être ici que le portevoix des grammairiens célèbres, passés et présents. Je ne serai donc pas l'architecte qui construit, mais le cicerone qui explique les beautés et les imperfections de l'édifice. Seulement, je me permettrai, de temps en temps, malgré mon profond respect pour l'ordre de choses établi, de signaler à votre attention les anomalies, les lacunes et les contradictions que renferme notre code grammatical, de façon à ce que vous sachiez clairement *ce qui a été, ce qui est, et ce qui pourrait être.*

Vous savez, mademoiselle, qu'il y a maintenant, grâce aux progrès de la philologie, quatre sortes de grammaires : la *grammaire générale,* la *grammaire comparée,* la *grammaire historique* et la *grammaire proprement dite.*

La *grammaire générale* s'occupe des principes communs à toutes les langues. C'est la science des signes appliqués à l'expression de la pensée. Elle considère les rapports qui existent entre les modifications de la pensée et les modifications des mots. Elle étudie les lois qui dirigent la formation des langues, et cherche dans la nature de l'intelligence humaine la raison des faits qui se montrent partout les mêmes au milieu de la plus grande diversité.

La *grammaire comparée* traite de la comparaison des formes grammaticales des langues, qu'on suppose être congénères, en suivant les lois qui régissent les permutations phonétiques des lettres.

Son domaine n'est peut-être pas aussi étendu que celui de la grammaire générale, mais il n'en est pas moins considérable. Son étude est d'ailleurs plus féconde en résultats pratiques. Dans la grammaire générale, on peut se laisser aisément tromper par le mirage des idées spéculatives, et faire éclore des théories plus ou moins éblouissantes, mais fort hypothétiques. Dans la grammaire comparée, au contraire, il y a des lois précises, dont on rencontre l'application à chaque instant, et qui vous guident dans l'appréciation de faits nouveaux ou douteux. Sans doute, cette science, toute moderne, laisse encore beaucoup de graves questions à résoudre, mais, si l'on considère les progrès qu'elle a faits depuis un demi-siècle, on ne peut douter de ceux qu'elle fera dans l'avenir, et de l'utilité qu'elle présentera dans l'élucidation de tout ce qui se rattache à l'origine des races qui peuplent l'univers.

C'est ainsi que la classification généalogique de la famille aryenne fut fondée sur la comparaison détaillée des principales formes grammaticales de chacun de ses membres, et que Bopp a su démontrer que le mécanisme grammatical du sanscrit, du zend, du grec, du latin et des dialectes celtiques, teutoniques et slaves, s'était produit une fois pour toutes.

Les dissemblances apparentes entre les désinences sanscrites, grecques et latines, doivent, selon Max Muller, trouver leur explication dans les lois de l'altération phonétique, particulières à chaque dialecte, lois qui ont modifié l'antique type aryen, et l'ont transformé en un grand nombre d'idiomes différents.

La *grammaire historique* est, si je peux m'exprimer ainsi, un diminutif de la grammaire comparée, en ce sens qu'elle établit les rapports qui existent entre une langue mère et une langue dérivée, et qu'elle étudie les phénomènes qui se produisent dans la formation d'une langue, depuis sa naissance jusqu'à son entier développement. Cette étude est des plus intéressantes, puisqu'elle permet de saisir plus aisément la cause des lois compliquées qui régissent l'art d'écrire.

La *grammaire proprement dite* est l'ensemble des règles que l'on doit suivre pour s'exprimer d'une manière conforme à l'usage établi. Elle décrit tous les rouages du mécanisme qui traduit la pensée par des signes, mais elle ne nous dit pas si ces rouages ont toujours existé, s'il y en a de meilleurs ou d'inutiles. Elle constate, voilà tout. Une étude de ce genre ne peut être que sèche et dépourvue d'attraits, et c'est probablement grâce à l'ennui invincible qu'elle procure, que les enfants ont tant de peine à connaître leur langue et à s'en servir correctement. Cette antipathie s'explique d'autant plus facilement que les enfants sont tous épris du *pourquoi* et du *parce que*, et que la simple constatation d'un fait exclut, à leur grand déplaisir, les demandes et les réponses.

Il en est de même de l'étude du droit : lisez le code dans toute sa sécheresse et son aridité, vous ne parcourrez pas trois pages sans rejeter le livre avec ennui. Si, au contraire, vous prenez un article quelconque, celui par exemple qui constate l'obéissance de la femme à son mari, et si, remontant aux lois romaines et barbares, vous trouvez la cause de cette loi... *draconienne*, vous comprendrez non-seulement pourquoi la réciprocité n'existe pas, mais vous serez étonnée de la liberté relative dont vous jouissez, en la comparant à celle que vos aïeules possédaient, sans se plaindre, dit-on.

Je voudrais donc essayer de répondre à vos *pourquoi* par des *parce que*, et, sans faire une grammaire historique proprement dite, joindre aux préceptes officiels l'indication des causes qui les ont produits.

Avant de commencer, permettez-moi, Mademoiselle, de jeter un coup d'œil rétrospectif sur l'étude de la grammaire dans notre pays. Il n'est pas sans intérêt de connaître, au moins superficiellement, les origines bien humbles de ce « fondement de toutes les sciences, »

> ... Qui sait régenter jusqu'aux Rois
> Et les fait, la main haute, obéir à ses lois.

On ne peut créer une théorie qu'après avoir étudié les faits qui permettent de l'établir. Une langue, dans son enfance, n'a donc pas de grammaire proprement dite. Le peuple qui la parle se soumet instinctivement à ce qui deviendra peut-être une loi, mais à ce qui n'est dans le moment que d'un usage passager. Une loi n'est donc que l'écho persistant d'une habitude invétérée, lorsqu'elle n'est pas la reconnaissance officielle d'un droit acquis ou d'un besoin inné.

Il y a donc dans les grammaires deux sortes de règles : celles qui proviennent des langues mères auxquelles les langues nouvelles appartiennent, et celles qui découlent des exemples fournis par les grands écrivains, lorsque la langue est formée. Comme ces dernières sont beaucoup plus nombreuses, et qu'elles constituent à elles seules l'esprit et la valeur originale d'une langue, il est facile de conclure que les grammaires ne se constituent que lorsque la langue est formée. Diderot disait avec raison : « Quand voit-on les critiques et les grammairiens ? Tout juste après le siècle des génies et des producons divines. »

Les grammairiens sont donc, comme on dirait en géologie, de formation récente. Ils sont nés à leur heure, au moment où la langue, fort embarrassée de sa richesse, avait besoin de se mieux connaître et de se laisser conduire.

Dès le XIIᵉ siècle, cependant, il a dû exister des traités qui enseignaient à nos aïeux la structure de leur idiome. La lecture des textes que nous ont conservés les manuscrits et l'étroite observation des règles ne laissent aucun doute à cet égard.

Les plus anciennes grammaires durent être, selon M. Leclerc [1], comme les deux grammaires provençales calquées sur les œuvres de Donat et de Priscien. Elles périrent quand notre langue fut moins asservie au latin ; mais il nous en est resté les mots de *nominatif*, *càs*, *régime*, d'autres encore appliqués primitivement au français.

L'étude de ces divers manuels, même des plus humbles, ceux où l'on apprenait à lire, serait fort instructive aujourd'hui. Nous y verrions comment se modifia, selon les provinces, la manière de prononcer et d'écrire les mots latins qui devenaient les mots d'une langue nouvelle ; quels changements éprouva cette langue elle-même à peu près tous les cinquante ans, et peut-être plus souvent dans l'origine ; en quel temps nos diphthongues *eu*, *oi*, tout en continuant de s'écrire avec les deux syllabes du latin, comme dans *jeune*, *gloire*, ne firent qu'une syllabe ; par quels degrés s'affaiblit et s'effaça la syntaxe latine, favorable, tant qu'elle fut respectée, à la clarté du style, à la liberté des inversions, et dont les altérations successives formèrent avec le temps une langue d'abord moins soumise à des lois faites pour d'autres, mais appelée ensuite, quand elle fut libre, à de brillantes destinées.

En l'absence de documents sur l'ancienne prononciation française, nous nous bornons à conjecturer qu'elle devait être, pour les consonnes surtout, plus douce et plus coulante que la nôtre :

[1] *Histoire littéraire du* XIVe *siècle.* Paris, 1867, 2 vol. in-8º.

c'est ce que des leçons écrites, s'il en restait dont la provenance et la date eussent quelque certitude, nous apprendraient mieux que de simples inductions.

On serait curieux de savoir la pensée des plus anciens maîtres de la nouvelle langue sur la distinction, presque universelle aujourd'hui, entre la forme respectueuse du pluriel en parlant à une seule personne, et la familiarité du tutoiement. Ce moderne solécisme, introduit, disait-on, pour faire honneur à César, avait sa source, comme beaucoup d'autres, dans la corruption du latin. L'adulation des temps de servitude avait fait dire *vos* en s'adressant aux princes, et le *tu* fut réservé aux princes parlant à des sujets. L'usage est dès lors établi. Les rois écrivent aux papes, en latin, *Vos, Vestra Sanctitas,* en français, *Vous, Votre Sainteté.* Les papes disent et écrivent à tout le monde, sans excepter les rois et les empereurs, *tu* et *toi*, prérogative souveraine, qui ne paraît conservée qu'en Espagne. Grégoire XI, dans la lettre française où il refuse à Charles V, pour l'évêque de Paris, le titre de métropolitain, écrit : « Très-chier fils en Dieu, comme, par ton chevaucheur, porteur de cestes, tu nous eusses moult affectueusement escrit que l'Église de Paris voulsissions exempter de l'archevesque de Sens, etc.» Les papes usent aussi de ce protocole dans leurs lettres italiennes. Ils y tenaient au point que les brefs qui n'avaient pas le tutoiement étaient suspects de fausseté.

Malheureusement, nous ne possédons rien d'antérieur à la fin du XIIIᵉ siècle, et encore les trois premières grammaires françaises que nous avons à examiner sont-elles dues à trois Anglais : Colyngburne, Walter de Biblesworth et John Palsgrave.

Vous vous étonnez peut-être que les trois premières grammaires françaises aient été composées par des Anglais. Le hasard n'est pas aussi singulier qu'il le paraît dans cette circonstance, et je vous dirai, comme Max Müller[1] le disait à ses élèves dans sa troisième leçon sur la science du langage, que la grammaire doit son origine à un besoin naturel et pratique. Le premier grammairien pratique fut le premier qui enseigna une langue étrangère, et, si nous voulons connaître les commencements de la science du langage, il faut tâcher de déterminer à quelle époque de l'histoire du monde, et dans quelles circonstances, les hommes songèrent pour la première fois à apprendre une langue autre que la leur. C'est à cette époque-là, et non auparavant, que nous rencontrerons la première grammaire.

La profession de grammairien, si exercée aujourd'hui, est de date relativement récente. Jamais un ancien Grec ne songea à apprendre une langue étrangère, et comment y eût-il songé ? Pour lui, le monde tout entier se divisait en Grecs et Barbares, et il aurait cru s'abaisser en adoptant le costume, les mœurs ou la langue des Barbares, ses voisins.

---

[1] *La science du langage,* cours professé à l'institution royale de la Grande-Bretagne par M. Max Müller, professeur à l'Université d'Oxford, traduit de l'anglais par MM. Georges Harris et Georges Perrot. Paris, 1864, in-8°.

Il regardait comme un privilége de parler grec, et même des dialectes étroitement apparentés au sien étaient traités par lui de purs jargons. Il faut du temps avant que les hommes conçoivent l'idée qu'il est possible de s'exprimer autrement que dans la langue de leur enfance. Les Polonais appelaient les Allemands leurs voisins *niemiec* (de *niemy* muets), tout à fait comme les Grecs appelaient les Barbares *aglossoi* (ceux qui n'ont point de langue) : les Turcs appliquaient aux Autrichiens le nom polonais de *niemiec*, et on suppose que le nom donné par les Germains à leurs voisins les Celtes (walh, vealh, welsh), nom d'où dérive le français *gaulois*, est identique au sanscrit *mlechchha*, qui signifie une personne parlant d'une manière indistincte.

Il en est de même de beaucoup d'autres pays. Le commerce et la politique nécessitèrent des interprètes. Les premiers interprètes furent probablement des enfants de parents qui parlaient deux langues différentes. Le fils d'un Barbare et d'une Grecque parlait naturellement la langue de son père et celle de sa mère, et le premier qui sut en tirer parti donna l'exemple à ceux qui cherchaient un emploi lucratif.

Il n'y aurait donc rien d'extraordinaire à ce que nos premières grammaires françaises aient été composées par des Anglais. Néanmoins, je suis persuadé que nos aïeux ont eu à leur disposition des traités grammaticaux écrits par des Français, antérieurement à ceux que l'Angleterre possède encore dans ses bibliothèques.

Seulement, si l'on juge du soin que devaient avoir de leurs livres classiques les étudiants français du moyen âge, par ce qui se passe aujourd'hui, on peut tirer cette conclusion, que malgré la dureté du parchemin, ces pauvres grammaires s'usaient vite, et qu'elles ne pouvaient résister longtemps aux étreintes des élèves et aux caprices de la mode.

En Angleterre, où tout se conserve beaucoup plus longtemps qu'en France, grâce à l'esprit calme et méthodique de ses habitants, il n'est pas étonnant de retrouver dans les collections publiques ou privées les épaves que le temps a bien voulu nous conserver.

Ce qu'il y a de certain, c'est que dans la première moitié du xiii° siècle les Anglo-Saxons savaient le français, et que par conséquent ils possédaient des grammaires pour l'apprendre.

L'historiette suivante nous en fournit la preuve.

Il y avait en ce temps-là un prêtre qui fêtait tous les ans saint Nicolas. Malheureusement sa bourse se trouva vide au moment où il avait besoin d'argent pour rendre honneur à son patron. Dans sa détresse, il profita des matines pour interroger le son des cloches. L'une lui répondit : *Io ke fray? io ke fray?* (Que ferai-je ? que ferai-je ?) l'autre : *A crey! a crey!* (Un emprunt ! un emprunt !) A moitié satisfait, car il ne savait pas à qui emprunter, il recommença la sonnerie, et il entendit les cloches répondre à toute volée : *Ke de un, ke de el, ke de un, ke de el!* Il emprunta donc des uns et des autres et saint Nicolas fut encore dignement fêté.

Vous tirerez cette conclusion, mademoiselle, que si les cloches parlaient si bien le français, c'est que les sonneurs en savaient bien quelque chose, et que cette science ne s'était pas répandue sans professeurs et sans livres.

II

HISTOIRE DE LA GRAMMAIRE. — DES PREMIÈRES GRAMMAIRES FRANÇAISES PUBLIÉES EN ANGLETERRE.

Votre patriotisme semble souffrir de devoir à des Anglais nos premières grammaires nationales, et que sous Louis IX comme sous Louis XV on ait pu dire :

C'est du Nord, aujourd'hui, que nous vient la lumière.

Réjouissez-vous-en, au contraire : si les Anglais ont fait dans ces temps reculés des grammaires françaises, c'est qu'ils parlaient notre langue, parce que notre langue était universellement adoptée, tandis que vous ne trouverez pas dans le même temps des grammaires anglaises composées par des Français, par la raison inverse, c'est que la suprématie de la langue anglaise est toute moderne.

Je vous ai nommé, dans ma précédente lettre, les trois grammairiens anglais : Colyngburne, Walter de Biblesworth et John Palsgrave. Permettez-moi de vous en dire un mot.

La grammaire de Colyngburne, composée vers la fin du xiii⁰ siècle, est en latin. Elle est intitulée : *Institutiones linguæ gallicæ,* c'est-à-dire *Institutions de la langue française.* Le titre est pompeux, mais trompeur, car il ne renferme que quatre-vingt-dix-huit règles presque toutes relatives à la prononciation. Ce n'est donc pas une grammaire complète, mais un fragment de grammaire sur le rôle des lettres dans les mots. Quoi qu'il en soit, cet ouvrage est curieux et paraît avoir eu, d'après le nombre des manuscrits que l'on conserve encore, une certaine célébrité.

Le traité de Walter de Biblesworth est plus considérable. Il a d'ailleurs l'avantage d'être écrit en français, et qui plus est, en vers. Il est dédié à une dame, lady Dionysie de Monchensi, du comté de Kent, fille de Guillaume de Monchensi, baron de Swanescombe et femme de Hugues de Vere, second fils de Robert, cinquième comte d'Oxford. Il est du commencement du xiv⁰ siècle, et est intitulé : *Le Treytié ke moun sire Gauter de Bibelesworthe fist a madame Dyonisie de Mounchensie pur aprise de language.*

L'auteur joint aux règles de grammaire des préceptes d'éducation; il prend l'homme à sa naissance et le suit jusqu'à son mariage, en indiquant les termes qui servent à nommer les membres du corps humain; puis les termes relatifs à la prière, puis les termes du ménage et des métiers, les noms des bêtes et des oiseaux.

Ce livre curieux destiné à « *aprendre franceys as enfauns* » était écrit en vers de huit syllabes.

Voici un échantillon de cette poésie avec la traduction :

Quant le enfes a tel aage	Quand l'enfant a tel âge,
Ke il scet entendre langage	Qu'il sait entendre le langage,
Prime en fraunceys ly devez dire	Primo en français devez lui dire
Coment soun cors deyt descrivre	Comment son corps doit décrire,
Pur l'ordre avez de moun et ma	Pour l'ordre avoir de mon et ma,
Toun et ta, soun et sa,	Ton et ta, son et sa
K'en parole seyt meut apris.	Qu'en parole soit bien appris,
E de nul autre escharnis.	Et par nul autre raillé,
Ma teste ou moun cheef,	Ma tête ou mon chef,
La greve de moun cheef;	La raie de ma tête,
Fetes la greve au lever,	Faites la raie au lever,
Et mangez la grive au dîner...	Et mangez la grive au dîner...,
Vus devez dire moun hanapel,	Vous devez dire mon hanape
Mount frount e moun cervel.	Mon front et mon cerveau.

L'auteur ne dédaignait même pas les jeux de mots, et quels jeux de mots ! :

Meux vaut *rubye* par *b*	Mieux vaut rubis par *b*
Ke ne feet *rupie* par *p;*	Que ne fait roupie par *p,*
Se bourse eust taunt de rubies	Si la bourse avait autant de rubis
Cum le nees ad de *rupies*	Que le nez a de roupies
Riche sereyt !	Je serais riche !

La grammaire de John Palsgrave est beaucoup

plus récente, puisqu'elle ne parut à Londres qu'en 1530, sous le titre de : *Lesclaircissement de la langue françoyse, composé par maistre Jehan Palsgrave, Angloys, natyf de Londres et gradué de Paris.*

Si l'on en croit le biographe D. E. Baker, l'auteur, né à Londres, étudia la logique et la philosophie à Cambridge, où il prit le grade de bachelier ès arts, après quoi il se rendit à Paris où il devint maître ès arts. Il acquit du français une connaissance tellement approfondie qu'en 1514 il fut choisi pour enseigner cette langue à la sœur de Henri VIII, Marie d'Angleterre, qui devait épouser Louis XII. A la mort du roi de France, Palsgrave rentra avec sa royale élève à Londres, où il devint le maître de français à la mode parmi la jeune noblesse, et l'un des chapelains ordinaires du roi.

Cette grammaire, composée au moment de la Renaissance sur le plan de la célèbre grammaire de Théodore de Gaza, et qui prend ses exemples dans les grands écrivains du règne de François Ier : Lemaire de Belges, Octavien de Saint-Gelais, Alain Chartier, est écrite en anglais et renferme une comparaison perpétuelle entre les deux idiomes voisins. C'est de plus une véritable grammaire, puisqu'elle renferme des chapitres distincts sur la prononciation française et les neuf parties du discours, ainsi qu'un dictionnaire des principaux termes.

Le patriotisme, mécontent de voir Palsgrave à la tête de nos grammairiens français, a cherché à lui susciter des devanciers d'origine française. On a voulu prouver que Geoffroy Tory, de Bourges, avait traité le même sujet dans son *Champ fleury*, publié en 1529, un an par conséquent avant l'apparition de l'*Éclaircissement*, et que Gilles Dewes ou du Guez, mort en 1535, était auteur d'un travail important, dont Palsgrave s'était servi pour ses travaux.

D'abord l'*Éclaircissement* de Palsgrave est trop important pour avoir été composé dans l'espace d'un an. Le livre de Geoffroy Tory, à supposer que Palsgrave l'eût connu, n'eût donc pu lui être que d'une utilité fort secondaire. En second lieu, du Guez critique dans son livre celui de Palsgrave, ce dernier a donc paru avant le travail de du Guez.

Maintenant deux mots sur Geoffroy Tory et sur du Guez.

Geoffroy Tory, Français de naissance, imprimeur érudit, artiste ingénieux, est auteur de plusieurs ouvrages parmi lesquels on cite le *Champ fleury*, mais ce livre ne ressemble en rien à une grammaire, c'est un travail spécial sur les lettres de l'alphabet.

Gilles du Guez, que l'on suppose être français, mais que je crois d'origine flamande, fit paraître, peu de temps après Palsgrave, un traité des plus intéressants, intitulé : *An introductorie for to lerne, to rede, to pronounce, and to speke french trewly, compyled for the right high, excellent and most vertuous lady the lady Mary of Englande, doughter to our most gracious soverayn lorde Kyng Henri the eight;* c'est-à-dire : Introduction pour apprendre, lire, prononcer et parler correctement le français, écrite pour la très-haute et très-vertueuse dame Marie d'Angleterre, sœur de notre très-gracieux souverain, le seigneur roi Henri VIII.

« Ce petit œuvre, dit l'auteur dans sa préface, sera divisé en deux livres dont le premier aura deux parties : la première partie traitera des règles du langage parlé, des lettres qui doivent s'effacer dans la prononciation et pour quel motif. — La seconde partie traitera des noms, pronoms, adverbes, participes, verbes, propositions et conjonctions, avec des règles fixes pour conjuguer. Cette même partie contiendra cinq ou six formes de conjugaison d'un même verbe. *Item*, la conjugaison avec deux pronoms, avec trois, et enfin la conjugaison de deux verbes accouplés. — Le second livre traitera des lettres missives en prose et en vers. Ensemble plusieurs conversations en forme de dialogue pour recevoir un messager de l'empereur, du roi de France, ou de tout autre prince. — Ensemble d'autres conversations, des propriétés de divers mets, de l'amour, de la paix, de la guerre, de l'exposition de la messe, de la nature de l'âme humaine, de la division du temps, avec d'autres objets. »

Si j'ai transcrit ce passage, c'est qu'il peut vous donner une idée exacte des grammaires de ce temps, qui ressemblent fort peu, comme vous le voyez, à celles de nos jours.

Il y a dans cette grammaire des listes de mots classés par ordre de matière, comme dans les Guides de la conversation que l'on publie de nos jours.

Il y en a de très-intéressantes, parmi lesquelles je ne citerai que celles relatives à la toilette des dames du temps. Je ne sais si le vieux professeur était bon juge en pareille matière, mais s'il n'a rien oublié, il faut avouer que la liste d'aujourd'hui serait bien plus longue à dresser que celle qu'il nous a transmise.

Le chemisse.

Le colet.

Les manches.

Le goucerons (gousset).

Les ourletz.

Les coustures.

Le corset.

La cottelette (jupon).

La cotte simple.

La robbe.

Le placart.

Les bonbardes (poignets).

La bordure.

La doublure.

La fourrure.

Le demy chaint (ceinturon).

La chainture.

La bourse.

Lespinceau ou lespinglier (boîte à épingles).

L'attour (coiffure).

Le chapperon à plis.

Le bonnet.

Les crespines (les boucles).

Les beatilles (bandeau de velours).

Les templettes.

Le gorgias.

La colerette.

Le ceuurechief.

Le colet.

Le colier.

Le bracelet.

Lesgrappe (la couture).

Les aneaulz.

La bague.

Le fermall (la broche).

L'afficque.

L'image.

La gavardine (manteau de feutre).

La cornette.

Le manteau.

Le moufflet.

Les coutteaus.

Les patenostres.

Lesmouchail ou mouchoir.

Le lacz (dentelle).

Le lacet.

Le pigne.

La lessive.

Les gantz.

Le dœs (le dé).

Lesguille.

Les espingles.

Les espoussettes ou la verge a esterdre (plumeau).

Les chausses.

Les jartiers.

Les eschapins.

Les soliés.

Les brousequins.

Les pantoufles.

Les forces ou forcettes (ciseaux).

« Dans les dialogues de du Guez, dit le spirituel et paradoxal éditeur de cette grammaire, M. Genin, dans ces dialogues de du Guez, au nombre de dix, la princesse Marie est constamment en scène : tantôt on la suppose recevant un envoyé du roi de France, de l'empereur ou d'un souverain quelconque ; tantôt son aumônier lui expose les cérémonies de la messe, ou les diverses propriétés des mets pour conclure au choix d'un régime alimentaire. Une autre fois, c'est du Guez lui-même qui traite avec elle les points de la métaphysique les plus élevés et les plus délicats, par exemple : « Qu'est-ce que l'âme? » Cette question, examinée sous l'autorité de saint Isidore, ne remplit pas moins de onze pages in-quarto. Un entretien roule sur la paix, un autre, sur l'amour. Nous voyons dans celui-ci que du Guez avait chez la princesse le titre de trésorier, et de plus, que sa royale élève avait coutume de l'appeler en badinant son « mari

d'adoption. Ce petit détail fait connaître la situation
de du Guez à la cour de Henri VIII : le degré de familiarité indique le degré d'estime où il était tenu.
Au surplus, toute idée d'inconvenance est exclue par
l'âge du professeur, trop souvent cloué dans son fau-
teuil par la goutte et obligé de manquer sa leçon ; il y
supplée alors par une lettre d'excuse, soit en vers,
soit en prose, tirant de sa maladie même une occasion d'étude et une nouvelle forme de *devoir* pour
son écolière. Morgane, écuyer tranchant de Marie, se
trouve-t-il dans la gêne avec sa famille ? Du Guez fera
lire à leur commune maîtresse la requête de Morgane, rédigée en manière de leçon de français. Il ne
manque aucune occasion de jeter dans cette jeune
âme les semences de pitié, de générosité, d'honneur
et de tous les bons sentiments [1]. »

Il s'attache plus qu'un simple intérêt grammatical
à ces exercices intellectuels d'une enfant de douze
ans, fille de Henri VIII, sœur aînée d'Élisabeth, qui
devait être un jour l'épouse de Philippe II, et s'appeler, selon la passion des historiens, Marie la Catholique ou la sanglante Marie !

Au point de vue grammatical, le traité de du Guez
n'est pas moins important. Dans la partie de son
œuvre qu'il consacre à la prononciation, il est le
premier, sauf découvertes ultérieures, qui se soit
avisé de noter le son d'une voyelle par un signe ex-
térieur au mot, tandis que Palsgrave ne l'emploie

[1] *L'éclaircissement de la langue française*, par Jean Palsgrave,
suivi de la grammaire de Giles du Guez, publiés pour la première fois en France par J. Genin. Paris, 1852, in-4°.

que pour indiquer la syllabe qui porte l'accent tonique comme *hómme*, *fémmc*, *doulouréuse*, *cóntre*,
éntre, etc. Il marque l'accent avec beaucoup de
soin et d'exactitude, même sur des voyelles où
nous ne le mettons pas, et où il serait logique de le
mettre.

Il y avait, dit avec raison Genin, dans son procédé, le germe de toute une réforme. Auparavant,
l'accent était noté, pour ainsi dire, à l'intérieur du
mot, par des consonnes doubles dont le rôle était
d'influencer la voyelle précédente, en même temps
qu'elles maintenaient le souvenir de l'étymologie;
ces consonnes d'ailleurs étaient muettes dans la prononciation. Du moment que l'accent vient, en se
posant sur une voyelle, en préciser le son et la quantité, de quoi sert pour le langage la double consonne? quand l'usage a prévalu d'écrire avec un
accent circonflexe *même* et *nôces*, que signifie l's dans
mesme et le *p* dans *nopces?* C'est alors que l'hôtel
de Rambouillet se met à la besogne, et que
les précieuses, attentives uniquement au beau parler, et très-insoucieuses de l'étymologie, entrepren-
nent d'arracher des mots les lettres inutiles, per-
suadées qu'elles accomplissent l'œuvre du monde
la plus raisonnable, et nesupprime que les traces
de l'ancienne barbarie. Il y aurait pourtant bien des
arguments en faveur du système déchu : l'accent ne
remplit que la moitié des fonctions de la double
consonne, puisqu'il ne marque pas l'étymologie;
ensuite il n'adhère pas assez solidement au mot; il
disparaît ou s'introduit sans motif, et l'écriture,

témoin infidèle, corrompt le langage. De nos jours,
l'accent circonflexe ne se met plus sur *noces;* cet *o*
qui était fermé s'est ouvert, et la première syllabe
de ce congénère de *nuptial* est devenue brève. Sans
compter, comme nous le verrons plus loin, que
les précieuses ont opéré au hasard, capricieuse-
ment, appliquant leurs réformes aux mots usuels,
et laissant leur ancienne orthographe aux mots
analogues auxquels, pour s'en servir plus rarement, elles ne songeaient pas. Pourquoi, par exemple, ont-elles supprimé le *p* de *ptisane* et non celui
de *psaume?* celui de *nepveu* et non celui de *baptême?*
C'est qu'elles ont agi sans discernement. Au lieu
d'un système nouveau et incomplet, dont l'illusion
a rempli notre langue d'inconséquences et d'incer-
titudes, il eût bien mieux valu rechercher et remettre sous les yeux du public l'esprit des lois qui ré-
gissaient notre premier système d'orthographe.

Ce qu'il y a de curieux, c'est que le système d'accentuation, imaginé par du Guez dans le seul but
de faciliter la prononciation de la langue aux étrangers, ait eu plus de succès et de portée qu'il ne s'y
était attendu, puisque son invention a été adoptée
définitivement dans l'orthographe française.

La clarté et la brièveté de la grammaire de du
Guez assurèrent son succès ; l'ampleur de celle de
Palsgrave la fit dédaigner. On préféra la légèreté de
l'in-dix-huit à la lourdeur de l'in-folio. David avait
réussi à tuer Goliath.

Par un juste retour des choses d'ici-bas, le défaut
de Palsgrave est devenu aujourd'hui une qualité,

et nous devons à sa prolixité les renseignements les plus précis et les plus nombreux sur notre langue au commencement| du xvie siècle.

Si je me suis arrêté si longuement sur ces deux grammaires de du Guez et de Palsgrave, c'est que d'abord elles étaient les plus anciennes et qu'ensuite elles étaient dédiées à des femmes.

Vous avouerez comme moi, Mademoiselle, que si les jeunes princesses du xvie siècle daignaient étudier avec ardeur des grammaires aussi difficiles que celles dont je viens de parler, il est, je ne dirai pas naturel, mais nécessaire que, trois cents ans après, sous peine de déchoir et de s'insurger contre la loi du progrès, les jeunes filles du xixe siècle apprennent à connaître l'histoire de leur langue maternelle.

III

HISTOIRE DE LA GRAMMAIRE. — DES TENTATIVES FAITES PAR LES GRAMMAIRIENS POUR CHANGER L'ORTHOGRAPHE. — RÉVOLUTION OPÉRÉE PAR LES PRÉCIEUSES.

Je vous ai parlé, dans ma dernière lettre, des premières grammaires connues ; aujourd'hui je vais vous entretenir des grammaires françaises qui ont suivi ces premiers essais, et dans lesquelles nous allons voir se développer les théories présentées par les divers savants qui se sont occupés de donner une constitution à la langue ; théories tantôt acceptées, tantôt rejetéés, puis reprises, enfin considérées comme excellentes, et conservées comme telles dans nos grammaires modernes.

La plus grande difficulté à vaincre dans cette énumération consiste dans le choix des ouvrages les plus intéressants à connaître. Sans doute, dans les siècles de formation, à l'époque où la langue se constitue officiellement, chacun apporte sa pierre à l'édifice, et il n'y pas de traité, quelque mince qu'il soit, qui ne renferme quelquefois d'heureuses innovations. Dans un cours qui, sans être élémentaire, n'a pas cependant la prétention de s'adresser à des spécialistes, il faut garder une certaine mesure et faire un choix. D'ailleurs, tous les grammairiens du xvi° siècle se ressemblent. Leurs ouvrages ne renferment que des règles purement lexicographiques ou étymologiques ; quant à la syntaxe, pas un mot. Ce qui les occupe tous, c'est l'orthographe. Comment les mots doivent-ils s'écrire ? Doit-on, en sacrifiant à l'étymologie, mettre dans les mots des lettres qui ne se prononcent pas, mais qui servent de fil conducteur pour ramener le mot à son origine première ? Doit-on, au contraire, laisser de côté ces défroques d'un autre âge, deshabiller les mots de leur costume pédantesque et les écrire dans le simple appareil que la prononciation leur donne ? Ceci est une grave question, qui n'a cessé d'être agitée depuis le xvi° siècle, et que le vénérable doyen de la typographie française, M. Ambroise Firmin Didot, a renouvelée dernièrement avec autant de sagacité que d'érudition. Le sujet est d'autant plus intéressant, qu'à propos de voyelles et de consonnes, on arrive, sans le vouloir, à toucher à ces éternelles questions de réglementation et de liberté. — Pourquoi m'imposer un système orthographique, disent les uns ? — Pour écrire d'une

manière uniforme et logique, répondent les autres.
— Mais, reprennent les amis de la liberté, votre uniformité est un mot et votre logique est pleine de
contre-sens. — Il n'y a pas de règle sans exception,
répondent imperturbablement les partisans du *statu
quo.* — Allons donc, reprennent les libéraux, vous
savez bien que dans votre système, il y a plus d'exceptions que de règles.

La querelle dure depuis des siècles, et je crois
qu'elle ne sera pas terminée de sitôt. En attendant,
il est bon de connaître l'histoire de cette lutte, dans
laquelle le vaincu n'a pas tous les torts.

C'est à Louis Meigret que revient l'honneur d'avoir
déclaré la guerre aux partisans de l'orthographe
savante. La première arme dont il se servit contre
ses ennemis fit feu en 1542. C'était une plaquette
assez mince, intitulée : *Traité touchant le commun usage
de l'escriture françoise faict par Loys Meigret, Lyonnois :
auquel est débattu des faultes et abus en la vraye et ancienne puissance des lettres,* qu'il fit suivre bientôt après
d'une grammaire intitulée: *Le Tretté de la grammere
françoeze, fet par Louis Meigret, Lionoes,* 1550, grammaire d'autant plus remarquée qu'elle était la première écrite en français, et la seconde parue en
France. Meigret n'avait été, en effet, précédé que
par Jacques Dubois (Jacobus Sylvius), auteur du
premier ouvrage grammatical imprimé en France,
dans l'intérêt unique de la langue française, mais
écrit en latin, cause probable du succès relatif qu'il
obtint, malgré la haute protection de la reine de

France, Éléonore d'Autriche, à laquelle cet ouvrage est dédié.

Pour en revenir à Meigret, son livre émut le public. On lui répondit. Il eut des défenseurs et des détracteurs. En un mot il fit école, et l'on devint Meigreitiste ou Guillaumiste, suivant la bannière sous laquelle on s'était rangé. Le combat dura long-temps, mais il finit à la façon des débats de Tris-sotin et de Vadius. Les raisons manquant, on en vint aux gros mots, on se traita d'ignorant, de ca-lomniateur, d'âne et de sanglier, puis tout rentra momentanément dans le silence.

Cette première escarmouche eut cependant quel-ques bons résultats. Les partisans de la réforme ob-tiennent la cédille sous le *c*, dans le cas où cette lettre prend le son de l'*s*, et la suppression du *g* dans les mots où il n'était pas prononcé, tels que *co-gnoistre, ung, besoing*, écrits depuis *connoistre, un, bé-soin*.

La première faute commise par Meigret est d'avoir voulu prendre pour base de son système la pronon-ciation, la seconde est d'avoir été trop radical. Il finit par le comprendre lui-même, puisque dans sa tra-duction du fameux livre d'Albert Dürer, *les Propor-tions du corps humain*, il eut le bon goût de se confor-mer à l'usage.

La petite victoire remportée par les Meigreitistes n'était pas assez complète pour clore le différend. Un nouveau champion ne tarda pas à se présenter dans l'arène. Ce nouveau champion était Ramus, autrement Pierre de la Ramée, savant illustre, qui voulut à son tour tenter un nouvel assaut. « Le peuple, dit-il, est souverain seigneur de sa langue, et la tient comme un fief de franc-aleu, et n'en doit recongnoissance à aulcun seigneur. L'escolle de ceste doctrine n'est point ès auditoires des professeurs hébreux, grecs et latins de l'Université de Paris ; elle est au Louvre, au Palais, aux Halles, en Grève, à la place Maubert. »

En lisant ces réflexions pleines de bon sens, vous vous figurez peut-être, Mademoiselle, que Ramus va simplifier la langue et en rendre l'orthographe facile au peuple dont il célèbre l'autorité. Erreur ! Ramus est trop helléniste, trop savant, en un mot, pour créer un système facile. Au lieu de supprimer simplement les lettres parasites et de laisser à la postérité le soin d'éliminer peu à peu les anomalies perpétuelles que l'on rencontre dans la formation des mots identiques, il remplace par des signes particuliers l'*e* muet, les *ll* mouillés, le *ch*, le *gn* et le *nt*. C'était une révolution trop radicale et d'ailleurs trop savante. Jugez-en par ce passage (1) :

« Apres avoer rɛconu, ami lecteur, sɛ cɛ j'avoe publie dɛ la gramerɛ tan'grecɛ cɛ latinɛ, j'e prin' plezir a considerer selɛ dɛ ma patrie, de lacelɛ, lɛ premier auteur a ete Jacɛ du Boes, exelen' profeseur de medɛsinɛ, ci entr' autre ξozɛs a taξe a reformer notr' ecriture, etc. »

(1) Dans cé spécimen, vous verrez que l'ɛ a la valeur de l'*e* muet, l'*e* de l'*é*, le c du k, le ξ pour ch, etc.

Lorsque ses amis lui firent quelques réflexions sur les obstacles que rencontrerait un semblable système, Ramus répondit par cette historiette : « Quant à ces crieries que vous alleguez, ce seroit le mesme qu'il advint du temps du grand roy François, quand il commanda par toute la France de plaider en langue françoise. Il y eut alors de merveilleuses complainctes, de sorte que la Provence envoye ses députés par devers Sa Majesté pour remonstrer ces graves inconvéniens que vous dictes. Mais ce gentil esprit de Roy, les délayans (c'est-à-dire mettant des délais) de mois en mois, et leur faisant entendre par son chancellier qu'il ne prenoit point plaisir d'ouir parler en aultre langue qu'en la sienne, leur donna occasion d'aprendre soigneusement le françois : puis quelque temps après ils exposerent leur charge en harangue françoyse. Lors ce fut une risée de ces orateurs qui estoient venus pour combatre la langue francoyse, et neantmoins, par ce combat, l'avoient aprise, et par effet avoient monstré que, puisqu'elle estoit si aysée aux personnes d'aage, comme ils estoient, qu'elle seroit encores plus facile aux jeunes gens, et qu'il estoit bien seant combien que le langaige demeurast à la populasse, neantmoins que les hommes plus notables, estans en charge publique, eussent, comme en robbe, ainsi en parolle, quelque præeminence sur leurs inferieurs. »

L'histoire était amusante, mais elle ne persuada pas les adversaires de Ramus, et l'un d'eux, le célèbre Étienne Pasquier, partisan de ce qui existait, lui écrivit avec sa verve gauloise la lettre que voici :

A Monsieur Ramus, Professeur du Roy, en la Philosophie et Mathématique.

« Or sus, je vous veux denoncer une forte guerre, et ne m'y veux pas presenter que bien empoint. Car je sçay combien il y a de braves Capitaines qui sont de vostre party. Le premier qui de nostre temps prit ceste querelle en main contre la commune, fut Louys Meigret, et après luy Jacques Pelletier grand poëte, arithméticien et bon médecin, que je puis presque dire avoir esté le premier qui mit nos poëtes françois hors de page. A la suitte desquels vint Jean Antoine de Baïf, amy commun de nous deux, lequel apporta encores des regles et propositions plus estroites. Et finalement vous, pour clorre le pas, avez fraischement mis en lumiere une grammaire françoise, en laquelle avez encores adjousté une infinité de choses du vostre, plus estranges que les trois autres. Je dy nommement plus estranges; car plus vous fourvoyez de nostre ancienne ortographe, et moins je vous puis lire. Autant m'en est-il advenu, voulant donner quelques heures à la lecture de vos partisans. Je scay que vostre proposition est très-précieuse, de prime rencontre : car si l'escriture est la vraye image du parler, à quoy nous pouvons-nous plus estudier que de representer par icelle en son naïf, ce pourquoy elle est inventée : Belles paroles vrayement. Mais je vous dy que quelque diligence que vous y apportiez, il vous est impossible à tous de parvenir au dessus de vostre intention. Je le cognois par vos escrits : car combien que decochiez toutes vos fleches à un mesme blanc, toutesfois nul de vous n'y a sçeu attaindre, ayant chacun son ortographe particuliere, au lieu de celle qui est commune à la France. Comme de faict nous le voyons par l'Apologie que Pelletier a escrit encontre Meigret, où il le reprend de plusieurs traits de son orthographe. Et vous mesmes ne vous rapportez presque en rien par la vostre à celle, ny de Meigret, ny de Pelletier, ny de Baïf. Qui me faict dire que, pensant y apporter quelque ordre, vous y apportez le désordre : parce que chacun se donnant la mesme liberté que vous, se forgera une orthographe particulière. Ceux qui mettent la main à la plume, prennent leur origine de divers païs de la France, et est mal aisé qu'en nostre prononciation il ne demeure tousjours en nous je ne sçay quoy du ramage de nostre païs. Je le voy par effect en vous, auquel, quelque longue demeure qu'ayez faite dans la ville de Paris, je recognois de jour à autre plusieurs traits de vostre picard (l'auteur était du Vermandois) tout ainsi que Pollio recognoissoit en Tite-Lvie, je ne scay quoy de son padouan...

« A quel propos donc tout cela ? Non certes, pour autre raison, sinon pour vous monstrer qu'il ne faut pas estimer que nos ancestres ayent temerairement ortographié, de la façon qu'ils ont faict, ny par consequent qu'il falle aisement rien remuer de l'ancienneté, laquelle nous devons estimer

l'un des plus beaux simulachres qui se puisse présenter devant nous, et qu'avant de ne rien attenter
au prejudice d'icelle, il nous faut presenter la corde
au col, comme en la république des Locriens, et à
peu dire que tout ainsi qu'anciennement en la ville
de Marseille ils executoyent leur haute justice avec
un vieux glaive enroüillié, aymans mieux user de
celuy-là, que d'en rechercher un autre qui fust fran-
chement esmoulu, aussi que nous devons demeurer
en nostre vieille plume : je ne dy pas que s'il se
trouve quelques choses aigres, l'on n'y puisse apporter quelque douceur et attrempance, mais de
bouleverser en tout et partout sens dessus dessous
nostre orthographe, c'est, à mon jugement, gaster
tout. Les longues et anciennes coustumes se doivent
petit à petit desnoüer, et suis de l'opinion de ceux
qui estiment qu'il vaut mieux conserver une loy en
laquelle on est de longue main habitué et nourry,
ores qu'il y ait quelque défaut, que, sous un pre-
texte de vouloir pourchasser un plus grand bien, en
introduire une nouvelle, pour les inconveniens qui
en adviennent auparavant qu'elle ait pris son ply
entre les hommes. Chose que je vous prie prendre
de bonne part, comme de celuy, lequel, combien
qu'il ne condescende à vostre opinion, si vous res-
pecte-t-il et honore pour le bon vouloir qu'il voit que
vous portez aux bonnes lettres. A Dieu[1]. »

Entre Pasquier et Ramus, il y avait la distance qui

---

[1] Les Œuvres d'Estienne Pasquier, *Amsterdam*, 1723, 2 vol.
in-fol., t. 2. p. 55.

sépare un conservateur d'un irréconciliable. Ramus
ne céda pas. Il est regrettable qu'on n'ait pas adopté
dans son système ce qu'il y avait d'excellent, à savoir de ne donner aux lettres qu'une valeur constante et unique.

Les travaux de Ramus ont été néanmoins fort
utiles, en dehors des lumières qu'un savant de cet
ordre apporte dans toutes les discussions auxquelles
il prend part. Il nous a permis, grâce à son système,
qui représente avec une fidélité à peu près absolue
la prononciation par l'écriture, de juger de la prononciation sous Henri II ce qui est un grand service rendu à l'Histoire de la langue française. Enfin
parmi les conquêtes qui sont dues à son initiative,
il faut signaler la distinction du *v* et de l'*u*, et celle
de l'*i* du *j*, lettres qui, à cause de ce changement,
ont été appelées longtemps *consonnes ramistes.*

Les successeurs de Ramus et de Meigret conti-
nuèrent à demander une réforme orthographique,
mais d'une façon plus molle et beaucoup moins radicale. Il y en a bien quelques-uns qui voulurent se
singulariser en demandant des choses impossibles,
mais c'était de leur part orgueil et folie, et je ne leur
ferai pas l'honneur de vous les citer.

Nous aurions donc encore notre ancienne orthographe, et la cause des Meigretistes aurait été
peut-être perdue à jamais, si, par un de ces caprices dont je ne veux pas ici qualifier la singularité, des femmes ne l'avaient prise en mains et fait

réussir dans une certaine mesure. Voici l'histoire de cette révolution, racontée par Somaize, le chroniqueur des Précieuses [1].

« L'on ne sçauroit parler de l'orthographe des Prétieuses sans rapporter son origine, et dire de quelle manière elles l'inventèrent, qui ce fut et qui les poussa à le faire. C'estoit au commencement que les Prétieuses, par le droit que la nouveauté a sur les Grecs (lisez les Français), faisoient l'entretien de tous ceux d'Athènes (lisez Paris), que l'on ne parloit que de la beauté de leur langage, que chacun en disoit son sentiment et qu'il faloit nécessairement en dire du bien ou en dire du mal, ou ne point parler du tout, que l'on ne s'entretenoit plus d'autre chose dans toutes les compagnies. L'éclat qu'elles faisoient en tous lieux les encourageoit toutes aux plus hardies entreprises, et celles dont je vais parler, voyant que chacune d'elles inventoient de jour en jour des mots nouveaux et des phrases extraordinaires, voulurent aussi faire quelque chose digne de les mettre en estime parmy leurs semblables, et enfin, s'estant trouvées ensemble avec Claristene (M. Le Clerc), elles se mirent à dire qu'il faloit faire une nouvelle orthographe, afin que les femmes peussent écrire aussi asseurement et aussi corectement que les hommes. Roxalie (madame Le Roy), qui fut celle qui trouva cette invention, avoit à peine achevé de le proposer que Silenie (mademoiselle Saint-Maurice) s'écria que la chose estoit faisable. Didamie (mademoiselle

[1] *Dictionnaire des Précieuses*; article *ortographe*, par Somaize, nouv. édit., par Ch. L. Livet. Paris, 1856, 2 vol. in-16.

de la Durandière) adjoûta que cela estoit mesme facile, et que, pour peu que Claristene leur voulut
aider, elles en viendroient bien tost à bout. Il estoit
trop civil pour ne pas répondre à leur prière en ga-
land homme ; ainsi la question ne fut plus que de
voir comment on se prendroit à l'exécution d'une si
belle entreprise. Roxalie dit qu'il faloit faire en sorte
que l'on put écrire de mesme que l'on parloit, et,
pour exécuter ce dessein, Didamie prit un livre,
Claristene prit une plume, et Roxalie et Silenie se
preparent à decider ce qu'il faloit adjouster ou diminuer dans les mots pour en rendre l'usage plus
facile et l'ortographe plus commode. Toutes ces
choses faites, voicy à peu près ce qui fut décidé
entre ces quatre personnes : *que l'on diminueroit tous
les mots et que l'on en osteroit toutes les lettres superflues.*
Je vous donne icy une partie de ceux qu'elles corri-
gerent, et, vous mettant celui qui se dit et s'écrit
communément dessus celuy qu'elles ont corrigé, il
vous sera aisé d'en voir la difference et de connoistre
eur ortographe [1] :

Teste	Plust	Empesche	Doutast
Téte	*Plút*	*•Empéche*	*Doutât*
Prosne	S'esriger	Aage	Connoist
Prône	*S'ériger*	*Age*	*•Conaît*
Autheur	Nostre	Plaist	Souffert
Auteur	*Nôtre*	*Plaît*	*•Soûfert*
Hostel	Mareschal	Crespules	Gasloit
Hôtel	*Maréchal*	*•Crépules*	*Gâtait*

[1] Tous les mots en italique sont ceux qui ont été corrigé
par les Précieuses. Les mots qui sont précédés d'un point sont
ceux que l'usage n'a pas ratifié.

Raisonne
Résonne

Supresme
Suprême

Meschant
Méchant

Troisiesme
Troisiéme

Deffunct
Défunt

Patenostre
Patenôtre

Dis-je
Di-je

Pressentiment
Présentiment

Esclairée
Éclairée

Extraordinaire
Extr'ordinaire

Efficace
Eficacé

Respondre
Répondre

Extresme
Extrême

S'eslève
S'éleve

Esloigner
Eloigner

Seureté
Sûreté

Resjouissances
Réjouissances

Escloses
Écloses

S'esvertue
S'évertue

Flustes
Flûtes

Tousjours
Toújours

Des-ja
De-ja

Estrange
Etrange

Espanouir
Épanouir

Aussitôt
Aussi-tôt

Tesmoigner
Témoigner

Esclaircissement
Éclaircissement

Treize
Tréze

Esvaporez
Évaporez

Sixiesme
Sixiéme

Desbauchez
Debauchez

Taist
Taît

Diadesme
Diadéme

Estoit
Etoit

Masles
Mâles

Adjoustes
Adjoúte

Lasches
Lâches

Esblouis
Eblouis

Veu
Vú

Chrestien
Chrétien

Paroist
Parêt

Accommode
Acomode

Coustoit
Coûtoit

Mesler
Méler

Chaisne
Chaîne

Mesconnoissante
Méconnoissante

Paroistre
Parêtre

Eslargir
Elargir

Espoux
Époux

Vostre
Vôtre

Mesme
Même

Apostre
Apôtre

Estre
Être

Fleschir
Fléchir

Mettre
Métre

Tantost
Tantôt

Unziesme
Unziéme

Menast
Menât

Chasteau
Château

Laschement
Lâchement

Reconnoistre
Reconnétre

Maistre
Maître

Vouste
Voûte

Bastit
Bâtit

Quester
Quêter

Roideur
Rédeur

Nopces.
Noces

Faicts.
Faits

L'esté.
L'été

Dosme
Dôme

Opiniastreté
Opiniâtreté

Qualité
Calité

Froideur
Frédeur

Vieux
Vieu

Effects
Efets

Desplust
Déplât

Coustume
Coûtume

Fantosmes
Fantômes

Avecque
Avéque

Indomptable
Indontable

Attend
Atten

Sçait
Sait

Aisles
Ailes

Goust	Grands	Tasche	Aspre
Goút	*· Grans*	*Tâche*	*Apre*
D'esclat	Defferat	Caresme	Vistre
D'éclat	*· Déferat*	*· Carême*	*· Vîtres*
Escrits	Thrésors	Despit	Triomphans
Écrits	*Trésors*	*Dépit*	*· Trionfans*
Solemnité	Entousiasme	Catéchisme	Advocat
Solennité	*· Entousiâme*	*· Catechîme*	*Avocat*
Estale	Huictiesme	Descouvre	Pied
Étale	*· Huictiéme*	*Découvre*	*· Pié*
Establir	Escuelle	Folastre	Reprend
Établir	*Ecuelle*	*Folâtre*	*· Repren*
Eschantillon	Jeusner	Advis	Scavoir.
Echantillon	*· Júner*	*Avis*	*Savoir*
L'aisné	Blesmir	Naistre	
L'aîné	*· Blémir*	*Naître.*	
Effarez	Effroy	Brusle	
Efarez	*· Efroy*	*Brûle*	

Comme vous pouvez en juger, Mademoiselle, la victoire des Précieuses a été pour ainsi dire complète, et cette révolution faite par trois femmes s'est accomplie en l'espace de quelques heures, sans livres ni journaux. Vous ne direz plus maintenant, Mademoiselle, qu'il y a un sexe faible, ou du moins que vous en faites partie, car trois femmes ont obtenu, en moins de temps qu'il n'en faut pour vous l'apprendre, ce que des savants de premier ordre n'avaient pu réaliser en cinquante ans de lutte.

Je vous dirai dans ma prochaine lettre ce que je pense de cette révolution.

IV

GRAMMAIRIENS ET RÉFORMATEURS CONTEMPORAINS

On a dit en parlant de certaines victoires de l'Empire que c'étaient de véritables défaites, en ce sens que les bénéfices obtenus ne compensaient pas les pertes matérielles constatées. Je porte le même jugement sur le succès éclatant remporté par les Précieuses contre les partisans de l'ancienne orthographe. Ce n'est pas quelques lettres de plus ou de moins qui facilitent beaucoup la connaissance de la structure des mots, tandis que leur présence en révèle l'origine et permet d'en saisir exactement la valeur et le sens. La grammaire est un art, il ne faut pas l'oublier, et comme tous les arts, elle a ses privilégiés, elle demande des adeptes et non pas des indifférents. Elle

dédaigne la foule ignorante et grossière, elle n'aime
que ceux qu'elle initie à ses mystères.

Remarquez, d'ailleurs, Mademoiselle, la singulière
origine de cette réforme. Quelle est la pensée des
Précieuses? « Rendre l'ortographe plus commode »
c'est-à-dire plus grossière, pour écrire « aussi assu-
rément et aussi correctement que les hommes. »

Ainsi l'orgueil s'allie à la paresse pour abaisser le
niveau qu'ils ne peuvent atteindre; ainsi, le sexe
aristocratique par excellence, la femme, partisan de
l'exception et du privilége, démocratise le langage
pour en avoir plus facilement raison.

Faire vite, qui est le cri héraldique du xix° siècle,
a son origine dans le coup d'État des Précieuses, et
je ne donne pas un siècle à notre civilisation pour
qu'on écrive sténographiquement en style de dépêche
électrique.

Il est certain, diront nos enfants, que les mots sont
trop longs, on n'en finit pas d'écrire à ses amis et de
lire les bons auteurs. Il serait si simple par exemple
d'imprimer ainsi l'Art poétique.

> S'et an vin q'ò Parnasse un temeraire oteur,
> Panse de l'ar dé vers àteindre la hôteur.

Mais, s'écrieront nos petits-enfants, cette façon
d'écrire est beaucoup trop lente, il y a trop de lettres
et rien n'indique la manière de scander. Ne serait-il
pas bien plus simple d'écrire :

> Setanvin qôparna suntemere rôteur,
> Pan sedelardever zatin drelaôteur.

Vous croyez peut-être, Mademoiselle, que je plai-

sante, et cependant je n'invente rien. Ce que j'impute
à nos petits-enfants, a été imprimé ainsi, il y a quelques années, *en vue du progrès.*

Pour revenir à la raison et aux Précieuses, je trouve
que leur système orthographique a l'inconvénient de
faire disparaître dans les mots les lettres qui servent
de jalons étymologiques sans supprimer pour cela
les difficultés du langage, en un mot, de mettre le
désordre dans une langue que l'on écrit tantôt suivant l'étymologie, tantôt selon le caprice.

A mon avis, la réforme qui serait à faire — si tant
est qu'une réforme soit à faire — devrait consister
dans la création d'une orthographe populaire, indé-
pendante de l'orthographe légalisée par l'Académie.
Les lettres n'auraient qu'un son, on supprimerait les
doubles lettres et on créerait des signes pour représenter les sons des voyelles doubles *in, ou, an,
on* et *eu.* Cette orthographe offrirait les avantages de
la rapidité et de la clarté, et elle conserverait intacte
celle qui existe aujourd'hui.

Ainsi nous continuerions à écrire, *Laon, faon, pharaon,* tandis que dans l'orthographe populaire, étant
donné le signe ω pour représenter le son *an,* et le si-
ↄ renversé pour représenter le son *on,* on aurait *lω,
fω* et *faraↄ.* Du reste, les auteurs de propositions orthographiques ne manquent pas, et il y a quarante
ans, un nommé Marle alla aussi loin qu'on peut aller
en traduisant de la façon suivante dans son *Apel o
fransé* une lettre du secrétaire perpétuel de l'Académie française, le spirituel Andrieux, qui avait eu
la bonté de lui répondre :

Mosieu

Il è d'un bon èspri de dézíré la réforme de l'orto-
grafe francèze aqtuèle, de vouloir la randre qonforme,
ôtant qe posible, à la prononsiasion ; il è d'un bon
grammeriin è même d'un bon sitoiin de s'oqupé de
sète réforme ; mez il è difisile d'i réusir. Voltaire,
aprè soisante é diz an de travô, èt à peine parvenu à
nous fère éqrire *français* qome *paix*, é non pâs qome
françois é *poix* ; on trouve anqore dè jan qi repuñet a
se chanjeman si rèzonable é si simple : lè routine
son tenase, le suqsé vouz an sera plu glorieu si vou
l'obtené ; vous vous propozé de marché lantemant é
avèq préqosion, dan sète qarière asé danjereuze : s'é
le moiiin d'arivèr ô but ; puisié-vou l'atindre !

ANDRIEUX, manbre de l'Aqadémie fransèze.

Nous voilà bien loin des saines traditions, Mademoiselle, mais soyez tranquille, nous allons y revenir. J'ai voulu seulement vous faire sentir l'inutilité
de la réforme des Précieuses, trop radicale au point
de vue scientifique, presque nulle au point de vue
rationnel, et j'ai profité de l'occasion pour vous faire
faire un voyage sur ce chemin rapide des concessions,
qui de changements en changements, part du sens
commun pour aboutir à la folie.

Je ne vous ai encore parlé que des grammaires de
Dubois, de Meigret et de Ramus ; je dois vous citer
encore celles de Robert et d'Henri Étienne, de Pois-

son, de Chifflet, de Lartigaud et d'Arnauld. Ce dernier est l'auteur de la plus célèbre de toutes les grammaires qui aient paru jusqu'à ce jour, et que l'on connaît sous le titre de *Grammaire de Port-Royal*. C'est le premier monument philosophique élevé par une plume française à la grammaire. Depuis, Condillac et Sylvestre de Sacy ont composé des ouvrages du même genre, et dont on ne saurait trop recommander la lecture. Mais ces traités sont plutôt du domaine de la grammaire générale que de celui de la grammaire proprement dite, et on ne peut en tirer profit qu'après des études grammaticales déjà très-avancées.

Quant aux principales grammaires, il y en a aujourd'hui autant que de librairies classiques, et la meilleure est celle de l'éditeur à qui l'on parle. Dans la collection, — collection dont vous ne pouvez pas vous imaginer l'immensité, — il y en a cinq qui, à des titres divers, ont obtenu un certain retentissement : Lhomond, Noël et Chapsal, Giraud-Duvivier, Poitevin et Bernard Jullien.

Lhomond doit à son dévouement pour la jeunesse la réputation dont il jouit. L'art de faire des abrégés est plus difficile qu'on ne pense, et Lhomond semble avoir réussi. — Je dis *semble*, car Lhomond ne m'a jamais paru clair ; il est de plus fort incomplet. Je ne suis pas le seul de mon avis ; mais j'appartiens à une trop faible minorité pour ne pas laisser à ce vertueux pédagogue la place qu'une majorité peut-être plus intelligente, peut-être aussi moins difficile que la minorité à laquelle j'appartiens, a cru devoir lui donner.

Noël et Chapsal sont les auteurs d'une grammaire française, abandonnée aujourd'hui, mais qui a obtenu un immense retentissement. Comme tous les succès de librairie et de mode, la grammaire de Noël et Chapsal a disparu tout d'un coup pour laisser la place à d'autres ouvrages qui ne sont ni meilleurs ni plus mauvais.

Il en est des grammaires comme de la mode : « Une mode a à peine détruit une autre mode, dit La Bruyère, qu'elle est abolie par une plus nouvelle, qui cède elle-même à celle qui la suit, et qui ne sera pas la dernière ; telle est notre légèreté ; pendant ces révolutions, un siècle s'est écoulé qui a mis toutes ces modes au rang des choses passées et qui ne sont plus. »

Girault-Duvivier, dans sa *Grammaire des Grammaires*, a exposé et discuté les difficultés de la langue. C'est un livre qui a obtenu plus de succès qu'il n'en a aujourd'hui. Les règles, les exceptions, les contradictions s'y trouvent entassées un peu confusément, et le doute qui vous y fait chercher, augmente d'intensité à mesure que l'on veut y découvrir la vérité : c'est néanmoins une compilation utile, mais dont il faut user avec discrétion.

Poitevin est à mon avis l'un des meilleurs grammairiens que je connaisse. Sa *Grammaire générale et historique de la langue française* est plus complète et plus détaillée que celles qui l'ont précédée. On sent que l'auteur, au lieu d'être un simple compilateur, est un lettré épris de son art, et qui cherche dans la raison et dans l'histoire les bases nécessaires à son travail.

Il dit avec raison que ses prédécesseurs ont donné plus d'importance à la forme qu'au fond.

« Cependant, ajoute-t-il, comme il arrive presque toujours, la raison finit par triompher de l'erreur et de la routine, et notre siècle eut la gloire de frayer à l'enseignement grammatical sa véritable route : Domergue, Laveaux, Lemère, Boniface, Bescher et plusieurs autres philologues distingués, secouant enfin le joug des vieilles théories, proclamèrent hautement la puissance des faits, et au lieu d'établir, à l'exemple de leurs devanciers, un ensemble de principes fixes et absolus, et de prononcer comme eux *ex cathedrá*, ils firent de la grammaire une sorte de chronique pittoresque dans laquelle ils exposèrent fidèlement les divers accidents de construction et les formes variées que la langue a subies sous la plume de nos grands écrivains.

« Grâce à eux, on cessa peu à peu de procéder par exclusion et de tout ramener à un principe commun ; on restitua à la langue une partie de ses richesses, et ce qu'on avait jusqu'alors rejeté dans les exceptions et frappé d'interdit, fut rattaché à la règle et remis en crédit au moyen d'une intelligente analyse. La grammaire se trouva élevée ainsi à la hauteur d'une science ; elle ne consista plus dans la connaissance stérile de quelques formules abstraites, mais dans l'étude approfondie du génie de la langue, dans la recherche de ses tours savants ou naïfs et de toutes les ressources qu'on avait dédaigné de signaler comme des incorrections ou des licences que s'étaient permises nos écrivains les plus originaux.

« Dès lors, au lieu d'être un code de lois vagues et indécises auquel chacun apportait des changements et des modifications, la grammaire devint le tableau exact et fidèle, le véritable Compendium de la langue. La théorie n'occupa plus qu'un rang secondaire et les principes ne furent présentés que comme la direction forcée des faits qu'ils accompagnaient, sans les dominer jamais. »

Enfin, M. Bernard Jullien mérite une mention toute particulière pour son *Cours supérieur de grammaire*, publié en 1849 (2 vol. in-8°) et ses *Cours raisonnés de la langue française* (1857-1859) qui ne comprennent pas moins de vingt-trois volumes.

Avant de terminer cette nomenclature, je dois encore vous signaler, Mademoiselle, deux autres livres utiles à connaître — lorsqu'on veut s'occuper de grammaire historique : je veux parler de l'ouvrage intitulé *Origine et formation de la langue française*, par M. de Chevallet, publié en 1857, et de la *Grammaire historique de la langue française* d'Auguste Brachet, parue dix ans après, c'est-à-dire en 1867. Ces deux ouvrages ne rentrent pas tout à fait dans la catégorie des traités que j'ai cités plus haut, mais ils méritent une mention toute spéciale par leur importance philologique. Le livre de M. Brachet surtout servira beaucoup à répandre de saines notions sur l'histoire de notre langue. Je ne lui reprocherai qu'une forme un peu trop concise. Malgré ce léger défaut qui est souvent une qualité, son livre obtient le plus légitime succès ; je m'empresse d'autant plus de le constater, que je partage complétement les opinions de l'auteur, et que dans les lettres qui suivront, j'aurai souvent recours à son érudition.

Avant d'entrer plus avant dans mon sujet, permettez-moi, Mademoiselle, de résumer en quelques mots ce que je vous ai écrit précédemment.

Mes quatre lettres ont eu pour but de vous initier à l'histoire de la grammaire. Vous n'avez pas oublié que selon le point de vue auquel on se place, la grammaire change elle-même d'aspect ; qu'elle devient :

Grammaire générale, lorsqu'elle ne s'occupe que des discours ou des signes de la pensée dans ce qu'ils ont d'essentiel et de commun à toutes les langues ;

Grammaire comparée, lorsqu'elle étudie les lois phonétiques qui président à la formation de plusieurs langues ;

Grammaire historique, lorsqu'elle remonte dans le passé pour appliquer le mécanisme actuel d'une langue ;

Enfin, simplement *Grammaire*, lorsque, semblable à un code, elle réunit les lois en vigueur, qu'il faut respecter pour écrire correctement.

J'ai essayé aussi de vous démontrer que la grammaire ne pouvait être que le fruit mûr d'un idiome assez avancé en âge, par cette raison bien simple qu'une langue en formation n'a aucune règle fixe, que tantôt elle suit les traces du langage dont elle provient, tantôt elle subit l'influence mystérieuse de la race qui la crée, et que ce n'est qu'après avoir obéi à ce double courant, entre lesquels elle a oscillé pendant des siècles, qu'elle finit par se constituer elle-même et que les législateurs retrouvent dans son sein les lois qui s'y sont formées à son insu.

Il n'est donc pas étonnant de ne rencontrer aucune grammaire spéciale avant le XIIIᵉ siècle, les grammaires latines suffisant à l'explication des règles communes aux deux langues. Il n'y a non plus rien d'extraordinaire de retrouver les premières traces de ces grammaires à l'étranger, puisque, à cette époque, la langue française jouissait presque des honneurs de l'universalité, et qu'il est évident qu'on ne pouvait l'apprendre sans manuel là ou l'on savait une autre langue, tandis que ce mode d'enseignement pouvait jusqu'à un certain point ne pas exister en France, où tout le monde parlait français nécessairement.

Je vous ai signalé aussi les caractères particuliers de nos premières grammaires, et j'en ai profité pour vous dire un mot des discussions interminables auxquelles a donné lieu notre système orthographique.

Maintenant, Mademoiselle, nous allons passer à l'étude de la grammaire.

Le voyage que nous allons entreprendre dans ce domaine ne sera pas toujours facile. Il faut donc vous armer de courage. Vous le savez, on n'obtient rien sans peine. On ne joue pas du piano sans faire beaucoup de gammes, on ne peint pas sans s'être bien souvent sali les doigts. Le travail donne la science comme la séve crée les fleurs. En voyage, on ne jouirait pas de la fraîcheur délicieuse des vallées et de la beauté éblouissante des points de vue, si les montagnes n'existaient pas. Le courage n'engendre que des jouissances, tandis que la paresse ne fait naître que des peines. Au début, vous aurez quelques efforts à faire, mais la fatigue ne durera pas. Lorsque vous aurez appris à connaître la valeur de certains termes techniques, que vous aurez retenu par cœur quelques lois fondamentales, en un mot, que vous serez initiée, vous saisirez le reste très-facilement. C'est alors que vous serez récompensée et que la connaissance intime de votre langue maternelle vous causera la plus vive satisfaction. Vous sonderez le mystère de la formation des mots, vous connaîtrez le rôle que les lettres jouent dans cette formation, et vous aurez une fois de plus l'occasion d'admirer cette puissance surnaturelle qui donne la vie à tout ce qui existe, même dans les mondes immatériels.

V

UTILITÉ DE LA GRAMMAIRE. — DES SONS

Vous connaissez la définition de la grammaire : c'est, dit-on, l'art de parler et d'écrire correctement.

Comme toutes les définitions en général, celle-ci manque de justesse. En effet, on peut parler et écrire correctement sans connaître la grammaire. La lecture des bons auteurs et la fréquentation de la bonne compagnie remplacent souvent, sans trop de désavantage, cette longue et difficile étude. On peut, au contraire, connaître parfaitement la grammaire et n'être ni un orateur ni un écrivain.

Je préfèrerais cette définition :

La grammaire est le code du langage. Elle renferme les lois qui régissent une langue.

En effet, qu'est-ce que la grammaire ? L'ensemble

des règles que l'on doit suivre, soit en parlant, soit en écrivant.

D'où proviennent ces règles? De l'essence même de la langue qui les a créées en se formant, et des grands écrivains qui en ont inventé quelques-unes, pour rendre la langue plus claire et plus harmonieuse.

La connaissance de ces règles communique-t-elle à ceux qui veulent écrire ou parler, le don de parler ou d'écrire avec art? On voit tous les jours des preuves du contraire. L'étude de la fugue et du contrepoint ne transforme pas en compositeur celui qui s'y livre, pas plus que la théorie des couleurs ne donne à celui qui la possède le don d'être un Corrége ou un Murillo.

Il en est de même de l'ensemble des théories grammaticales. Vous pouvez les connaître et même les appliquer convenablement, sans devenir pour cela un bon écrivain. La grammaire n'est donc pas, à vrai dire, l'art de parler et d'écrire correctement.

Vous allez peut-être, Mademoiselle, tirer cette conclusion, que la grammaire étant si peu utile, il n'est pas nécessaire de l'apprendre. J'espère vous prouver le contraire.

Vous n'avez jamais lu le Code Napoléon, et cependant vous vous conformez aux lois de l'Empire. Vous ne connaissez pas ce qui est permis et ce qui est défendu, et cependant votre honnêteté supplée à votre ignorance. Cela vous suffit. S'ensuit-il de là que le Code soit inutile, et que si vous le lisiez, vous n'y

trouviez pas matière à enseignement et à réflexion?
Certainement non. Vous seriez d'abord étonnée que
des droits ou des devoirs si simples donnent lieu à
tant d'interprétations. Vous chercheriez à deviner la
raison pour laquelle on a rassemblé un si grand
nombre d'articles et de paragraphes relatifs à des
choses en apparence si claires et si naturelles. Peu à
peu, cependant, le jour se ferait dans votre esprit, et
vous ne tarderiez pas à comprendre pourquoi cet
immense filet, qu'on appelle le Code, est composé de
mailles inextricables, incessamment refaites par la
société pour se garantir de la malice des hommes,
des vices de l'humanité souffrante et de l'ignorance
des masses.

L'étude de la grammaire offre les mêmes résultats.
Au premier coup d'œil, ces théories plus ou moins
obscures, ces définitions plus ou moins claires, étu-
diées dans le but unique d'apprendre à parler et à
écrire correctement, ne présentent à l'imagination
rien de bien intéressant. Si, au contraire, vous cher-
chez dans cette étude à découvrir les moyens que les
langues emploient pour analyser la pensée, et qu'elles
développent pour faire naître en nous des idées que
nous n'aurions jamais eues sans leur secours, alors
la perspective change de face, l'horizon s'agrandit.
L'alphabet, par exemple, n'est plus simplement une
liste de vingt-quatre lettres, mais le tableau des signes qui révèlent à la fois notre pensée et les sons
que nous émettons pour la transmettre. Il suffit donc
de considérer que l'art de décomposer nos pensées
par le moyen d'une suite de signes qui en représen-

tent successivement les parties, est une analyse qui, comme toutes les méthodes analytiques, conduit l'esprit de découverte en découverte, ou de pensée en pensée.

En effet, dit Condillac, nous jugeons et nous raisonnons avec des mots, comme nous calculons avec des chiffres, et les langues sont pour les peuples ce qu'est l'algèbre pour les géomètres. En un mot, les langues ne sont que des méthodes et les méthodes ne sont que des langues. Par conséquent, si les géomètres n'ont fait des progrès qu'autant qu'ils ont perfectionné leurs méthodes, l'esprit d'un peuple ne fera des progrès qu'autant qu'il perfectionnera sa langue, et comme l'imperfection des méthodes met des bornes à l'art de calculer, l'imperfection du langage met des bornes à l'art de penser.

Puisque plus nous possédons de mots, plus nous avons d'idées, et que sans l'usage des signes nous ne pourrions composer des mots, nous allons commencer par l'étude des caractères représentatifs des éléments de la parole, c'est-à-dire les lettres.

DE L'ALPHABET.

L'alphabet (ainsi nommé des deux premières lettres de l'alphabet grec : alpha, bêta) est la série des lettres employées par chaque peuple pour représenter les sons qu'il émet en parlant.

Dans l'alphabet français, on compte 26 lettres, qui sont:

A B C D E F G H I J K L M N O P Q R S T U V W X Y Z

Ces signes peuvent être considérés au point de vue graphique et au point de vue phonétique.

Au point de vue *graphique*, l'alphabet français est latin d'origine. Nous nous servons, en effet, des mêmes signes que les Romains. D'où proviennent-ils? Des Phéniciens probablement, si l'on en croit Brébeuf, interprète de Lucain :

C'est d'eux que nous tenons cet art ingénieux
De peindre la parole et de parler aux yeux,
Et par les traits divers de figures tracées
Donner de la couleur et du corps aux pensées.

Le fait nous paraît certain, et cependant les Phéniciens ne sont probablement pas les premiers qui se soient servis de ces caractères. Il est à peu près hors de doute que ces caractères ne sont autres que des traits altérés de figures hiéroglyphiques. Mais à quelle époque cette transformation a-t-elle eu lieu? C'est ce que personne ne sait jusqu'à présent.

Au point de vue *phonétique*, c'est-à-dire au point de vue du son, l'alphabet se divise en deux parties très-inégales, les sons simples, considérés comme de simples émissions de la voix, autrement dits *voyelles*, les sons doubles, autrement dits *consonnes*, qui ne peuvent être, dit-on, articulés qu'avec l'assistance des voyelles.

Avant d'aller plus loin, permettez-moi, Mademoiselle, de vous décrire l'instrument merveilleux sans lequel la société n'existerait pas.

On parle beaucoup, on parle même trop, et ceux

qui vous fatiguent le plus de leur bavardage seraient bien embarrassés d'expliquer le mécanisme qui leur permet de former des sons avec une facilité si impitoyable.

Les rouages de cette ingénieuse machine méritent d'être étudiés avec soin.

Vous savez que chez l'homme l'air atmosphérique s'introduit par l'aspiration dans un organe de structure spongieuse, molle, dilatable et élastique, appelé poumon.

L'introduction, comme l'expulsion du fluide aériforme, est favorisée par les mouvements réguliers des parois mobiles de la cage thoracique qui enveloppe les poumons, et, comme un véritable soufflet, les comprime et les dilate alternativement.

Lorsque l'air est chassé par les poumons, il reprend le chemin qu'il a suivi pour y entrer. Il passe par les bronches, la trachée artère, le larynx et le pharynx.

Le larynx constitue l'organe phonateur par excellence. C'est un tube cartilagineux situé à la partie antérieure et supérieure du cou, au devant du pharynx, entre la base de la langue et l'extrémité supérieure de la trachée artère. La muqueuse qui la tapisse à l'intérieur forme deux replis latéraux, disposés comme les bords d'une boutonnière, que l'on appelle scientifiquement ligaments inférieurs et supérieurs, mais que l'on connaît généralement sous le nom de cordes vocales.

Ces cordes vocales, plus longues d'un tiers chez l'homme que chez la femme, — ce qui explique la différence qui existe entre les timbres mâles et les timbres féminins,—ces cordes, dis-je, vibrent, comme des anches membraneuses, sous l'influence du courant d'air venant des poumons.

Lorsqu'on respire sans émettre de sons, les cordes vocales sont relâchées et assez distantes l'une de l'autre.

Quand l'émission a lieu, les cordes se resserrent, au contraire, de façon à ne laisser qu'une fente plus ou moins étroite.

Pour donner au son émis une physionomie particulière, un caractère spécial, en en mot pour transformer la voix simple en voix articulée, il faut que le son produit par les vibrations des cordes vocales se modifie dans le tuyau vocal, autrement dit pharynx, et qu'il subisse le jeu des organes palataux, nasaux, linguaux et labiaux.

Je pourrais m'étendre longuement sur la part qui revient à chacun de ces organes dans l'émission des sons. Ainsi, il est certain que le voile mobile du palais, la paroi postérieure du pharynx, l'élévation plus ou moins marquée du larynx, contribuent, dans certains cas, à modifier la forme de la cavité buccale. Max Muller semble croire que lorsqu'on prononce les voyelles les plus élevées, les os du crâne participent à la vibration, et il a été aussi prouvé, dit-il, par des expériences dont le résultat ne saurait être contesté, que le *voile mobile* du palais est, pour la prononciation de toutes les voyelles, d'une importance essentielle. Le professeur Czermak, en introduisant une sonde à travers le nez dans la cavité du pharynx, sentit distinctement que la position de ce voile changeait à chaque voyelle prononcée ; que c'était pour *a* qu'il s'abaissait le plus, et qu'il s'élevait successivement avec *e, o, u, i,* atteignant avec cette dernière voyelle sa plus grande hauteur.

Il prouva de même que la cavité du nez était plus ou moins ouverte, suivant que l'on prononçait telle ou telle voyelle. En introduisant de l'eau dans le nez, il reconnut que, tandis qu'il prononçait *i, u, o,* l'eau restait dans le nez, mais qu'elle passait dans la gorge quand il arrivait à *e,* et que cet effet se produisait d'une manière encore plus marquée quand il prononçait *a.* Ces deux voyelles *a* et *e* étaient les seules voyelles que pût réussir à prononcer un jeune homme, nommé Leblanc, dont le larynx était complétement fermé.

Toutes ces expériences sont évidemment très-utiles et très-nécessaires à connaître, mais elles intéressent plus la physique que la grammaire, et je ne vous dirai rien de plus sur un mécanisme qui, par les complications qu'il présente et les admirables effets qu'il produit, fournirait à lui seul matière à des leçons aussi nombreuses que variées.

Les articulations qui donnent un corps au son émis par l'organe phonateur, forment, si je puis m'exprimer ainsi, la gamme des langues. Cette gamme, autrement dit cet alphabet, n'offre pas partout les mêmes résultats. Non-seulement les sons varient de qualité et de quantité, mais encore ils ne s'accouplent pas tous de la même manière. Tantôt il y a abus de

voyelles, tantôt abus de consonnes. Il y a des langues
remarquables par un heureux choix de notes fortes
et douces; il y en a d'autres qui rejettent toutes les
lettres fortes; certaines, au contraire, semblent pré-
férer les lettres dures.

C'est le choix plus ou moins heureux que les peuples ont fait de ces différents cas, qui rend une langue plus ou moins harmonieuse.

« Je crois, dit Voltaire dans une lettre qu'il adressait
le 24 janvier 1761, à Deodat de Tovazzi, qu'il n'y a
aucune langue parfaite; il en est des langues comme
de bien d'autres choses, dans lesquelles les savans
ont reçu la loi des ignorans.

« C'est le peuple ignorant qui a formé les langages;
les ouvriers ont nommé tous leurs instrumens. Les
peuplades, à peine rassemblées, ont donné des noms à
tous leurs besoins; et, après un très-grand nombre de
siècles, les hommes de génie se sont servis, comme
il sont pu, des termes établis au hasard par le peuple.

« Il me paraît qu'il n'y a dans le monde que deux
langues véritablement harmonieuses, la grecque et
la latine. Ce sont, en effet, les seules dont les vers
aient une vraie mesure, un rhythme certain, un
vrai mélange de dactyles et de spondées, une valeur
réelle dans les syllabes. Les ignorans qui formèrent
ces deux langues, avaient, sans doute, la tête plus
sonnante, l'oreille plus juste, les sens plus délicats
que les autres nations.

« Vous avez, comme vous le dites, Monsieur, des
syllabes longues et brèves dans votre belle langue

italienne; nous en avons aussi; mais ni vous, ni
nous, ni aucun peuple, n'avons de véritables dactyles et de véritables spondées. Nos vers sont carac-
térisés par le nombre et non par la valeur des syllabes. *La bella lingua toscana e la figlia primogenita del
latino.* Mais jouissez de votre droit d'aînesse, et
laissez à vos cadettes partager quelque chose de la
succession.

« J'ai toujours respecté les Italiens comme nos
maîtres; mais vous avouerez que vous avez fait de
fort bons disciples. Presque toutes les langues de
l'Europe ont des beautés et des défauts qui se com-
pensent. Vous n'avez pas les mélodieuses et nobles
terminaisons des mots espagnols, qu'un heureux
concours de voyelles et de consonnes rendent si so-
nores. *Los rios, los ombres, las historias, los costumbres.*
Il vous manque aussi des diphthongues qui, dans
notre langue, font un effet si harmonieux. Les *rois*,
les *empereurs*, les *exploits*, les *histoires*. Vous nous reprochez nos *e* muets comme un son triste et sourd,
qui expire dans notre bouche; mais c'est précisément
dans ces *e* muets que consiste la grande harmonie
de notre prose et de nos vers. *Empire, couronne,
diadème, flamme, tendresse, victoire;* toutes ces désinences heureuses laissent dans l'oreille un son qui
subsiste encore après le mot prononcé, comme un
clavecin qui résonne quand les doigts ne frappent
plus les touches.

« Avouez, Monsieur, que la prodigieuse variété de
toutes ces désinences peut avoir quelque avantage
sur les cinq terminaisons de tous les mots de votre

langue. Encore, de ces cinq terminaisons, faut-il retrancher la dernière, car vous n'avez que sept ou
huit mots qui se terminent en *u*; reste donc quatre
sons, *a*, *e*, *i*, *o*, qui finissent tous les mots italiens.

« Pensez-vous, de bonne foi, que l'oreille d'un étranger soit bien flattée, quand il lit, pour la première
fois, *il capitano che'l gran sepolcro libero di Cristo, e che
molto opro col senno e colla mano?* Croyez-vous que
tous ces *o* soient bien agréables à une oreille qui
n'y est pas accoutumée? Comparez à cette triste uniformité, si fatigante pour un étranger, comparez à
cette sécheresse ces deux vers simples de Corneille :

Le destin se déclare, et nous venons d'entendre
Ce qu'il a résolu du beau-père et du gendre.

« Vous voyez que chaque mot se termine différemment. Prononcez à présent ces deux vers d'*Homère :*

Ex ou dai ta prôta diastétein érisanté
Atréides té anax andrôn, kai dios Achilleis.

« Qu'on prononce ces vers devant une jeune personne, soit anglaise, ou allemande, qui aura l'oreille
un peu délicate, elle donnera la préférence au grec,
elle souffrira le français, elle sera un peu choquée
de la répétition continuelle des désinences italiennes. C'est une expérience que j'ai faite plusieurs fois.

« Vos poëtes, qui ont servi à former votre langue,
ont si bien senti ce vice radical de la terminaison
des mots italiens, qu'ils ont retranché les lettres *e* et
o qui finissaient tous les mots à l'infinitif, au passé,

et au nominatif ; ils disent *amar* pour *amaré ; noque-ron'* pour *noquerono ; la stagion* pour *la stagione ; buon'* pour *buono ; malevol* pour *malevole.* Vous avez voulu éviter la cacophonie ; et c'est pour cela que vous finissez très-souvent vos vers par la lettre canine *r ;* ce que les Grecs ne firent jamais.

« J'avoue que la langue latine dut longtemps paraître rude et barbare aux Grecs, par la fréquence de ses *ur*, de ses *um*, qu'on prononçait *our* et *oum*, et par la multitude de ses noms terminés tous en *u* ou plutôt en *ous*. Nous avons brisé plus que vous cette uniformité. Si Rome était pleine autrefois de sénateurs et de chevaliers en *us*, on n'y voit aujourd'hui que des cardinaux et des abbés en *i*.

« Vous vantez, Monsieur, et avec raison, l'extrême abondance de votre langue ; mais permettez-nous de n'être pas dans la disette. Il n'est, à la vérité, aucun idiome au monde qui peigne toutes les nuances des choses. Toutes les langues sont pauvres à cet égard ; aucune ne peut exprimer, par exemple, en un seul mot, l'amour fondé sur l'estime, ou sur la beauté seule, ou sur la convenance des caractères, ou sur le besoin d'aimer. Il en est ainsi de toutes les passions, de toutes les qualités de notre âme. Ce que l'on sent le mieux est souvent ce qui manque de terme.

« Mais, Monsieur, ne croyez pas que nous soyons réduits à l'extrême indigence que vous nous reprochez en tout. Vous faites un catalogue en deux colonnes de votre superflu et de notre pauvreté. Vous mettez d'un côté *orgoglio, alterigia, superbia,* et de l'autre *orgueil* tout seul. Cependant, monsieur, nous avons *orgueil, superbe, hauteur, fierté, morgue, élévation, dédain, arrogance, insolence, gloire, gloriole, présomption, outrecuidance.* Tous ces mots expriment des nuances différentes, de même que chez vous *orgoglio, alterigia, superbia,* ne sont pas toujours synonymes.

« Vous nous reprochez, dans votre alphabet de nos misères, de n'avoir qu'un mot pour signifier *vaillant.* Je sais, monsieur, que votre nation est très-vaillante quand elle veut et quand on le veut : l'Allemagne et la France ont eu le bonheur d'avoir à leur service de très-braves et de très-grands officiers italiens.

L'italico valor non è ancor morto....

« Mais si vous avez *valente, prode, animoso,* nous avons *vaillant, valeureux, preux, courageux, intrépide, hardi, animé, audacieux, brave,* etc. Ce courage, cette bravoure, ont plusieurs caractères différens qui ont chacun leurs termes propres. Nous dirions bien que nos généraux sont vaillans, courageux, braves, etc.; mais nous distinguerions le courage vif et audacieux du général qui emporte l'épée à la main tous les ouvrages de Port-Mahon taillés dans le roc vif; la fermeté constante, réfléchie et adroite avec laquelle un de nos chefs sauva une garnison entière d'une ruine certaine, et fit une marche de trente lieues, à la vue d'une armée ennemie de trente mille combattans.

« Nous exprimerions encore différemment l'intrépidité tranquille que les connaisseurs admirent dans l_e petit neveu du héros de la Valteline, lorsque ayant vu son armée en déroute par une terreur passagère de nos alliés, ce général, ayant aperçu le régiment de Diesbach et un autre qui tenaient ferme contre une armée victorieuse, quoiqu'ils fussent entamés par la cavalerie, et foudroyés par le canon, marcha seul à ces régiments, loua leur valeur, leur courage, leur fermeté, leur intrépidité, leur vaillance, leur patience, leur animosité, leur bravoure, leur héroïsme, etc. Voyez, Monsieur, que de termes pour un. Ensuite, il eut le courage de ramener ces deux régiments à petits pas, et de les sauver du péril où leur valeur les jetait, les conduisit en bravant les ennemis victorieux et eut encore le courage de soutenir les reproches d'une multitude toujours mal instruite.

« Vous pourrez encore voir, Monsieur, que le courage, le calcul, la fermeté de celui qui a gardé Cassel et Gottingen, malgré les efforts de soixante-mille ennemis très-valeureux, est un courage composé d'activité, de prévoyance et d'audace. C'est aussi ce qu'on a reconnu dans celui qui a sauvé Vesel. Croyez donc, je vous prie, Monsieur, que nous avons, dans notre langue, l'esprit de faire sentir ce que les défenseurs de notre patrie ou de notre pays ont le mérite de faire.

« Vous nous insultez, Monsieur, sur le mot de *ragoût;* vous vous imaginez que nous n'avons que ce terme pour exprimer nos *mets*, nos *plats*, nos *entrées* de table et nos *menus*. Plût à Dieu que vous eussiez raison, je m'en porterais mieux ! Mais malheureusement nous avons un dictionnaire entier de cuisine.

« Vous vous vantez de deux expressions pour signifier *gourmand;* mais daignez plaindre, monsieur, nos
gourmands, nos goulus, nos friands, nos mangeurs,
nos gloutons.

« Vous ne connaissez que le mot de *savant,* ajoutez-
y, s'il vous plaît, *docte, érudit, instruit, éclairé, habile,
lettré;* vous trouverez parmi nous le nom et la chose.
Croyez qu'il en est ainsi de tous les reproches que
vous nous faites. Nous n'avons point de diminutifs;
nous en avions autant que vous du temps de *Marot,*
et de *Rabelais* et de *Montaigne;* mais cette puérilité
nous a paru indigne d'une langue ennoblie par les
Pascal, les *Bossuet,* les *Fénelon,* les *Pelisson,* les *Corneille,* lès *Despréaux,* les *Racine,* les *Massillon,* les *La
Fontaine,* les *La Bruyère,* etc.; nous avons laissé à *Ronsard,* à *Marot,* à *du Bartas,* les diminutifs badins en
otte et en *ette,* et nous n'avons guère conservé que *fleu-
rette, amourette, fillette, grisette, grandelette, vieillotte,
nabotte, maisonnette, villotte;* encore ne les employons-
nous que dans le style très-familier. N'imitez pas le
Buon Matthéi qui, dans sa harangue à l'Académie
de la Crusca, fait tant valoir l'avantage exclusif d'exprimer *corbello, corbellino,* en oubliant que nous avons
des corbeilles et des corbillons.

« Vous possédez, Monsieur, des avantages bien plus
réels, celui des inversions, celui de faire plus facilement cent bons vers en italien, que nous n'**en** pouvons faire dix en français. La raison de cette facilité,
c'est que vous vous permettez ces *hiatus,* ces bâille-
ments de syllabes que nous proscrivons; c'est que
tous vos mots finissant en *a, e, i, o,* vous fournissent au

moins vingt fois plus de rimes que nous n'en avons, et que, par-dessus cela, vous pouvez encore vous passer de rimes. Vous êtes moins asservis que nous à l'hémistiche et à la césure, vous dansez en liberté et nous dansons avec nos chaînes.

« Mais, croyez-moi, Monsieur, ne reprochez à notre langue ni la rudesse, ni le défaut de prosodie, ni l'obscurité, ni la sécheresse. Vos traductions de quelques ouvrages français prouveraient le contraire. Lisez d'ailleurs tout ce que MM. d'*Olivet* et *du Marsais* ont composé sur la manière de bien parler notre langue ; lisez M. *Duclos* ; voyez avec combien de force, de clarté, d'énergie et de grâce s'expriment MM. d'*Alembert* et *Diderot*. Quelles expressions pittoresques emploient souvent M. de *Buffon*, et M. *Helvétius*, dans des ouvrages qui n'en paraissent pas toujours susceptibles !

« Je finis cette lettre trop longue par une réflexion. Si le peuple a formé les langues, les grands hommes les perfectionnent par les bons livres ; et la première de toutes les langues est celle qui a le plus d'excellens ouvrages.

« J'ai l'honneur d'être, monsieur, avec beaucoup d'estime pour vous et pour la langue italienne, etc.

« VOLTAIRE. »

VI

DU MÉCANISME DES ORGANES VOCAUX

Vous vous rappelez cette scène du *Bourgeois Gentilhomme*, dans laquelle M. Jourdain dit à son maître de philosophie : « Apprenez-moi l'orthographe, » ce à quoi le maître de philosophie répond : « Soit. Pour bien suivre votre pensée, et traiter cette matière en philosophe, il faut commencer, selon l'ordre des choses, par une exacte connaissance de la nature des lettres et de la différente manière de les présenter toutes. »

C'est pour suivre la méthode naturelle indiquée par Molière, que j'ai commencé dans ma précédente leçon à vous parler de l'alphabet et à vous donner quelques notions sur le mécanisme ingénieux qui nous permet, non-seulement de colorer le son, mais de l'articuler et de lui donner une valeur caractéristique.

Si vous avez étudié attentivement ce que j'en ai dit, vous avez dû tirer cette conclusion que, le caractère du son dépendant du jeu des organes, ces sons devaient varier beaucoup, suivant la conformation de l'appareil vocal.

En effet, les sons articulés diffèrent d'un pays à l'autre, ce qui fait que chaque nation a un alphabet qui lui est propre. Il y a des alphabets excessivement riches, comme il y en a d'excessivement pauvres.

Certains peuples parlent la bouche ouverte : ils n'ont donc ni *p*, ni *b*, ni *m*, ni *f*, ni *v*, ni *w*. Les *Mohawks*, les *Senekas*, les *Onondagos*, les *Oneidas*, les *Cayugos*, les *Tuscaroras*, les *Hurons*, tous ces héros des romans de Fenimore Cooper, n'articulent jamais avec les lèvres.

Le mexicain ne connaît pas les lettres *B*, *V*, *F*; les Hottentots et les Australiens n'ont ni *F* ni *V*; le sanscrit n'a pas de *F*; l'arabe n'a pas de *P*.

Les sons gutturaux que possèdent presque tous les peuples, sont inconnus dans les îles de la Société.

Les dentales sont aussi universellement employées que les gutturales; cependant, quelques-unes d'entre elles, le *d* par exemple, n'existent pas en chinois, en mexicain et en péruvien. Les Hurons ne connaissent pas le *n*, et les Australiens ne prononcent pas le *s*.

Le *r* est inconnu aux habitants du Céleste Empire, aussi disent-ils *Eulopa*, pour *Europe*, *Yamelika* pour *Amérique*, etc.

D'autres peuples ne sentent aucune différence entre *k* et *t*, *g* et *d*, *l* et *r*. Cette confusion existe dans la langue des îles Sandwich, et nous pouvons nous en rendre compte jusqu'à un certain point, en nous rappelant qu'en France beaucoup de gens disent le *cintième* pour le cinquième, *chat angola* pour chat angora, etc.

Il résulte de tout ceci que la langue la plus riche est celle qui possède le plus de sons, puisque la diversité de ces sons lui donne plus d'harmonie, et lui permet de s'assimiler sans difficulté les mots étrangers.

Ainsi l'Hindoustani ne compte pas moins de quarante-huit consonnes, tandis que nous n'en avons que dix-neuf.

Ce qu'il y a de plus singulier, c'est le peu de rapport qui existe entre le nombre des sons émis et la quantité des signes adoptés pour les reconnaître.

« Les méthodes alphabétiques de l'Europe, dit à ce sujet Volney, sont de véritables caricatures. Une foule d'irrégularités, d'incohérences, d'équivoques, de doubles emplois, se montrent dans l'alphabet même italien ou espagnol, dans l'allemand, le polonais, le hollandais; quant au français et à l'anglais, c'est le comble du désordre. »

Ce que dit Volney n'est malheureusement que trop vrai, et tandis que nous possédons jusqu'à trois lettres pour exprimer la même valeur, nous n'avons que vingt-six lettres pour représenter trente-cinq sons.

Voici le tableau de ces trente-cinq sons, classés phonétiquement :

NATURE DES LETTRES	CLASSIFICATION DES LETTRES			SIGNES	EXEMPLES
VOYELLES	pures.			a	ami
				â	âme
				o	ossement
				ô	dôme
				e	elle
				é	été
				è ou ê ou ai	excès, même. mais
				eu ou œu	jeûne ou œuf
				i et y	idiôme, style
				u	vertu
				ou	oubli
	sourdes			an	chant
				in	indigestion
				on	mouton
				un	alun
				au et eau	pau et peau
CONSONNES	labiales.	explosives	forte	P	pour
			faible	B	beurre
		aspirées	forte	F	fer
			faible	V et W	ver, wagram
	dentales	explosives	forte	T	ton
			faible	D	don
		aspirées	forte	C doux, S et X.	ciment, sel et exemple
			faible	Z	zèle
	palatales	explosives	forte	C dur, K et Q	coquin, kilomètre, que
			faible	G	gâteau
		aspirées	forte	CH	chut
			faible	J	jus
	gutturale		faible	H	halte
	linguales		dure	R	mer
			douce	L	miel
		refluantes	mouillée	LL	ailleurs
			dure	M	brôme
	nasales		douce	N	borne
			mouillée	GN	borgne

En jetant les yeux sur ce tableau, vous voyez de suite, mademoiselle, que d'un côté nous émettons en parlant plus de sons que nous n'avons de lettres, et que de l'autre, nous avons plusieurs signes pour représenter le même son.

Ainsi nous n'avons pas de signes pour exprimer les sons *on*, *an*, *in*, *ou*, *un*, *eu*, *gn*, *ll* et *ch*, tandis que trois signes différents *c*, *k* et *q*, représentent un seul et même son.

Vous me direz peut-être qu'on a remédié à cet inconvénient, en exprimant les sons *ou*, *an*, *in*, *on*, *un* et *eu* par des diphthongues. Il a bien fallu, en effet, s'arranger de manière à traduire les sons que l'on était forcé de prononcer à chaque instant, mais cette traduction est mauvaise, par la raison qu'un son simple doit être représenté par un signe unique. 0 et *u* ne font pas plus *ou* que *i* et *n* ne font *in*. Et, en effet, dans toutes les autres diphthongues, chaque signe a sa valeur, et si, par exemple, une diphthongue étant donnée, il me prend fantaisie de la chanter, je m'appuie sur l'une ou sur l'autre des deux lettres. Ainsi, je prends le mot *aujourd'hui*, et je me mets à chanter. Qu'arrive-t-il ? Je me repose plus ou moins longtemps sur *au* et sur *ou*, mais lorsque j'arrive à prononcer *ui*, le port de ma voix s'appesantit aussi bien sur *u* que sur *i*. Il y a donc double son dans cette dernière diphthongue, tandis qu'il n'y a qu'un son unique dans les deux premières.

La différence qui existe entre un son simple et un son double est assez sensible, pour qu'on ne les confonde pas sous le même nom. Vous ferez cette distinction comme moi, mademoiselle, et si vous le voulez bien, nous appellerons *voyelles doubles* ces sons qui manquent de signes pour les représenter.

Cette classification est d'autant plus nécessaire que la diphthongue est une réunion de deux voyelles prononcées distinctement au moyen d'une seule émission de voix, différemment modifiée par deux dispotions consécutives des organes, comme :

Ie dans c*ie*l, m*ie*l, *fie*l, p*ie*d ;
Ia dans d*ia*ble, d*ia*ne, l*ia*ne ;
U*i* dans c*ui*re, l*ui*re, n*ui*re, m*ui*d, n*ui*t, etc.,

Il est, par conséquent, nécessaire de distinguer par des qualifications différentes des accouplements de voyelles qui ne se prononcent pas de la même manière.

La division que j'ai adoptée dans le classement des signes dépend du rôle que jouent les lèvres, les dents, le palais, le gosier, la langue et le nez dans l'émission des lettres.

Je n'ai presque rien à dire des voyelles, puisqu'il suffit d'ouvrir la bouche pour les prononcer.

Quant aux consonnes, c'est une autre affaire. La complication du mécanisme est évidente, et il est nécessaire de grouper ensemble les lettres qui, pour devenir sensibles à l'oreille, font mouvoir les mêmes organes. C'est pourquoi on divise les lettres en labiales, dentales, palatales, gutturales, linguales et nasales.

Les *labiales* se produisent par une émission d'air, plus ou moins abondante, et qui, retenue dans la bouche par l'adhérence des lèvres, ne s'échappe que lorsque ces dernières s'entr'ouvrent tout d'un coup.

Lorsque l'explosion est vive, le son est dur et se traduit par la lettre *p* : lorsqu'elle est faible, il sort un *b*.

Si, au lieu de s'ouvrir largement pour laisser passer l'air comprimé dans la bouche, les lèvres ne se désunissent pas complétement, et qu'elles se serrent contre les gencives, le son, au lieu de pétiller, fuit en soufflant, et le *f* se produit. Si l'air est chassé avec moins d'énergie, au lieu du *f* c'est le *v*.

Les *dentales* se forment en appuyant la langue sur les incisives supérieures, de manière à intercepter l'air qui veut sortir des poumons. Aussitôt que la langue se retire, l'air s'échappe en rendant un son martelé. Le *t*, et avec moins de force le *d*, ne se produisent pas autrement.

Si, au lieu de placer la langue contre les incisives supérieures, on la reporte un peu en arrière, contre les incisives inférieures, en faisant toucher sa partie moyenne contre le palais, de façon à ne laisser à l'air qu'un étroit passage, un sifflement a lieu et le *s* se fait entendre. Lorsque le bout de la langue touche avec moins de force les incisives inférieures, ce n'est plus le *s* mais le *z* qui se met à siffler.

Les *palatales* se prononcent en élevant la partie postérieure de la langue contre le fond de la voûte du palais. Aussitôt que la langue s'abaisse, l'air sort en éclatant et le *c* ou *k* est formé.

Si, au lieu d'intercepter complétement l'air, en adhérant au palais, la langue laisse un léger interstice, il s'échappe un chuchottement qui, très-fort, se traduit par *ch*, et très-faible, par *j*.

Les *gutturales* appartiennent bien plus aux langues

étrangères qu'à la langue française; nous n'avons rien qui ressemble aux aspirations *ch* des Allemands, *jota* des Espagnols, *kha* des Arabes, *cheth* et *aïn* des Hébreux. La seule lettre que nous avons est le *h*, et encore n'a-t-elle plus un son qui lui est propre. Elle s'obtient en faisant adhérer le bout de la langue au voile du palais, près l'entrée du pharynx: le son qui s'échappe est analogue à un râlement.

Les *linguales* s'échappent du gosier par un petit intervalle laissé au-dessus des dents incisives par la langue qui s'est rapprochée du palais avant de s'échapper au-dessus de l'arcade dentaire: l'air frappe la partie moyenne de la langue, se répercute contre le palais et retombe vers le bout de la langue. Cet air refoulé coup sur coup produit une espèce de trépidation semblable à un roulement excessivement rapide. Je n'ai pas besoin de vous dire que c'est le *r* qu'on obtient ainsi.

Lorsque le bout de la langue adhère au palais, en s'y aplatissant, l'air ne peut plus passer que par deux petites ouvertures placées près des molaires, et c'est par ces canaux que le *l* s'échappe.

Les *nasales* sont, nous dit Dangeau, des lettres qui passent par le nez. En effet, les lèvres sont fermées, les dents légèrement écartées, et lorsque l'air, affluant des poumons, arrive pour sortir, il est obligé de rétrograder vers le pharynx, de forcer le voile du palais, qui s'abaisse pour le laisser passer dans les fosses nasales. Le *m*, le *n* et le *gn*, sauf quelques différences dans la position de la langue, ne peuvent se prononcer autrement.

Si je me suis étendu si longuement sur le mécanisme des organes vocaux, c'est qu'il ressort de cette
étude un grand enseignement qui va servir de com-
clusion à cette lettre et de thème aux lettres suivantes, à savoir : qu'il facilite la solution du problème de la permutation des consonnes de même
espèce dans la formation des mots.

VII

DES LOIS QUI PRÉSIDENT A LA FORMATION DES MOTS FRANÇAIS PROVENANT DU LATIN

Je vous ai démontré dans ma dernière lettre la nécessité de connaître la théorie du mouvement des organes qui produisent les sons, parce que cette théorie explique les mutations des signes d'un même ordre entre eux, et que ces mutations ont lieu, lorsqu'un mot passe de la langue mère à la langue dérivée, ou qu'il émigre d'une province dans une autre.

Mais cette mutation n'est pas la seule que les mots subissent en se naturalisant; il y en a d'autres, non moins essentielles à étudier, et qu'on ne peut expliquer qu'en remontant le courant qui les a amenées.

C'est ce que je vous demande la permission de faire ici, afin que vous puissiez comprendre la nature des phénomènes que je signalerai dans la suite à votre attention, lorsque je m'occuperai de l'histoire des lettres de notre alphabet.

Les mots français qui proviennent de la langue latine sont de deux sortes ; populaires ou savants, ou, si vous aimez mieux, naturels ou artificiels.

Les mots d'origine populaire, c'est-à-dire les mots formés naturellement, subissent une série de transformations identiques, et invariablement fixées par les lois mystérieuses qui président à leur naissance.

Les mots d'origine savante suivent le caprice de ceux qui les inventent. Comme tout ce qui est le fruit de méthodes artificielles, ils dépendent non-seulement de l'intelligence de ceux qui les forgent, mais aussi du temps où leurs auteurs ont vécu.

De là, deux familles de mots constitués de façon très-différente, ayant des types particuliers et tellement caractéristiques qu'il est impossible de ne pas les reconnaître.

Je vous ai dit tout à l'heure que les mots d'origine populaire avaient été créés sous l'empire de certaines lois mystérieuses. Ces lois, que l'érudition moderne a découvertes, peuvent se réduire à trois : la loi de contraction, la loi de déclinaison, la loi d'accentuation.

La *loi de contraction* exerce son influence de deux manières : absolument et relativement.

Absolument, quant à la finale des mots latins qui se perdent toujours en devenant français.

EXEMPLES :

bon us	=	bon
arc us	=	arc
cas us	=	cas
hom o	=	hom *puis* on
fort is	=	fort
perir e	=	périr
sentir e	=	sentir
don um	=	don
ferr um	=	fer
plumb um	=	plomb

Relativement, et d'une manière fort inégale dans les mots devenus français à mesure que ces mots se lirigent du Midi vers le Nord.

EXEMPLES :

Masculus.	Midi	*mascle*
	Centre	*mâle*
	Nord	*mâic*

Les contractions de la finale des mots, autrement lites *apocopes*, se manifestent dans toutes les langues. L'apocope maigrit les mots comme la rouille ronge le fer. Le peuple cherche toujours à diminuer les mots. Dans les campagnes ne dit-on pas *hâti* pour *hâtif*; *calvi* pour *calville*; *couvert* pour *couvercle*; *peupe* pour *peuplier*; *béto* pour *bétail*; le gamin de Paris

vous offre un billet d'*orchès* pour un *billet d'orchestre ;*
va chez l'*herboris* pour l'*herboriste ;* ainsi le *porteu* (porteur) de *lanterne magie* (*magique*) a des *bisbi* (*bisbille*)
avec les sergents de ville, etc., etc.

La *loi de déclinaison* est une suite inévitable de la
loi de contraction. Les mots latins ayant deux formes
distinctes, selon qu'on les emploie au nominatif ou
à l'un des cas obliques, l'accusatif principalement,
il est arrivé que beaucoup de mots français se sont
moulés tantôt dans un nominatif, tantôt dans un accusatif latin, et que les mots appartenant à des
déclinaisons, où l'accusatif est plus long que le
nominatif, ont donné naissance à deux mots de
forme différente, et de sens identique, jusqu'à ce
que l'usage en ait décidé autrement.

Ainsi *templum*, qui est aussi bien *templum* au nominatif qu'à l'accusatif, n'a jamais pu former que le
mot *temple*, tandis que le nominatif *homo* a pu former
hom (puis *on*) et l'accusatif *hominem* : *homme*.

Telle est l'origine d'une famille de doublets dont
voici un spécimen :

Nominatifs		Cas obliques.	
pastor	pâtre	*pastorem*	pasteur
cantor	chantre	*cantorem*	chanteur
major	maire	*majorem*	majeur
bilanx	bilan	*bilancem*	balance
biumen	béton	*Bituminis*	bitume

La *loi d'accentuation* est, sans contredit, la plus importante de toutes. Vous savez qu'en latin tout mot se compose de syllabes accentuées, dites *toniques,* et de syllabes non accentuées, dites *atones,* c'est-à-dire que dans les mots il y a des syllabes qu'on accentue plus les unes que les autres. Eh bien, lorsqu'un mot est devenu français, il a toujours conservé la tonique, tandis qu'il a perdu l'atone brève et la consonne médiane.

Cette loi d'accentuation a été parfaitement étudiée par M. Brachet, et je ne saurais mieux faire que de lui emprunter, en les abrégeant, les observations qu'il a faites, à ce sujet, dans un chapitre consacré à la persistance de l'accent latin[1].

Dans tout mot composé de plusieurs syllabes, il y en a toujours une sur laquelle on appuie plus fortement que sur les autres. On nomme *accent tonique* ou simplement *accent* cette élévation de la voix qui dans un mot se fait sur une des syllabes ; ainsi dans *raison* l'accent tonique est sur la dernière syllabe : dans *raisonnable* il est sur l'avant-dernière. On appelle donc *syllabe accentuée* ou *tonique,* celle sur laquelle on appuie plus fortement que sur les autres. L'accent tonique donne au mot sa physionomie propre et son caractère particulier ; aussi l'a-t-on justement appelé « l'âme du mot. »

En français, l'accent n'occupe jamais que deux places : la dernière syllabe, quand la terminaison en est masculine (chan*teur,* ai*mer,* fi*nir*) ; l'avant-dernière quand la terminaison est féminine (*raide, porche, voyage*).

[1] *Grammaire historique de la langue française,* p. 72.

En latin, l'accent tonique n'occupe aussi que deux places; il est sur la pénultième, c'est-à-dire l'avant-dernière quand elle est longue (can*to*rem, a*ma*re, fi*ni*re), et quand l'avant-dernière est brève, il est sur l'antépénultième (*ri*gidus, *por*ticus, vi*a*ticum).

Si le lecteur compare attentivement, dans les exemples cités, les mots latins aux mots français, il verra se reproduire un même phénomène, à savoir, que la syllabe qui est accentuée en latin est aussi la syllabe accentuée en français; en un mot que l'accent reste presque toujours en français sur la syllabe qu'il occupait en latin.

Cette persistance de l'accent latin dans la langue française est une règle générale et absolue; tous les mots du français populaire respectent l'accent latin. Les exceptions sont d'une origine savante, ce sont des mots introduits postérieurement à la formation de la langue par des hommes qui ignoraient les lois suivies par la nature dans la transformation du latin en français. Vous pouvez vous en rendre compte dans ce tableau :

Mots latins	Mots populaires	Mots savants
A*lu*men	A*lun*	Alu*mi*ne
*Blas*phemum	*Blâ*me	Blas*phè*me
*De*cima	*Dî*me	*Dé*cime
*Or*ganum	*Or*gue	Or*ga*ne
*Po*lypus	*Poul*pe	Po*ly*pe
*Por*ticus	*Por*che	Por*ti*que

Vous voyez non-seulement que les mots savants sont beaucoup plus longs que les mots populaires.

mais encore qu'ils transposent la tonique, qui n'est pas placée sur la même syllabe que celle des mots latins, par conséquent des mots populaires. La raison en est facile à donner. Les mots savants ont été calqués sur les mots de la bonne latinité, et non sur le latin vulgaire. Or, dans le latin vulgaire, on supprime souvent l'avant-dernière syllabe atone.

Ainsi, quand les lettrés écrivaient *computum, mobilis,* le peuple disait *comptum, moblis,* d'où *compte, meuble.* Tandis que les savants formaient les mots *comput* et *mobile.*

Je vous ai dit qu'en outre de cette même loi d'accentuation l'atone brève se perdait. En effet, dans tous les mots populaires la voyelle brève, qui dans un mot latin précède immédiatement la tonique, disparaît sans laisser de traces.

EXEMPLES :

Bon(i)tatem	Bon té
San(i)tatem	San té
Pos(i)tura	Pos ture
Clar(i)tatem	Clar té
Pop(u)latus	Peu plé

Dans les mots français d'origine savante, cette loi n'est pas suivie, et il arrive ainsi qu'un même mot latin engendre deux mots différents dus, l'un à l'influence populaire, l'autre à l'influence savante.

Vous allez voir que les exemples ne manquent pas.

EXEMPLES : [1]

Mots latins	Mots populaires	Mots savants
car(i)*ta*tem	cherté	charité
asper(i)*ta*tem	âpreté	aspérité
circ(u)*la*re	cercler	circuler
com(i)*ta*tus	comté	comité
cum(u)*la*re	combler	cumuler
cap(i)*ta*lis	cheptel	capital
hosp(i)*ta*le	hôtel	hôpital
mast(i)*ca*re	mâcher	mastiquer
recup(e)*ra*re	recouvrer	récupérer
par(a)*di*sus	parvis	paradis
sep(a)*ra*re	sevrer	séparer
mon(a)s*te*rium	moutier	monastère
sim(u)*la*re	sembler	simuler
secur(i)*ta*tem	sûreté	sécurité

Enfin, un troisième effet de cette loi d'accentuation est de faire tomber la consonne médiane des mots latins. On entend par consonne médiane, la consonne qui se trouve entre deux voyelles. Cette syncope n'existe pas dans les mots d'origine savante. Les mots suivants vous le prouveront :

EXEMPLES : [2]

Mots latins	Mots populaires	Mots savants
au(g)ustus	août	auguste
advo(c)atus	avoué	avocat

[1] Pour faciliter la lecture de ces exemples, j'ai mis l'atone brève qui disparaît entre parenthèses, et la lettre tonique en italique.

[2] La consonne médiane est entre parenthèses.

Mots latins	Mots populaires	Mots savants
communi(c)are	communier	communiquer
bene(d)ictus	béni, benêt, benoît	bénédict
cura(t)orem	cureur	curateur
confi(d)entia	confiance	confidence
de(c)anatus	doyenné	décanat
de(c)ima	dîme	décime
deli(c)atus	délié	délicat
dila(t)are	délayer	dilater
dona(t)orem	donneur	donateur
fra(g)ilis	frêle	fragile
do(t)are	douer	doter
fi(d)elis	féal	fidèle
fi(d)elitatem	féauté	fidélité
fila(t)orem	fileur	filateur
le(g)alis	loyal	légal
le(g)alitatem	loyauté	légalité
vi(g)ilia	veille	vigile
na(t)ivus	naïf	natif
re(d)emptionem	rançon	rédemption
na(t)alis	noël	natal
na(t)ivitatem	naïveté	nativité
pre(d)icatorem	prêcheur	prédicateur
ri(g)idus	roide	rigide
sa(c)ramentum	serment	sacrement
se(c)uritatem	sûreté	sécurité
sca(d)afalcum	échafaud	catafalqu
salva(t)orem	sauveur	sauveteur
para(b)ola	parole	parabole

En un mot l'accent a toujours été respecté par le peuple. Les autres lettres ont pu fléchir, disparaître même, l'accent seul ne s'est jamais laissé entamer.

Il y a beaucoup de mots qui, adjectivement, ont été formés sous l'influence naturelle, et qui, substantivement, ne nous sont parvenus que sous la forme savante.

Ainsi l'adjectif latin *maturus* étant devenu *mûr*, le substantif *maturitatem* aurait dû faire *mûreté* au lieu de *maturité*. Il en est de même pour *rotundus* qui a fait *rond*. Le mot *rotonditatem* aurait dû faire, en suivant la même règle, *rondité*, au lieu de *rotondité*.

En lisant avec attention un texte quelconque, vous trouverez un mélange perpétuel de formes savantes disparues et de formes populaires conservées. Ainsi, dans cette phrase qu'on aurait très-bien comprise au moyen âge : « la *saniteit* de l'*imperateur* est *fragile* » les mots ont été forgés artificiellement, ce sont des formes savantes. Aujourd'hui, on dirait : « la santé de l'empereur est frêle. » Les mots de cette phrase sont de formation naturelle.

En effet, si vous avez retenu ce que je viens de vous dire, vous verrez de suite qu'en calquant le mot français sur le mot latin, les savants ont pu tirer :

saniteit de *sanitatem*
imperateur d' *imperatorem*
fragile de *fragilis*

Vous remarquerez aussi qu'en suivant les règles naturelles exposées ci-dessus, vous retrouverez :

santé dans *san(i)tatem*

La voyelle brève (*i*) qui précède la tonique disparaissant toujours ;

empereur dans *impera(t)orem*

La consonne médiane (*t*) tombant dans le travail de mutation ;

frêle dans *fra(g)ilis*

La consonne médiane (*g*) tombant au moment de la transformation, par la persistance de l'accent latin, et l'*a* réuni à l'*i* par la suppression du *g* se traduisant par le son équivalent *ê*.

Mais s'il y a des formes savantes disparues et des formes populaires conservées, il existe aussi des formes savantes qui ont été conservées au détriment des formes populaires qui ont été dedaignées.

Par exemple, on dit : *démonstrateur* au lieu de *démontreur ; collaborateur* au lieu de *colaboureur ; curateur* au lieu de *cureur*, etc.

Ainsi, règle générale : les mots savants se distinguent des mots populaires en ce qu'ils ne suivent pas la loi d'accentuation à laquelle ces derniers ne peuvent se soustraire.

Si vous avez parcouru avec attention les listes de mots qui précèdent, vous avez dû remarquer d'autres transformations. C'est ainsi, pour ne citer qu'un exemple, qu'*advocatus* devient *avoué*, après avoir perdu son *d*, son *c*, et transformé sa finale *atus* en *é*.

Ces transformations sont intéressantes à étudier, et je vous les signalerai lorsque nous passerons en revue les lettres de l'alphabet.

Le résultat que je désire obtenir aujourd'hui, est de vous faire bien comprendre les grandes lois naturelles de la formation des mots, afin que, dans la suite, à propos de la simple permutation d'une lettre, vous sachiez à quoi vous en tenir sur les phénomènes généraux qui constituent la transformation d'un mot latin en mot français; car en philologie, il faut procéder mathématiquement, épuiser les variations d'un même son avant d'entamer le suivant.

Si, au lieu de prendre cette précaution, on voulait expliquer de suite tous les phénomènes qui peuvent se concentrer dans un même mot, on se livrerait à un jeu, amusant peut-être, mais sans profit pour les joueurs.

VIII

DE LA PERMUTATION DES VOYELLES. — HISTOIRE DE LA LETTRE A

J'ai étudié dans ma précédente lettre les lois générales qui président à la transformation des mots latins en mots français.

Je vais commencer aujourd'hui à vous faire connaître les lois particulières qui régissent la permutation, la transposition, l'addition et la soustraction des lettres.

1° On entend par *permutation* le changement d'une lettre en une autre lettre. Ce sont ces permutations entre les mots d'une langue mère et ceux d'une langue dérivée qu'il faut connaître, pour s'occuper d'étymologie, et en déterminer la juste valeur.

EXEMPLE : Étant donné le mot *capra*. Sachant que le *c* dur se transforme en *ch*, l'*a* en *è* et le *p* en *v*, je n'ai aucune crainte de me tromper en considérant ce mot comme père de notre mot *chèvre*.

2° La *transposition* ou *métathèse* a lieu toutes les fois que la lettre d'un mot appartenant à la langue mère ne se retrouve pas à la même place dans le mot correspondant de la langue dérivée.

EXEMPLES : L'*i* du mot *gloire* précède le *r* en français et le suit en latin (*gloria*). — Le *g* du mot *étang* suit le *n*, tandis qu'il le précède en latin (*stagnum*) etc., etc.

3° L'*addition* des lettres dans un mot a lieu de trois manières différentes : au commencement du mot, au milieu du mot, et à la fin du mot. Ces additions se nomment, en suivant l'ordre que je viens d'indiquer, *prosthèse*, *épenthèse* et *épithèse* [1].

4° La *soustraction* des lettres s'effectue de même. Au

---

[1] EXEMPLES DE PROSTHÈSE. — Une lettre peut s'ajouter au commencement d'un mot ; c'est ainsi que la lettre *t*, jointe au mot *ante* (de *amita*) a formé le mot *tante*.

EXEMPLES D'ÉPENTHÈSE. — Dans certains cas, une lettre se glisse dans le milieu des mots pour en faciliter la prononciation. C'est ainsi que *pœonia* est devenu *pivoine*.

EXEMPLES D'ÉPITHÈSE. — Souvent, par euphonie, une lettre qui n'existe pas dans le mot latin s'ajoute à la fin du dérivé français, ainsi *lis* de *lilium*.

commencement du mot, elle s'appelle *aphérèse;* dans le corps du mot *syncope;* à la fin du mot *apocope* [1].

Les voyelles simples et doubles, ainsi que les diphthongues, appelleront d'abord notre attention.

Lorsqu'on fait de la grammaire historique, il y a deux manières de décrire les phénomènes signalés par la linguistique : remonter de la langue dérivée à la langue mère, ou descendre de la langue mère à la langue dérivée.

Ainsi, une lettre latine a pu se transformer en plusieurs lettres françaises comme une lettre française peut provenir de plusieurs lettres latines.

Pour faciliter la compréhension de ces divers changements, auxquels vous n'êtes pas habituée, j'ai dressé deux tableaux synoptiques : l'un, des lettres latines et de leur filiation; l'autre, des lettres françaises et de leur généalogie.

Pour ne pas trop grossir ces tableaux, je n'y ai mis, pour commencer, que les voyelles et les diphthongues. Le tour des consonnes viendra plus tard.

Vous verrez ainsi d'un coup d'œil les différents phénomènes de permutation que j'aurai à vous signaler dans la suite.

Voici ces deux tableaux :

[1] EXEMPLES D'APHÉRÈSE. — Quelquefois la première lettre du mot tombe, comme l'*a* dans *apothecarius,* qui est devenu *boutiquier.*

EXEMPLES DE SYNCOPE. — Cette suppression de lettres existe dans un grand nombre de mots. Ainsi *na(t)ivus* est devenu *naïf, par(a)disus, parvis,* etc.

EXEMPLES D'APOCOPE. — La dernière lettre d'une finale disparaît souvent par raison euphonique, comme dans *ecu* de *scutum.*

TABLEAU GÉNÉALOGIQUE

DES VOYELLES ET DES DIPHTHONGUES

françaises

Nota. — Les lettres qui permutent sont en italique.

VOYELLES ET DIPHTHONGUES françaises	VOYELLES OU DIPHTHONGUES LATINES correspondantes.	EXEMPLES	
		FRANÇAIS	LATINS
A	1 A 2 AU 3 E 4 I 5 O 6 U	1 *a*lgue 2 *a*rchal 3 par 4 *la*ngue 5 *la*ngouste 6 trancher	1 *a*lga 2 *au*richalcum 3 per 4 *li*ngua 5 locusta 6 truncare
E	1 E 2 A 3 Æ 4 OE 5 I 6 U` 7 AU	1 terre 2 mer 3 *é*difice 4 *é*conomie 5 Bretagne 6 géniss *e* 7 *é*couter	1 terra 2 *ma*re 3 *œ*dificium 4 *œ*conomia 5 Britannia 6 junicem 7 *au*scultare
I	1 I 2 A 3 Æ 4 OE 5 E	1 *i*mage 2 avel*i*ne 3 c*i*boule 4 c*i*metière 5 s*i*x	1 *i*mago 2 avell*a*na 3 c*œ*pulla 4 c*œ*meterium 5 sex
O	1 O 2 Æ 3 AU 4 I 5 U	1 orner 2 camomille 3 *O*rléans 4 ord*o*nner 5 colombe	1 ornare 2 cham*œ*melon 3 *Au*relianum 4 ord*i*nare 5 col*u*mba
U	1 U 2 E 3 I 4 O	1 pl*u*me 2 j*u*meau 3 j*u*jube 4 t*u*f	1 pl*u*ma 2 gemellus 3 zizyphum 4 tofus
AI	1 Æ 2 A 3 A et I séparés (*métathese*)	1 *ai*rain 2 *ai*gu 3 contra*i*re	1 *œ*ramen 2 *ac*utus 3 contra*ri*us

VOYELLES ET DIPHTHONGUES françaises	VOYELLES OU DIPHTHONGUES LATINES correspondantes.	EXEMPLES	
		FRANÇAIS	LATINS
AIT	ACT	*fait*	*factus*
AU et EAU	1 AL 2 EL	1 *aube* 2 *beau*	1 *alba* 2 *bellus*
EI	1 Æ 2 OE 3 E 4 I	1 *baleine* 2 *peine* 3 *veine* 4 *sein*	1 *balœna* 2 *pœna* 3 *vena* 4 *sinus*
EU et ŒU	1 AU 2 O	1 *peu* 2 *queux*	1 *paucum* 2 *coquus*
OI	1 A 2 A *séparé de l'I (métathèse)* 3 E 4 I 5 O 6 O *séparé de l'I (métathèse)* 7 U	1 *doloire* 2 *poêle* 3 *trois* 4 *poire* 5 *cloître* 6 *histoire* 7 *boisseau*	1 *dolabra* 2 *pallium* 3 *tres* 4 *pirum* 5 *clostrum* 6 *historia* 7 *bustellus*
OIT	1 ICT 2 ECT	1 *étroit* 2 *voiture*	1 *strictus* 2 *vectura*
OU	1 AU 2 O 3 OL 4 ON 5 U	1 *louer* 2 *amour* 3 *cou* 4 *couvent* 5 *goutte*	1 *laudare* 2 *amorem* 3 *collem* 4 *conventus* 5 *gutta*
IE	1 E 2 I 3 OE	1 *fiel* 2 *vierge* 3 *ciel*	1 *fel* 2 *virgo* 3 *cœlum*
IÉR	ARI *transposé (métathèse)*	*premier*	*primarius*
IEU	1 E 2 O	1 *Dieu* 2 *lieu*	1 *Deus* 2 *locus*
UI	1 U 2 U *séparé d'I (métathèse)* 3 O *séparé d'I (id.)*	1 *truite* 2 *juin* 3 *cuir*	1 *trutta* 2 *junius* 3 *corium*
UIT	1 OCT 2 UCT	1 *cuit* 2 *fruit*	1 *coctus* 2 *fructus*

TABLEAU DE LA TRANSFORMATION
DES VOYELLES ET DES DIPHTHONGUES LATINES
en lettres et diphthongues françaises
NOTA. — Les lettres qui permutent sont en italique.

VOYELLES ET DIPHTHONGUES latines.	LETTRES ET DIPHTHONGUES FRANÇAISES correspondantes.	EXEMPLES	
		LATINS	FRANÇAIS
A	1 A 2 AI 3 OI 4 I 5 E	1 avena 2 ala 3 armarium 4 cerasum 5 pluma	1 avoine 2 aile 3 armoire 4 cerise 5 plume
E	1 E 2 A 3 I 4 IE 5 OI 6 U	1 ferrum 2 per 3 cera 4 rem 5 avena 6 apostema	1 fer 2 par 3 cire 4 rien 5 avoine 6 apostume
I	1 I 2 A 3 E 4 O 5 OI 6 U 7 J	1 dignus 2 bilancem 3 bis saccus 4 ordinare 5 pilus 6 fimarium 7 gobionem	1 digne 2 balance 3 besace 4 ordonner 5 poil 6 fumier 7 goujon
O	1 O 2 A 3 OI 4 EU 5 OU 6 U 7 UI	1 corpus 2 domina 3 clostrum 4 colorem 5 colorem 6 morum 7 ostrea	1 corps 2 dame 3 cloître 4 couleur 5 couleur 6 mûre 7 huître
U	1 U 2 A 3 E 4 EU 5 O 6 OI 7 OU 8 UI 9 V 10 F	1 durus 2 truncare 3 juniperus 4 gula 5 juncus 6 crucem 7 lupus 8 puteus 9 vidua 10 Judæus	1 dur 2 trancher 3 genevrier 4 gueule 5 jonc 6 croix 7 loup 8 puits 9 veuve 10 Juif

VOYELLES ET DIPHTHONGUES latines	VOYELLES ET DIPHTHONGUES FRANÇAISES correspondantes.	EXEMPLES	
		LATINS	FRANÇAIS
Æ	1 E 2 AI 3 EI 4 I 5 O	1 præsagium 2 æramen 3 balæna 4 cæpulla 5 chamœmelon	1 présage 2 airain 3 baleine 4 ciboule 6 camomille
AU	1 A 2 E 2 EU 4 O 5 OU	1 aurichalcum 2 auscultare 3 cauda 4 aurum 5 laudare	1 archal 2 écouter 3 queue 4 or 5 louer
Œ	1 E 2 EI 3 I 4 IE	1 pœnitentia 2 pœna 3 cœmeterium 4 cœlum	1 pénitence 2 peine 8 cimetière 4 ciel
OL	OU	mollis	mou
ON	OU	conventus	couvent
ACT	AIT	factus	fait
ECT	OIT	pectorale	poitrail
ICT	OIT	drictus pour directus	droit
OCT	UIT	biscoctus	biscuit
UCT	UIT	fructus	fruit

Je vais aborder maintenant l'histoire des lettres de l'alphabet.

Lettre A.

L'*A* est la première lettre de tous les alphabets européens et certainement l'une des plus usuelles. L'*A* tire son origine de l'*alpha* grec, qui provient lui-même de l'*aleph* phénicien. Or, *aleph* avait, selon Plutarque, la signification de *bœuf*, la lettre *a* serait donc l'image modifiée d'un hiéroglyphe qui représenterait une tête de bœuf. Dans tous les cas, cet hiéroglyphe n'appartiendrait pas à la langue égyptienne, puisque dans ce pays la lettre *a* est représentée par un ibis ou un épervier.

Le son de l'*a* est le plus simple de tous les sons, puisqu'il sort du gosier sans que les muscles agissent. C'est le seul son que l'on puisse prononcer sans avoir besoin de langue, de dents et de lèvres. C'est à cette extrême facilité qu'il doit d'être émis le premier par les enfants, filles ou garçons. Je dis filles ou garçons, parce que je ne partage pas l'avis de Covarruvias qui soutenait que les garçons faisaient entendre le son *a*, à cause d'Adam notre premier père ; et les filles, le son *e*, à cause d'Ève, notre première mère.

Aucune lettre ne se prononce aussi aisément que l'*a,* et c'est pour cela que nous l'employons toutes les fois que nous sommes saisis par la crainte, la douleur, la joie, la surprise ou l'admiration.

En français, l'*a* se prononce de deux façons : longuement et brièvement. Il est long dans *mât*, bref dans *mat.*

De quelque manière que l'*a* soit placé dans une syllabe, il se prononce toujours, à moins qu'il ne soit devant un *n* ou un *m* simples, comme dans Ancre, Ambition ; alors, il forme un son tout autre que je considère comme une voyelle double.

Lorsque le *n* ou le *m* se doublent, ou qu'ils sont

suivis d'une voyelle, comme dans *a*nachronisme, *a*nnée, *am*our, *am*moniaque, *ama*zone, la lettre *a* reprend sa valeur primitive.

Certain peuple trouve moyen d'articuler l'*a* de six manières différentes. Ainsi, en annamite, les intonations se perçoivent avec une telle finesse, que « *ba, bà, bâ, bä* » signifient « *trois dames ont donné un soufflet au favori du prince.* »

Nous ne modulons pas aussi bien que les Asiatiques, mais nous n'en aimons pas moins la lettre *a*, puisque en différentes circonstances, nos pères l'ont préféré à l'*au*, à l'*e*, à l'*i*, à l'*o* et à l'*u* latins.

§ 1. Conservation de l'A.

L'*a* latin se conserve dans les mots français toutes les fois qu'il est suivi de deux consonnes :

EXEMPLES :

arbre	d' arbor.
char	de carrus.
ardeur	d' ardorem.
arc	d' arcus.
barbe	de barba.
charbon	de carbonem.

§ 2. A provenant du AU latin.

Cette permutation est très-rare. Le *au* se transformant plutôt en *o* et en *ou*.

§ 3. A provenant du E latin.

Cette permutation est assez fréquente, elle offre

cependant moins d'exemples que la transformation
du *e* latin en *a*. Voici quelques exemples :

marchand	mercantem.
lucarne	lucerna.
par	per.
malte	melita.
parchemin	pergamena.

§ 4. A provenant du I latin.

La différence de tonalité qui existe entre l'*a* et l'*i*
n'empêche pas ces deux lettres de permuter avec
assez de facilité.

EXEMPLE :

langue	lingua.
sangle	cingulum.
paresse	pigritia.
sanglier	singularis.

Deux mots de cette série ont donné lieu chacun à deux
formes distinctes, conservées toutes les deux dans notre langue. Je veux parler des mots *bilancem* et *birreta.*

Bilancem est l'accusatif du mot *bilanx*, qui signifie
mot à mot *deux* (*bis*) *plateaux* (*lanx*), et dont nous
avons fait notre mot *balance*, et notre mot *bilan :* c'est
en effet lorsqu'on n'a pas pu faire la *balance* de son
compte que l'on dépose son *bilan.*

En wallon, on dit encore une *birlance* pour une
balançoire.

Birretum est un diminutif de *birum*, sorte d'étoffe
rousse, qui nous a fourni la forme *bure* et notre mot
bourrique, synonyme de roussin. Cette étoffe ayant

servi à faire des bonnets, on les appela *birretum*,
puis *barrette*. La barrette des cardinaux vient de
là. L'autre forme sert à dénommer une espèce particulière de coiffure fort aimée des Basques, je veux
parler du *béret*.

§ 5. A provenant de O latin.

Les mots de cette catégorie sont assez rares.
Voici quelques exemples :

> Dame de domina.
> Damoiselle de dominicella.
> Langouste de locusta.

Une forme contractée de damoiselle : *donzelle*, a
repris l'*o* originaire.

§ 6. A provenant de U.

Cette permutation n'est pas commune. Je vous
citerai :

> Trancher de truncare.

et encore la présence du *n* est-elle pour beaucoup
dans cette altération.

Je vous ai dit, en commençant cette lettre, que les
voyelles disparaissent quelquefois en passant du
mot de la langue mère au mot de la langue dérivée,
et que, quelquefois aussi, certaines voyelles s'ajoutaient au mot, soit pour en faciliter la prononciation,
soit pour répondre à un besoin instinctif du peuple.
La contraction a lieu, vous vous le rappelez, par
aphérèse, syncope et apocope.

Aphérèse de l'A.

On constate l'aphérèse de l'*a* dans :

Boutique	de	*a*potheca,
Boutiquier	de	*a*pothecarius [1].
Diamant	de	*a*damantem,
Pouille	de	*A*pulia,
Guyenne	de	*A*quitania.

C'est par suite de l'aphérèse qu'on dit à Paris : *rue de la Tacherie*, au lieu de *rue de l'Atacherie*, ainsi nommée à cause des atachiers, ou faiseurs d'agrafes qui y demeuraient, et *rue de la Jussienne*, au lieu de *rue de l'Ajussienne*, ainsi appelée parce qu'on y avait construit une chapelle en l'honneur de sainte Marie l'Égyptienne, que le peuple connaissait sous le nom corrompu de *sainte Marie l'Égizziane*, ou *l'Ajussiane*.

L'aphérèse la plus connue est *mie* pour *amie*. Au lieu d'écrire *m'amie* avec une apostrophe mise par euphonie à la place de l'*a* de l'article *ma*, on remplaça l'apostrophe par l'*a* du substantif et on fit *ma mie*, pour *m'amie*, *sa mie* pour *s'amie*, *ta mie* pour *t'amie*. Au point de vue historique, la forme actuelle du mot *mie* est mauvaise, mais ce qui est bien plus regrettable, c'est que, au lieu de conserver l'apostrophe pour l'ancienne forme *amie*, on ait eu, par respect pour nos oreilles, l'idée au moins singulière de la remplacer par un pronom possessif masculin, et d'accoupler ainsi deux mots de genre différent qui hurlent de se trouver ensemble.

[1] Apothicaire est la forme savante de ce mot.

Le *mon*, le *ton* et le *son* devant des mots féminins commençant par des voyelles est un solécisme difficile à faire comprendre aux enfants et aux étrangers qui apprennent la langue française. Il eût été pourtant beaucoup plus simple d'empêcher la cacophonie que produit toujours la rencontre de deux voyelles, en adoptant l'apostrophe qui marque l'élision.

SYNCOPE DE L'A.

Je vous ai dit, dans une précédente lettre, qu'une des lois générales de la transformation du langage était de transformer en français les voyelles brèves qui, dans les mots latins, précédaient immédiatement la tonique : cette suppression n'est pas autre chose qu'une syncope.

Toutes les fois que l'*a* occupe la place d'une voyelle brève, comme dans :

sep*a*rare	sev rer
par*a*disus	par vis
c*a*rabus	c rabe

la syncope se produit.

APOCOPE DE L'A.

On peut considérer la transformation de l'*a* en *e* muet, dont j'ai parlé tout à l'heure, comme une espèce d'apocope.

PROSTHÈSE DE L'A.

Les lois de permutation et de contraction se comprennent facilement. On les a appliquées si souvent, la quantité des mots qui ont subi leur empire est si considérable, qu'il est assez facile de s'en rendre compte.

Il n'en est pas de même des modifications des mots par *addition*, surtout pour certaines lettres, comme la lettre *a*, par exemple.

Voici des cas de prosthèse de la lettre *a* :

*A*vives (glandes du cheval)	de	vivulæ
Adragant	de	tragacanthum,
Abée	de	Bea.

Cette prosthèse s'explique par l'*a* de l'article qui aura été réuni au substantif par ignorance. On aura dit d'abord *la Bee*, puis l'*abée*, comme dans le peuple on dit encore aujourd'hui *pain d'amunition*, pour *pain de munition*. C'est le contraire de l'aphérèse qui a retiré l'*a* au mot, prenant cette lettre pour une partie de l'article.

On cite *avis, abandon,* etc., comme prosthèse de l'*a*, mais l'*a* n'est pas ici une lettre ajoutée à un mot, c'est une préposition jointe à un nom.

Lorsque nous étudierons la forme des mots, nous nous occuperons de ce genre de composés.

On donne aussi comme exemple de prosthèse de l'*a*, le mot *abricot*, qu'on devrait écrire *bricot*, comme venant de *præcoquus*.

Cette descendance est certaine, mais elle n'est pas immédiate, et la généalogie de ce nom de fruit vous prouvera avec quelle extrême précaution il faut jouer avec les mots.

Lorsque l'abricot fut connu des Latins, on l'appela *præcoquum* (de *præcox* ou plutôt *præcoquus*), à cause de sa précocité. Les Grecs du Bas-Empire empruntèrent aux Romains le fruit et son nom, qu'ils nommèrent *prekokion*. Les Arabes, à leur tour, firent aux Grecs ce que les Grecs avaient fait aux Romains, ils donnèrent au fruit nouveau le nom de *Birkouk*, auquel ils joignirent leur article *al*, ce qui fit *al Birkouk*. Lorsque les Maures passèrent en Espagne, ils propagèrent dans la péninsule ibérique l'arbre et son nom arabe, que les Espagnols transformèrent en *albaricoque* et les Portugais en *albricoque*. C'est de l'une de ces formes que nous vient notre mot *abricot*.

Vous voyez, Mademoiselle, que, malgré son origine latine, on ne peut classer l'*a* d'abricot au nombre des prosthèses de la lettre *a*.

Lorsque vous cueillerez un abricot, vous vous rappellerez, je l'espère, ce que je viens de vous apprendre. S'il pouvait vous paraître meilleur, j'en serais enchanté. Mais, je vous l'avouerai, je n'ai pas grande confiance dans les bienfaits de la linguistique au point de vue de la physiologie du goût.

Cependant, l'histoire d'un fruit ne peut pas gâter une méditation de gastronomie transcendante, et, s'il est vrai, comme je le crois, que l'esprit des convives entre pour beaucoup dans l'excellence des plats, il n'y aurait rien de téméraire à espérer que, pour les délicats, la qualité d'un fruit ne puise une nouvelle saveur dans les origines de son nom.

IX

HISTOIRE DE LA LETTRE E

J'ai terminé dans ma précédente lettre ce que j'avais à vous dire de la voyelle A. Je vais aujourd'hui vous parler de la voyelle E.

La lettre E vient de l'E latin, qui répond à l'*epsilon* (ε) et à l'*èta* (η) grecs. Ces deux lettres proviennent de l'*he* et de l'*hheth* phéniciens.

Des savants qui veulent tout expliquer ont trouvé dans la figure de la lettre E, les uns, les lignes de la face humaine, symbole de l'idée d'existence ; les autres, le nez vu par dessous, l'E majuscule offrant trois lignes parallèles qui répondent aux deux narines et à la cloison qui les sépare. Si l'on remonte au *he* sémitique, dont notre E provient, on ne peut que s'en rapporter à la signification de cette lettre phénicienne, qui veut dire *creux*.

Certains philologues n'admettent pas l'E comme voyelle fondamentale ; ils la considèrent comme voyelle de transition, servant de point de jonction entre les deux sons extrêmes A et I. Je ne sais pas jusqu'à quel point cette opinion est fondée, mais ce qu'il y a de certain c'est que l'A sanscrit a une grande facilité à se transformer en e grec ou latin, et que souvent l'e grec devient i en latin.

En français, la lettre e est celle qui se présente le plus souvent. Elle doit la persistance de son emploi à la diversité des sons qu'elle représente.

L'Académie ne compte que trois e ; l'é fermé, l'è ouvert et l'e muet. Exemple : sévère ; si c'est de l'e écrit dont parle l'Académie, je n'ai qu'une observation à faire : c'est de regretter l'absence des signes particuliers qui pourraient indiquer les nuances de la prononciation ; si c'est de l'e parlé, je ne peux, malgré mon profond respect pour l'Académie, partager son opinion qui date déjà de 1835 (année de la dernière édition du Dictionnaire de l'Académie française), et qui pourra peut-être, un jour, se modifier, quoique la prononciation n'ait pas changé, et que les corps savants, à l'exemple de la magistrature, n'aiment pas à revenir sur les jugements qu'ils ont portés.

Si j'en crois mes oreilles, la lettre e n'a pas trois sons, mais bien six :

1° — E aigu, comme dans bonté, méchanceté, caducité, église.

2° — E grave, comme dans excès, procès, les, tes, mes, ses.

3° — E circonflexe, comme dans fête, même.

4° — E muet, comme dans ils aimaient, encoura-geant, joie, vie.

5° — E faible, comme dans âne, pomme, Rome, gomme, méchanceté.

6° — E doux, comme dans apreté, melon, repos, menace, etc.

Il suffit de prononcer tout haut les mots que je vous donne comme exemple, pour se rendre compte de la différence des sons.

Quand je dis : *ils aimaient*, l'*e* est complétement muet. On le supprimerait dans le mot que la prononciation serait encore la même.

Lorsque je dis : *menace*, je prononce les deux *e*, le premier doucement, mais en l'accentuant, comme si je disais *eu*, le second faiblement, mais enfin de façon à faire sentir sa présence.

Quelques linguistes ont augmenté encore le nombre des sons que l'*e* est appelé à représenter ; d'autres n'admettent que les trois sons reconnus par l'Académie. Sur de telles matières, le plus juste est de dire que le tout est de s'entendre, car c'est l'oreille qui décide la question, et la finesse de l'ouïe est seule capable d'apprécier la valeur de sons aussi rapprochés.

Les trois sortes d'*e* admis par l'Académie n'étaient pas encore parfaitement reconnus au xvi⁰ siècle, puisque Jean Pillot écrivait en 1581, dans son *Institution de la langue française :*

« Il y a deux sortes d'*E* : l'*e* masculin : *aymé, félicité ;* il seroit mieux nom mé *e* latin ; — et l'*e* féminin : *justice, fortune.* Ce dernie r est soumis à l'apostrophe

et à la synalèphe ; par l'apostrophe, *e* n'est ni écrit,
ni prononcé, mais remplacé par ' ; par synalèphe, *e*
s'écrit mais ne se prononce pas : *il désire estre estimé*
se prononce : *il désir' estr' estimé*. Toutefois, l'e muet
final d'un verbe se prononce quand il est suivi de *il*
ou *elle : désire-il, désire-elle* ?

« Il y a une troisième sorte d'*e* qui tient le milieu
entre *a* et *e* comme *œ* des Latins, *ay* des Français :
plaise à Dieu que nos imprimeurs le distinguent par
quelque signe ! Cet *e* est celui qu'on trouve au commencement, au milieu ou à la fin des mots : *pres,
fenestre, aupres.* »

Cette sortie contre le manque d'accents phonétiques ferait croire que ces signes n'existaient pas encore. Ils étaient inventés cependant : Geoffroy Tory, le
créateur de l'accent aigu, s'en était servi dès 1526,
mais son exemple avait eu peu d'imitateurs puisqu'on lit dans le *Devis de la langue françoyse* d'Abel
Matthieu, paru en 1559. « J'entends... que ce a esté
par artifice que nouvellement on a adjousté à l'es-
cripture un gros accent grave, un aigu, ou un renversé Λ. »

L'emploi des accents a été une très-heureuse innovation, il facilite aux enfants et aux étrangers la lecture de notre langue. Ainsi avant l'invention de Geoffroy Tory, dans cette phrase : *un homme mange des
vers*, il était impossible de savoir si l'homme man-
geait des vers ou s'il en était mangé.

L'adoption de l'accent nous a permis aussi de
distinguer le participe passé du présent de l'indicatif,
ce qui facilite la rapidité de la diction.

Il est seulement regrettable de voir les accents si mal employés. Ainsi, on met un accent aigu aux mots *collége*, *sortilége*, *sacrilége*, et l'on prononce ces mots comme s'ils avaient un accent grave. L'accent grave mis sur *excès*, *procès*, *succès*, *décès*, ne s'explique pas davantage, puisque sans cet accent on prononce de même les mots *les*, *mes*, *ces*, *des*, etc.

L'accent circonflexe joue à peu près le même rôle. Il indique, dit-on, dans les mots où il est placé, la longueur de la voyelle ou la suppression d'une lettre. Quant à son utilité pour accentuer la voyelle, elle est indiscutable, mais quant à la nécessité de sa présence pour constater l'absence d'une lettre, je ne la comprends pas. Pour que cette règle fût utile il faudrait qu'elle fût observée rigoureusement, et elle ne l'est pas.

Ainsi on met un accent circonflexe à *bâiller* parce qu'il vient de *ba(d)are;* la consonne médiane tombant, les deux *a* réunis n'en font bientôt plus qu'un, et l'accent indique non-seulement la suppression du *d*, mais encore l'allongement produit par la réunion des deux *a* en un seul.

Rien de plus logique, mais alors pourquoi ne pas mettre un accent circonflexe sur *accabler*, car il vient de *ca(d)abulare*. Or, lorsque la consonne médiane *d* est tombée, les deux *a* se sont rencontrés comme dans *ba(d)are*. Si bien, qu'au moyen âge, on écrivait *caatbler*. On devrait donc écrire *accâbler* comme on écribâiller.

Cet exemple suffit pour vous montrer avec quelle légèreté on a distribué ces malheureux circonflexes, et le peu de cas qu'on doit en faire, au point de vue de l'étymologie.

Je reviens à ma lettre E.

§ 1. — Conservation de l'E.

Beaucoup de mots latins ont conservé leur E en se transformant.

EXEMPLES :

regula	régle
legumen	légume
crudelis	cruel
ferrum	fer
terra	terre

§ 2. — E provenant du A latin.

Cette transformation est l'une des plus fréquentes. Exemples :

amarus	amer
mortalis	mortel
patrem	père
matrem	mère
fratrem	frère
nasus	nez
sal	sel
talis	tel
qualis	quel
canile	chenil
armenia	hermine
sacramentum	serment

Le peuple, surtout celui de Paris, a une tendance marquée à prononcer e pour a. Il dit *en erière* pour *en arrière*, *la tremontane* pour *la tramontane*, *belsamine* pour *balsamine, le Mont-Pernasse* pour *le Mont-Par-nasse*, etc.

Cette habitude que le peuple a conservée, faisait dire, il y a déjà bien longtemps, à Geoffroy Tory : « Les dames de Paris, au lieu de *a*, prononcent *e* bien souvent, quand elles disent : « Mon mery est à la porte de Peris, où il se faict peier » au lieu de dire : « Mon mari est à la porte de Paris, où il se fait païer. » Telle manière de parler vient d'acoustumence de jeunesse. »

Cette coutume dura encore longtemps. Henri Étienne nous parle des courtisans « contrefaiseurs de petite bouche », qui, pour imiter les femmes, croiraient déroger à leur noblesse, s'ils n'avaient pas un catherre, au lieu d'un catharre, et un cataplesme au lieu d'un cataplasme. La prononciation était si peu sûre à cet égard, on prenait si bien A pour E ou E pour A, que les poëtes en profitaient pour faciliter leur rime. Villon fait rimer Lombart avec Robert ; Coquillart : ferme avec gendarme ; et Marot ne se gêne pas pour écrire :

Or est Montjoie, alors premier roi *d'armes,*
Homme discret, très-élégant en *termes.*

Au xviie siècle, Vaugelas nous apprend qu'on hésitait encore entre *serge* et *sarge.*

Je dois vous faire remarquer aussi que l'*a* final de tous les mots de la première déclinaison latine se transforme en *e.*

EXEMPLES :

barba   barbe
gloria   gloire

luna	lune
rosa	rose
ansa	anse
patria	patrie

Cette permutation est due surtout à la loi de contraction, dont je vous ai déjà parlé, loi sous l'influence de laquelle les terminaisons des mots tendent à disparaître.

§ 3 et 4. — E provenant de Æ et Œ latin.

Cette permutation n'a rien que de très-naturel, puisque Æ et Œ ont en latin le même son que notre é. En latin même, beaucoup de mots qui commençaient par cette double lettre, s'écrivaient par un e simple.

§ 5. — E provenant de I.

L'i latin s'est transformé en e muet ou en é avec beaucoup de facilité.

EXEMPLES :

circulus	cercle
carina	carène
genista	genêt
divinus	devin
trifolium	trèfle

§ 6. — E provenant de U latin.

L'u latin pouvait d'autant mieux se changer en e, qu'il se prononçait ou. Néanmoins les exemples sont assez rares.

genièvre	de	juniperus
secourir	de	succurrere
génisse	de	junicem.

§ 7. — E provenant du AU latin.

Ce changement est excessivement rare, et dans cet exemple : *É*couter, d'*auscultare*, il serait possible qu'*écouter* vînt d'*ascultare*, forme d'*auscultare*. Cependant la permutation était encore assez facile, puisqu'on disait *auberger* pour *héberger*, *héberge* pour *auberge*, etc.

MÉTATHÈSE DE L'E.

De toutes les voyelles c'est l'*e* qui facilite la transposition des linguales *l* et *r*. Je vous en dirai un mot lorsque je m'occuperai de ces consonnes.

APHÉRÈSE DE L'E.

La soustraction de l'*e* se rencontre dans : *Roquette* pour *Éroquette* d'*eruca*, ou plutôt d'un diminutif d'Eruca ; *Gers* pour *Egers* d'*Egerius*.

C'est ainsi qu'on disait autrefois *vesque* pour *évêque*, *glise* pour *église*, et que l'on dit encore le *tain* d'une glace pour l'*étain*.

Ce retranchement de la voyelle initiale se manifeste encore dans le langage populaire. Les paysans disent une *pinevinette* pour une *épinevinette*, une *cale de noix* pour une *écale de noix*, *curer* pour *écurer*, etc.

SYNCOPE DE L'E.

La syncope de l'*e* a lieu dans un mot latin qui devient français, toutes les fois que l'*e* occupe la place d'une voyelle brève précédant immédiatement la tonique, ainsi dans :

blasph(e)mare	d'où	blâmer
lib(e)rare	d'où	livrer
recup(e)rare	d'où	recouvrer

Dans le peuple, la syncope s'emploie très-souvent.

On dit : *il carle*, pour *il carrelle; elle se décolte*, pour *elle se décollette; il décachte*, pour *il décachette; il furte*, pour *il furette*; *il épouste*, pour *il épousette; blete*, pour *belette; ploton*, pour *peloton; plur*, pour *pelure; celri*, pour *celeri*, etc.

Cette syncope est tellement admise, que dans un bureau académique, composé de Charpentier, Perrault, Dangeau, Choisy et du grand Corneille, on discutait sur le verbe *becqueter*. L'abbé de Choisy qui était secrétaire de ce bureau, dit à ce sujet, dans le procès-verbal qui nous a été conservé : «on a demandé, s'il faut dire : *ces deux pigeons se becquetent*, ou *se becquètent;* c'est-à-dire avec un *e* muet ou un *é* ouvert, à la pénultième.

« Pas un bureau ne veut *becquètent*, disant que c'est une manière de prononcer gasconne. Et effectivement, on a envoyé consulter l'autre bureau, qui a été du même avis, excepté deux Gascons qui prétendent que *becquètent* est admirable. »

APOCOPE DE L'E.

L'apocope de l'*e* se fait surtout sentir dans les verbes latins en *ire*. Ainsi, *perire* a fait *périr; polire, polir; sentire, sentir*.

Je vous ai dit aussi en parlant de l'*a*, que les modifications des mots par addition se nommaient *prosthèse, épenthèse* et *épithèse*.

PROSTHÈSE DE L'E.

La prosthèse de l'*e* se manifeste dans tous mots les latins qui commencent par *sc, sp, st,* que les Espagnols et les Français ont une certaine peine à prononcer.

EXEMPLES :

sperare	espérer
scalarium	escalier
stare	ester
scandalum	esclandre

Quelquefois, surtout à partir du xvıᵉ siècle, l'*s* tombe et l'*e* devient *é* aigu.

EXEMPLES :

scribere	écrire
spina	épine
spatha	épée
scala	échelle
sponsus	époux
spica	épi

Ce qu'il y a de curieux, c'est que les adjectifs formés sur des substantifs qui ont subi la prosthèse, en ont été exemptés. Ainsi on dit :

Substantifs latins.	Substantifs français.	Adjectifs français	Adjectifs latins.
esprit	de spiritus	et spirituel	de spiritualis
espace	spatium	et spacieux	spaciosus
espèce	species	et spécieux	speciosus
estomach	stomachus	et stomachi-que	stomachicus
établissement	stabilimentum	et stable	stabilis
étang	stagnum	et stagnant	stagnantem
école	schola	et scholaire	scholarius
étude	studium	et studieux	studiosus

L'usage de cette prosthèse engendre une autre espèce de prosthèse, qui en réalité n'est qu'un affreux barbarisme.

Le grand nombre de mots qui avaient un *s* devant un *c* ou un *t*, fit que les ignorants, croyant bien dire probablement, ajoutèrent de leur propre mouvement un *s* devant certains mots commençant par *c* ou *t*, comme par exemple : *Carbunculus, Corticem, Clarus,* et *Draconem*. A cet *s* déjà ajouté, on joignit encore un *e*, et les mots furent ainsi défigurés.

Mots latins.	Mots défigurés.	Mots français anciens.	Mots français modernes.
carbunculus	scarbunculus	carbuncles	escarboucle
corticem	scorticem	escorce	écorce
clarus	sclarus	esclaire	éclair
draconem	sdragonem	targon, tragon	estragon

Cet entraînement à mettre un *e* devant les mots qui commencent par *sc*, *sp* et *st*, est encore suivi par le peuple qui l'ajoute à tous ceux qui en manquent

En résultat, lorsque les ignorants disent : *estatue estrapontin, espécial, estation,* etc., etc., pour *statue, strapontin, spécial, station,* ils sont plus logiciens que nous. Il ne faut donc pas leur en vouloir de violer la loi, les grammairiens la violent bien eux-mêmes.

X

HISTOIRE DES LETTRES I ET Y

Vous savez que la lettre I est la neuvième lettre de notre alphabet et la troisième de nos voyelles. Ce que vous ne savez peut-être pas, c'est qu'elle vient de l'*Yod* sémitique qui signifie *main*. Elle rappelle cependant bien peu par sa forme actuelle les traits de cet ancien hiéroglyphe.

Vous avez dû remarquer, en chantant, que cette lettre est la seule que l'on peut prononcer lorsqu'on émet des sons aigus. Fort aimée des Grecs et des Latins, elle avait chez ces derniers la double valeur d'une consonne et d'une voyelle. Elle a conservé cette double articulation en français jusqu'à Ramus, c'est-à-dire jusqu'à la fin du xvie siècle, époque à laquelle on lui retira, pour le donner au J, son emploi de consonne.

Les points sur l'*i* n'ont commencé à être employés généralement qu'à la fin du XIVe siècle. Cependant il y a des documents, fort rares, il est vrai, qui permettraient de faire remonter l'usage de pointer les *i* à la seconde moitié du XIIe siècle. Quoique cette invention ait été adoptée partout, puisqu'elle facilite la lecture des mots où se trouvent plusieurs jambages de suite, on l'a toujours considéré comme un excès de précaution, c'est pourquoi ceux qui poussent l'esprit de précision jusqu'à la manie, de façon à ce qu'il n'y ait pas d'erreur possible, sont accusés « de mettre les points sur les *i*. »

La double accentuation de l'*i* s'appelle *tréma*. On l'emploie lorsque l'*i* doit se séparer de la voyelle qui précède ou de la voyelle qui suit, comme dans *faïence*, *Moïse*, etc. On le met aussi quelquefois sur certains mots qui n'en ont pas besoin, comme *ïambe*, puisque avec ou sans tréma, il est impossible de les prononcer autrement.

Vous voudriez peut-être savoir pourquoi l'Académie ordonne d'écrire ainsi le mot *ïambe*, lorsqu'elle refuse le tréma au mot *ionique*. Je ne suis pas dans le secret des dieux, mais j'affirmerais presque qu'ils n'en savent pas plus que nous à ce sujet.

L'*i* se prononce dans toutes les syllabes où il se rencontre avec des consonnes, sauf le *m* et le *n* simple, comme dans in*consolable*, im*prudent*. Dans ce cas, il perd sa tonalité, se confond avec la consonne et forme une voyelle double indécomposable. Lorsque le *m* ou le *n* se doublent, ou qu'ils sont suivis d'une voyelle, comme dans *inaction, immersion*, l'*i* reprend ses droits et se prononce.

Lorsque la lettre *i* se lie avec d'autres voyelles, il forme tantôt des voyelles doubles, tantôt des diphthongues.

Ainsi *ai, ei* et *oi*, comme dans m*ai*s, tr*ai*t, p*ei*ne, r*ei*ne, *oi*e, n*oi*x, r*oi*, m*oi*, etc., sont des voyelles doubles; *ai, ie* et *ui*, comme dans marm*ai*lle, vol*ai*lle, p*ié*ton, abricot*ie*r, h*ui*ssier, min*ui*t, sont des diphthongues.

L'*i* francais a été engendré par l'*i*, l'*œ*, l'*œ*, l'*a* et l'*e* latins.

§ Ier — Conservation de l'I.

L'*i* tonique latin s'est conservé en Français.

EXEMPLES :

Spica	épi
Amicus	ami.

L'*i* atone ne s'est pas toujours modifié, car on le retrouve dans

Li(g)are	lier
Imaginem	*i*mage, etc.

§2— I provenant de l'A latin.

La transformation de l'*a* latin en *i* français est moins fréquente que celle du *i* latin en *a* français.

Cette transformation d'ailleurs est de celles qui s'opèrent médiatement. Je veux dire qu'on n'a pas passé du son *a* au son *i* sans parcourir plus ou moins la gamme des sons intermédiaires. Ainsi il est certain que :

Aveline vient de Avellana	
Cerise —	cerasus.

Mais il est certain qu'entre *aveline* et *avellana*, comme entre *cerise* et *cerasus*, il y a eu des formes moyennes.

Ainsi la noix appelée par les Latins *avellana*, de la ville d'*Avella*, en Campanie, où elle fut cultivée, devient *avelana* en provençal. En passant de la langue d'oc à la langue d'oïl, l'*i* se glisse entre l'*a* et le *n*, et l'on écrit *avelaine*, puis *aveline*. Dans ce cas, il y a donc une double mutation de *a* en *ai* et de *ai* en *i*.

Il en est de même pour la cerise. Ce fruit, appelé *cerasus*, à cause de Cerasonte, ville du Pont, d'où le fameux Lucullus l'avait rapporté en Italie, devint dans les langues néo-latines *cereira* (provençal), *cereza* (espagnol), *cereja* (portugais), *ciriegia* (italien). On trouve même dans la langue d'oc la forme *serisia* sur laquelle a été formée cerise.

§ 3 et 4. — I provenant d'Æ et d'Œ latins.

Les sons des doubles lettres latines Æ et Œ correspondent à notre *é* aigu. La transformation de l'*e* en *i* étant très-fréquente, il est donc naturel de rencontrer cette permutation.

EXEMPLES :

Ciboule	cæpulla
Cimetière	cæmeterium.

5. — I provenant de l'E latin.

La permutation de l'*e* en *i* est, comme je viens de le dire, assez commune.

EXEMPLES :

Cire	de	cera
Dix		decem
Église		ecclesia
Lire		le(g)ere
Nier		ne(g)are.

C'est à cette transformation que l'on doit plusieurs de nos finales en *ge*. Voici comment s'est opérée cette révolution. Elle mérite la peine de nous y arrêter un instant.

Certains philologues prétendent que l'*e* se transforme en *g* doux. Ils donnent pour exemples :

Extraneus	étrange
Granea	grange
Laneus	lange
Lineus	linge
Rubeus	rouge

Au premier abord, on est tenté d'admettre cette singulière permutation. Mais en y réfléchissant, on sent qu'il est difficile de reconnaître pour véritable un tel échange de lettres.

C'est ici que la transformation de l'*e* en *i* facilite la résolution du problème.

Nous n'avons malheureusement pas toutes les formes latines dont les mots se sont revêtus depuis la décadence romaine jusqu'à la création de la langue française, et nous sommes forcés très-souvent de supposer des variantes que les textes ne nous ont pas conservées, mais qui ont certainement existé. C'est ici le cas pour les mots qui nous occupent.

Partant du principe que l'*e* latin se transforme ai-sément en *i*, j'admets la forme :

Extran*i*us	pour	extran*e*us
Gran*i*us		gran*e*us
Lan*i*us		lan*e*us
Lin*i*us		lin*e*us
Rub*i*us		rub*e*us.

Sachant d'autre part que l'*i*, comme nous le verrons dans la suite, se confond très-aisément avec le *j*, je suis donc autorisé à penser qu'on a prononcé :

Extrani	puis	estranj e
Grani		granj e
Lani		lanj e
Lini		linj e
Rubi		rubj e ;

et que, par une dernière permutation, ils sont de-venus étrange, grange, lange, linge, rouge.

Mais, en matière scientifique, il ne suffit pas d'é-tablir des théories sur des hypothèses ; si on ne rencontre pas pour tous les mots d'une même fa-mille les formes supposées, on doit au moins en grouper un assez grand nombre pour rendre plus solide la base de son argumentation.

Or, si je trouve soit dans les langues néo-latines, c'est-à-dire dans les langues issues du latin, soit dans les patois, une partie des formes que j'ai pres-senties, je suis en droit de reconnaître la vérité de mes assertions.

J'avais admis *extranius* et je trouve *stranius*, j'avais traduit ce mot par *estrani*; je trouve *strani* en provençal et *estranio* en italien. Je ne trouve pas *granius*, mais *granicus* en basse latinité et la forme *granja* en provençal, en portugais et en espagnol. Enfin, je retrouve les formes plus ou moins rapprochées de celles que j'ai indiquées dans les mots *langiarius*, *lingius*, *rubius*.

Le *g* est donc dans ce cas un représentant de l'*i* consonne provenant de l'*e* latin.

Vous trouverez peut-être, mademoiselle, qu'en cette circonstance j'ai outrepassé mes devoirs de professeur et que je pouvais vous signaler tout simplement la transformation de l'*e* en *g* par l'intermédiaire de l'*i*, sans vous faire une si grosse dissertation à propos d'un si petit phénomène de linguistique.

Je l'ai fait avec intention, pour répondre à vos objections. On se défie toujours des étymologistes, je m'en défie bien moi-même. C'est pourquoi je tiens à vous prémunir contre vos arrière-pensées. Je ne veux pas que vous puissiez dire de mes conjectures, ce que le chevalier de Cailly disait de celles de Ménage :

Alfana vient d'*equus*, sans doute,
Mais il faut avouer aussi,
Qu'en venant de là jusqu'ici,
Il a bien changé sur la route.

Quelques philologues admettent la permutation de de l'*ui* latin en *i* français et citent comme exemple *cinq* de *quintus*. Mais il n'y a pas là, à vrai dire, de permutation. Le *q* disparaissant et se transformant en *c* doux, l'*u* tombe naturellement et laisse l'*i* avec sa même valeur.

Aphérèse de l'I.

Les aphérèses de l'I sont peu nombreuses, mais très-importantes, en ce qu'elles défigurent les mots les plus employés de notre langue ; je veux parler des articles *le, la, les, leurs* de (il)*le*, (il)*la*, (il)*los* ou (il)*las*, (il)*lorum ;* des pronoms démonstratifs *ce, cet, celui*, autrefois (i)*ço* (de ecce hoc), *cest* et (i)*cist* (de ecciste), (i)*celui* et (i)*cil* (de eccille), et de l'adverbe de lieu *là*, de (il)*lac*.

Je ne fais que citer ces aphérèses, puisque nous aurons à nous en occuper, lorsque nous traiterons des formes grammaticales.

Syncope de l'I.

Je vous ai donné des exemples de la syncope de l'*i* dans ma septième lettre (page 82), en vous parlant de la loi d'accentuation.

J'ajouterai que l'*i* au xvɪᵉ siècle a été supprimé dans beaucoup de mots où il s'était glissé à tort. Ainsi on disait : *biau, chief, péchié, aidier, cuidier, sierf*, que l'on écrit depuis plus correctement *beau, chef, péché, aider, cuider, serf*. La suppression de ces *i* est bien une syncope, mais c'est une syncope raisonnée, savante ; elle diffère donc de l'autre, qui subit l'influence mystérieuse d'une loi naturelle.

Y

Je fais suivre ici la lettre *i* de l'*y* grec, parce que dans beaucoup de cas ces deux lettres se sont souvent confondues.

Si une lettre est mal nommée, c'est bien celle-ci, car elle représente l'*upsilon* des Grecs et non le *iota*.

L'*upsilon* grec, l'une des seize lettres que Cadmus, selon Pline, avait apportées chez les Hellènes, tient autant de la voyelle que de la consonne. Chez les Romains, elle avait, dit-on, le son de l'*u* gaulois.

En français elle a un son semblable à celui que nous produisons par notre *l*, dite mouillée, dans *ail*, vol*aille*. On ne peut prononcer autrement Bisc*aye*, Bl*aye*, And*aye*.

L'*y* ne peut pas être remplacé dans les mots tels que *yeux, Yonne*, etc. L'*ï*, ne pourrait, quoi qu'on dise, remplir son office, le son de l'*ï* ne devant pas se faire entendre.

Soit par amour du grec ou de l'ornement calligraphique, soit pour remédier à la confusion de l'*i* avec les jambages des *m, n* ou *u*, nos pères ont singulièrement abusé de cette lettre. Au xvᵉ et au xviᵉ siècle, elle avait envahi tous les mots, au point que l'*i* fut sur le point de disparaître.

Meigret, Dubois, Henri Étienne et le grand Ronsard signalèrent à leurs contemporains l'abus qu'ils ne cessaient de commettre. Mais si l'*y* grec avait des détracteurs, il avait aussi de chauds partisans. Ce fut une guerre générale dans laquelle la pauvre lettre, objet du litige, ne fut pas épargnée. Les différentes éditions du Dictionnaire de l'Académie française indiquent, sans le savoir, les phases de la lutte. La seconde édition pullule d'*y*; dans la troisième, les *y* que la raison étymologique ne réclame pas sont remplacés par des *i*; dans la cinquième, ils sont poursuivis à outrance, même dans les mots d'origine grecque, où ils s'étaient réfugiés; enfin, dans la sixième, on s'adoucit un peu à leur égard, et on leur rend une faible partie de leurs avantages. Espérons que dans la septième édition qui se prépare, on déterminera d'une manière absolue le rôle que cette lettre doit remplir, soit qu'on la conserve pour remplacer le double *i* et pour marquer l'étymologie, soit qu'on la repousse partout comme vient de le faire l'Académie de Madrid, qui l'a supprimée complétement au profit de l'*i*.

Ce qu'il y a de certain en ce moment, c'est qu'il n'y a aucune règle fixe qui permette de savoir à quoi s'en tenir sur la manière d'employer l'*y*. On tirerait au sort les mots d'origine grecque qui doivent conserver cette lettre, que le mélange ne serait pas plus complet.

Ainsi pourquoi l'Académie conserve-t-elle l'*y* dans les mots anonyme, apocryphe, asphyxie, cataclysme, chyme, cycle, cygne, gymnase, mystère, oxyde, oxygène, style, syllabe, symphonie, syncope, tyran, etc., et pourquoi le retire-t-elle aux mots abîme (abyme), amidon (amydon), anévrisme (anévrysme), chimie (chymie), cime (cyme), Colisée (Colysée), cristal (crystal), satirique (satyrique).

Cette hésitation paraît singulière, lorsqu'on la rencontre chez des hommes de goût et de bon sens.

L'étude de la lettre pythagoricienne aurait dû cependant, plus que toute autre, leur rappeler que l'erreur est bien près de la vérité. Car, vous n'ignorez pas, mademoiselle, que cette lettre symbolique est pour certains philosophes l'image de la vie. Le pied de la lettre représente l'enfance; le point où les deux branches bifurquent, l'âge de la raison et du discernement; les deux branches, les deux seuls chemins qu'il nous est donné de choisir : la voie la plus large, celle du vice; la voie la plus étroite, celle de la vertu.

Ne vous semble-t-il pas qu'en étudiant l'y, ces messieurs de l'Académie se sont égarés en chemin.

XI

HISTOIRE DES LETTRES O ET U

Je vais terminer aujourd'hui ce que j'ai à dire des voyelles simples, ces cinq fameuses voyelles qui émerveillaient tant le brave M. Jourdain.

Vous vous rappelez sans doute cette charmante scène, où imitant Cordemoy, lecteur du dauphin, et créature de Bossuet [1], le maître de philosophie enseigne au Bourgeois gentilhomme qu'il y a cinq voyelles ou voix; A, E, I, O, U. Ce que vous n'avez

[1] Vous savez que la scène du maître de philosophie est une satyre du *Discours physique de la parole*, publié en 1668, par Cordemoy, qui avait été placé par Bossuet auprès du dauphin, et que Molière n'était pas fâché de ridiculiser par inimitié contre l'évêque de Meaux qui. depuis le Tartufe, le desservait auprès de Louis XIV.

peut-être pas remarqué, c'est la justesse des définitions données par notre grand Molière. Voyez
plutôt.

Le maître de philosophie : La voix A se forme en ou-
vrant fort la bouche : A.

M. Jourdain : A, A, oui.

Le maître de philosophie : La voix E se forme en rapprochant la mâchoire d'en bas de celle d'en haut, A, E.

M. Jourdain : A, E; A, E. Ma foi, oui. Oh! que
cela est beau.

Le maître de philosophie : Et la voix I en rapprochant encore davantage les mâchoires l'une de l'autre, et écartant les deux coins de la bouche vers les
oreilles; A, E, I.

M. Jourdain : A, E, I, I, I, I, I. Cela est vrai, vive
la science!

Le maître de philosophie : La voix O se forme en
rouvrant les mâchoires et rapprochant les lèvres par
les deux coins, le haut et le bas, O.

M. Jourdain : O, O. Il n'y a rien de plus juste. A,
E, I, O, I, O. Cela est admirable, I, O.

Le maître de philosophie : L'ouverture de la bouche
fait justement comme un petit rond qui représente
un O.

M. Jourdain : O, O, O. Vous avez raison, O. Ah! la
belle chose que de savoir quelque chose.

Le maître de philosophie : La voix U se forme en
rapprochant les dents, sans les joindre entièrement, et
allongeant les deux lèvres en dehors, les approchant
aussi l'une de l'autre pour les joindre tout à fait, U.

M. Jourdain : U, U. Il n'y a rien de plus véritable. U.

Le maître de philosophie : Vos deux lèvres s'allongent comme si vous faisiez la moue ; d'où vient que si vous la voulez faire à quelqu'un, et vous moquer de lui, vous ne sauriez lui dire que U.

M. Jourdain : U, U, cela est vrai. Ah ! que n'ai-je étudié plus tôt pour savoir tout cela.

Si mes remarques se bornaient aujourd'hui à celles du maître de philosophie d'autrefois, je crois que votre satisfaction paraîtrait bien pâle à côté de l'enthousiasme du Bourgeois gentilhomme, et je le comprends. Pour le bonhomme Jourdain, cet enseignement dépassait les limites de son étroite cervelle ; pour vous, ces simples notions seraient par trop élémentaires. En tout, le vieux proverbe est vrai : autant croît le désir que le trésor.

Je ne me contenterai donc pas de la très-juste définition de l'*o* par Molière, et j'ajouterai les observations suivantes :

O

L'*o* bref vient de l'*omicron* grec qui répond à l'*ain* des Hébreux. La lettre hébraïque comme la lettre française affectait une forme circulaire ; la raison en est toute simple, puisque *aïn* signifie œil, et que c'est de cet hiéroglyphe primitif que l'*o* provient ; c'est en effet l'œil qui nous permet d'admirer les phénomènes de la nature, et de prononcer ce cri spontané *o* qui nous échappe au moment où l'admiration s'empare de nous.

L'*o* long, autrement dit *o* circonflexe, correspond à l'*omega* grec (ω), que le roi Chilpéric Ier voulaît introduire dans notre alphabet ; seulement, chez les Grecs l'oméga remplaçait la voyelle double *au*, tandis que notre *o* circonflexe est employé tantôt comme marque indicative de la prononciation, tantôt comme représentant une lettre absente. Cette confusion, que les grammairiens auraient bien pu éviter, est d'autant plus regrettable que d'un côté l'*o* dit bref se prononce aussi quelquefois comme *o* long, et que dans certains cas il ne se prononce pas du tout.

Ainsi *zéro, numéro, abricot, lot, broc*, se prononcent comme s'ils étaient écrits *zérô, numérô, abricôt, lôt, brôc*, tandis que *rôti, hôtel, hôpital*, se prononcent *roti, hotel, hopital*. Enfin, on dit *Pharaon*, ce qui ne nous empêche pas d'éliminer l'*o* dans des mots similaires tels que *Laon, faon, taon*, que nous prononçons *Lan, fan, tan*.

Il est impossible d'être plus illogique. Aussi, j'espère que dans un temps prochain, l'Académie prendra une décision qui rayera de notre langue ces difficultés complétement inutiles.

§ 1. — O français venant de O latin.

L'*o* persiste très-souvent dans les mots qui passent de la langue mère à la langue dérivée.

EXEMPLES :

odorem,	odeur
honorem	honneur.

§ 2. — O français venant de A latin.

Cette permutation est rare, mais elle n'offre rien d'extraordinaire pour l'oreille, et on comprend aisément que *camomille*, par exemple, puisse venir de *camœmelus*.

§ 3. — O français venant de AU latin.

Le changement de l'*au* latin en *o* français est plutôt une transformation orthographique qu'une permutation phonétique. Il est donc tout simple de voir ainsi :

or	de	*au*rum
cl*o*re	de	cl*au*dere
ch*o*se	de	c*au*sa.
*O*rléans	de	*Au*relianum.

§ 4. — O français venant de I latin.

Cette transposition ne peut s'appliquer que dans le cas où l'*i* latin est atone. En effet, dans le verbe latin *ordinare* l'*i* se prononçait à peine, et l'on disait *ord'nare*. L'*o* a donc pu se glisser à la place d'un *i* aussi douteux, et c'est ainsi qu'on peut expliquer la forme *ordonner* au lieu de la forme *ordiner*.

§ 5. — O français venant de U latin.

La permutation de l'*u* latin en *o* est assez fréquente.

EXEMPLES :

n*u*merus	n*o*mbre
*u*ngula	*o*ngle
*u*rtica	*o*rtie
fr*u*mentum	fr*o*ment
*u*mbra	*o*mbre.

J'ajouterai que le changement que je signale ici a lieu principalement devant le *m* et le *n*.

§ 6. — O français venant de A latin.

Cette permutation est rare. En voici cependant quelques exemples :

damnagium	dommage.
articulus	orteil.
phiala	fiole.

PROSTHÈSE DE L'O.

Je ne connais qu'un mot où l'*o* se soit ajouté. C'est le mot *autruche*, écrit autrefois *ostruche*, de *struthio*. Cette prosthèse est si singulière que si au lieu de la forme *ostruche* qu'on rencontre dans des textes du xiie siècle , il n'y avait que la forme relativement moderne *autruche*, je serais tenté de croire, comme M. Littré, que ce mot est composé, et vient comme ses équivalents espagnols et portugais *avestruz* et *abestruz*, des deux mots latins *avis—struthio*, mot à mot *oiseau-autruche*.

APHÉRÈSE DE L'O.

Le retranchement de l'*o* initial se fait remarquer dans notre mot *riz*, qui vient du latin *oryza*.

SYNCOPE DE L'O.

L'*o* disparaît dans tous les mots de la langue dérivée, toutes les fois qu'il occupe dans les mots de la langue mère la place de la voyelle atone précédant la tonique, comme dans *petr(o)selinum, persil,* ou de la voyelle pénultième comme dans *anc(o)ra, ancre.*

U

L'*u* est la plus mystérieuse des lettres. Quoique moderne, puisqu'on ne la rencontre pas sur les plus anciens monuments lapidaires des Romains, on ne sait au juste quelle était sa valeur phonétique? Il est certain qu'elle correspondait le plus souvent à notre *ou* français, mais n'exprimait-elle que ce son-là? Il est permis d'en douter, puisque Quintilien nous apprend que dans plusieurs mots, l'*u* avait un son moyen entre A et I. C'est ce qui explique l'orthographe de certains mots qui s'écrivaient tantôt avec un U tantôt avec un Y. Les grammariens anciens ne nous ont malheureusement laissé aucun renseignement à cet égard, et nous ne pouvons former que des conjectures sur les nuances de prononciation que cette lettre pouvait représenter. Longtemps, en latin comme en français, on confondit l'*u* et le *v*, comme l'*i* avec l'*y*, et malgré la différence qui existait entre le simple son vocal *u* et le son articulé *v*, on mélangeait ensemble les mots commençant par ces deux lettres. Ce fut Ramus qui le premier demanda la séparation de l'*u* et du *v*, mais tout en faisant droit en théorie à sa juste réclamation, on continua longtemps dans la pratique à les confondre dans les vocabulaires.

En français l'*u* a trois sons : *u, ou, o :* le plus employé est *u* comme dans ard*u*, *u*rne. Les deux autres se retrouvent dans équateur, aq*u*atique (prononcez

équo*u*ateur, aquo*u*atique); p*u*nch, maximum (prononcez p*o*nch, maxim*o*m). L'*u* à l'état muet, sert à
donner une valeur gutturale au *c* et au *g*, comme
dans *cu*eillir, *gu*érir, etc. Enfin il accompagne toujours le *q*, sans lui être cependant d'aucune utilité.

La lettre *u* entre aussi dans la composition des
voyelles doubles *au* et *un* qui ont un son équivalent
à celui de notre *ô*.

Précédé de la lettre *e*, l'*u* forme une voyelle
double, qui manque d'un signe simple pour être une
véritable voyelle. Il est regrettable que ce signe
n'existe pas. Il serait d'autant plus nécessaire, que
le son *eu* présente deux nuances fort distinctes de
prononciation : l'une, parfaitement accentuée comme
dans *peu, mieux, queue*, l'autre semblable à celle de
l'*e*, dans *je, me, te, se*, comme dans *jeune, leur,
meuble*.

Puisque j'en suis à exprimer des regrets, je me
permettrai de déplorer l'usage que l'on fait de cette
voyelle *eu*, comme d'un *u* simple. Rien ne déroute
plus les enfants et les étrangers que de leur faire
écrire : « j' *eus* peur de tenir cette ga*geu*re,» et de leur
faire prononcer : « j' *u* peur de tenir cette ga*ju*re. » On
m'objectera les exigences de l'étymologie, mais je
répondrai que non-seulement l'étymologie n'a rien à
voir là-dedans, mais au contraire, que dans les mots
où la lettre *e* s'était conservée étymologiquement,
comme dans *sœur, veue*, etc., on ne s'est pas gêné
pour la retirer, et pour écrire conformément à la
prononciation *sûr, vue*, etc.

Quant à *eus*, les grammairiens ne peuvent, en au-

cune façon, soutenir qu'ils maintiennent cette forme
à cause de l'étymologie. Lorsque la première personne du parfait défini latin, *habui*, se transforma en
français, la consonne médiane *b* tomba conformément à la règle que vous connaissez ; les Bourguignons dirent j'*aüi*, ce qui était la vraie forme, les
Normands dirent j'*u*, et les Picards j'*éui*, puis j'*éu*.
Les Picards qui avaient transformé l'*a* de *ha(b)ui*
en *e*, avaient eu au moins le bon sens d'accentuer
l'*e*, et de prononcer *é-u*, ce qui rappelait les deux
syllabes latines *ha-ui*; il n'y avait encore que permutation de lettre. Mais, lorsque nous eûmes pris l'*eu*
aux Picards sans l'accent sur l'*e*, et que nous nous
mîmes à prononcer l'*eu*, comme s'il n'y avait qu'un
u, nous commîmes la double faute de défigurer complétement un mot et de le mal prononcer. Il aurait
été beaucoup plus simple et plus logique, puisque
u il y a, de s'en tenir à la prononciation et à l'orthographe des Normands.

L'*u* forme encore la voyelle double *un*, comme
dans chac*un*, al*un*, etc.

Voici maintenant des exemples de permutation de
la lettre *u*.

S 1. — U français provenant de l'U latin.

La lettre *u* latine s'est conservée dans beaucoup de
mots français.

EXEMPLES :

un	*u*nus
*n*u	n*u*dus
h*u*rler	*u*lulare

§ 2. — U français provenant de l'E latin.

La transposition de l'*e* latin en *u* est assez rare. Nous en avons cependant quelques exemples.

apost*u*me	d'apost*e*ma
j*u*meau	de g*e*mellus

Il est probable qu'on aura d'abord prononcé apos-*te*ume, puis apost*u*me. La langue médicale a conservé la forme *apostème*, de même que la langue scientifique a retenu la forme *gémeaux*, qu'on n'emploie plus guère qu'en parlant de l'un des douze signes du zodiaque. Nous sommes loin du temps où le grand Corneille écrivait dans *Rodogune* :

Le grand jour est venu, mon frère, où notre reine
Doit rompre aux yeux de tous son silence obstiné,
De deux princes gémeaux nous déclarer l'aîné.

§ 3. — U français provenant de l'I latin.

Cette transposition n'est pas commune. On peut citer cependant :

j*u*j*u*be	de	z*i*zyphum
f*u*mier	de	f*i*marium
b*u*vait	de	b*i*bebat

§ 4. — U français provenant de O latin.

Le changement de l'*o* en *u* n'a dû s'effectuer qu'en passant par le son intermédiaire *ou*. Du reste ce changement est excessivement rare. Je citerai comme exemples :

t*u*f	de	t*o*fus
m*û*re	de	m*o*rum

Syncope de l'U.

L'*u* disparaît dans les mots français, lorsqu'il occupe dans les mots latins la place de la voyelle brève
qui précède la tonique, ou la place de la voyelle
brève penultième. Exemples :

cum*u*lare	combler
sim*u*lare	sembler
incunab*u*la	incunable

Dans une prochaine lettre, je vous parlerai de la
permutation des voyelles doubles et des diphthongues.

XII

DES VOYELLES DOUBLES ET DES DIPHTHONGUES

Je vous ai promis dans ma dernière lettre d'étudier avec vous les voyelles doubles et les diphthongues. Je viens remplir ma promesse. Nous étudierons aujourd'hui les groupes AI, AIT, EI, OU, EAU, EU et Œ.

AI

§ 1. — AI français provenant de l'Æ latin.

La voyelle double AI, qui correspond à la voyelle simple *è*, provient de l'Æ, de l'A et d'une métathèse de l'*a* et de l'*i* latins.

La transformation de l'Æ en AI n'offre rien d'extraordinaire. Elle est néanmoins assez rare. Je citerai :

*a*irain venant de *œ*ramen

§ 2. — AI français provenant de l'A latin.

La transformation du A latin en AI est assez fréquente :

EXEMPLE

*a*cut us	*a*igu
*a*l a	*a*ile
*a*mar e	*a*imer
d*a*m a	d*a*im
ar*a*neat a	ar*a*ignée
m*a*n us	m*a*in
n*a*n us	n*a*in
v*a*n us	v*a*in
s*a*nct us	s*a*int
p*a*r	p*a*ir

Il y a cependant une observation à faire ici, c'est que la plupart de ces mots ont été longtemps écrits et prononcés sans *i*. On disait très-bien *acu* ou *agu*, *ale*, *amer*, etc. L'*i* n'est pas venu de suite, il s'est glissé peu à peu, et il a été conservé parce qu'il exprimait assez exactement le nasillement que l'on fait entendre en prononçant.

§ 3. — AI français provenant d'une métathèse de l'A et de l'I.

Il y a métathèse toutes les fois que les lettres d'un mot changent de place en passant de la langue mère à la langue dérivée. Ce phénomène de transposition est fréquent, et nous aurons plus d'une fois l'occasion de le signaler.

C'est ainsi que les mots latins terminés en *aris*, *arius* ou *arium* se sont transformés en *aire*, l'*i* qui suit le *r* en latin le précédant en français. Ce changement de *ari* en *air* se rencontre souvent.

EXEMPLES.

adversarius	adversaire
breviarium	bréviaire
commentarium	commentaire
contrarius	contraire, etc.

Quelquefois l'*i* qui suit le *r*, au lieu de le précéder immédiatement, enjambe une seconde lettre et donne ainsi naissance à une autre transposition. Dans ce cas *ari*, au lieu de devenir *air*, devient *iar*, et par une seconde métamorphose — celle de l'*a* en *e* se transforme en *ier*. C'est ainsi que le même mot latin a créé deux mots français différents. Voici quelques exemples de ces doublets.

antiphonarius	antiphonaire	antiphonier
primarius	primaire	premier
centenarius	centenaire	centenier
epistolarius	épistolaire	épistolier
hebdomadarius	hebdomadaire	hebdomadier
chartularium	cartulaire	chartrier
summarium	sommaire	sommier
sæcularis	séculaire	séculier
rosarium	rosaire	rosier
usurarius	usuraire	usurier
vicarius	vicaire	viguier

Il y a quelques exceptions à cette règle, mais elles ne sont qu'apparentes. En effet, on dit :

archer de *arcarius*
berger de *bercarius*, abrégé de *berbicarius*

boucher de *boccarius* ou *bocherius* (mot de basse latinité).
porcher de *porcarius*.

Mais on disait autrefois *bergier*, *bouchier*, *porchier*. Seulement on a trouvé que, devant le *ch* ou le *g* doux, le suffixe *ier* était trop dur et l'*i* a disparu. Quand je m'occuperai de la formation des mots, je vous montrerai que, dans les dérivés français, formés au moyen du suffixe *ier*, dont les correspondants ne se terminent pas en latin, cette règle a été suivie. Ainsi on a fait *messagier* de *message*, *passagier* de *passage*, puis on a fini par écrire *messager*, *passager*.

AIT

La syllabe AIT vient de la syllabe latine *act*, ce qui a fait dire à certains philologues que le *c* latin se transformait en *i*. Il n'y a pas besoin d'admettre une permutation aussi extraordinaire pour expliquer ce changement. Je vous ai dit précédemment avec quelle facilité l'*i* se glissait dans les mots, et combien il en avait défiguré au moyen âge. C'est ainsi que tout à l'heure, à propos de la transformation de l'*a* en *ai*, je vous ai donné une liste de mots où l'*i* était venu se placer sans aucune raison étymologique. Il en est de même pour ceux qui vont nous occuper, où l'*i* est apparu tout d'un coup afin de donner au mot ce son nasal qui plaisait tant à nos aïeux et qui est encore si répandu dans les campagnes.

De même qu'ils avaient préféré, — comme vous l'avez vu tout à l'heure, — dire *aigu*, *aïle*, *aïmer*, au lieu de *agu*, *ale*, *amer*, ils ont mieux aimé prononcer *lait*, *laitue*, *fait*, que *lact*, *lactue*, *fact*. Le *c* se prononçant peu, à cause de son voisinage avec le *t* a disparu facilement, et c'est ainsi que sont nés le mots

fait	de *factus*
traiter	de *tractare*
laitue	de *lactuca*

Vous me ferez peut-être remarquer que beaucoup de mots français ont conservé le *c*, et que si je vous cite *fait*, *trait*, vous pourrez me citer *fraction*, *traction*. Je vais au devant de cette observation, et j'en profite pour vous rappeler que, dans notre langue nous avons toujours deux espèces de mots, les mots mots populaires et les mots savants. Dans les mots d'origine populaire, le *c* de la syllabe *act* tombe toujours; dans les mots d'origine savante, le *c* reste et l'*i* ne pénètre pas.

Dans l'ancien français, on disait *faitice* pour *factice*, *faiture* pour *facture*. Comme vous le voyez, les mots savants l'ont emporté. On dit encore *bienfaiteur* et *malfaiteur;* on devrait dire, par conséquent, *faiteur* et *contrefaiteur* au lieu de *facteur*, *contrefacteur*. Mais cette différence nous donne l'âge des mots, et la forme de ces derniers témoigne qu'ils sont entrés dans la langue, beaucoup plus tard que les autres.

EI

La voyelle double E I qui correspond à la voyelle simple *è* provient des lettres latines Æ, Œ, E et I.

§ 1, 2 3. EI français venu des Æ, Œ et E latins.

Il y a si peu de différences entre Æ, Œ et E latins et EI que je me contenterai de vous les signaler en vous donnant comme preuves les exemples suivants :

Balœna	Baleine
Pœna	Peine
Vena	Veine
Plenus	Plein
Frenum	Frein

§ 4. EI français venant de I latin.

Le changement de l'*i* latin en *ei* se manifeste dans les mots où l'*i* est suivi de l'*u* ou du *gn*.

EXEMPLES :

Tinea	Teigne
Sinus	Sein
Signum	Seing
Insignia	Enseigne
Designum	Dessein
Cinctura	Ceinture
Tinctura	Teinture

L'*ei* se forme aussi du rapprochement de l'*e* et de l'*i* latins, lorsque ces deux lettres sont séparées par une consonne médiane qui tombe, comme je vous l'ai déjà dit, au moment où les mots latins se transforment en français. C'est ainsi que *regina* est devenu *reine.*

OU

Cette voyelle double, qui est identique avec l'*u* de la plupart des autres langues, s'est formée en français de la voyelle double *au*, de la voyelle *ol*, de la diphthongue *ol*, de la voyelle *u* et de la voyelle double *on*.

§ 1. — OU français provenant du AU latin.

Cette transformation assez rare se retrouve dans *louer* qui vient de *laudare* et *enrouer* d'*inraucare*.

§ 2. — OU français provenant du O latin.

Le changement de l'*o* en *ou* est des plus fréquents. Exemple :

amorem	amour
colorem	couleur
nos	nous
vos	vous
rota	roue
dotare	douer
locare	louer
nodare	nouer

§ 3. — OU français provenant du OL latin.

Cette transformation rentre un peu dans la catégorie des mots précédents où l'*o* est changé en *ou*, car il est plus juste de dire que le *l* tombe toutes les fois qu'il suit une syllabe sourde, que de dire que *ou* vient d'*ol*. En effet, on tire

mou   de   mo*ll*e
cou   co*ll*um
pouce   po*ll*icem

Sans pouvoir prouver que la lettre *l* prenne part à cette transformation, il est plus que probable, au contraire, que dans les premiers temps le *l* adhérait encore au mot; mais qu'il finit par tomber, n'étant qu'à l'état de lettre morte, comme il l'est encore dans les mots pou*l*s, au*l*ne et fau*l*x, où il ne sert qu'à embarrasser les enfants et les étrangers.

§ 4. — OU français provenant du U latin.

Si vous vous souvenez de ce que j'ai dit de la prononciation de l'*u* chez les Romains, vous ne vous étonnerez pas de voir l'*u* latin changé en *ou*, puisque cette voyelle double a la même valeur phonétique que la voyelle simple du latin. Voici des exemples pris au hasard :

pulverem   poudre
culpabilis   coupable
cupa   coupe
furnus   four

§ 5. — OU français provenant de ON latin.

Les sons sourds se confondent aisément, c'est ce qui explique la facilité du *on* à se transformer en *ou*. Les exemples ne manquent pas :

couvent   conventus
moutier   monasterium
épouse   sponsa
Coutances   Constantia

Les mêmes mots, à quelques exceptions près, ont conservé le *n*. Nous avons encore : *convent, montier, Constance*, etc.

AU

Je vous ai dit tout à l'heure à propos de la voyelle double *ou* venue de *ol*, que l'*o* s'était assourdi en se joignant à l'*u*, et que dans ce cas le *l* était tombé. Le même phénomène s'est produit dans les mots composés de la syllabe latine *al*. Lorsque dans les mots français, la voyelle *a* conserve la valeur phonétique qu'elle avait en latin, le *l* reste. Exemple :

pa*l*ma	pa*l*me
a*l*terare	a*l*térer

Au contraire, lorsque la voyelle *a* s'assourdit en passant de la langue mère à la langue dérivée, le *l* tombe.

EXEMPLES :

pa*l*me	pa*u*me
a*l*ter	autre

C'est ainsi qu'on a dit d'abord *altre*, puis *autre*, *alcun* puis *aucun*. Cette tendance vers la contraction s'est fait remarquer de très-bonne heure dans les mots.

EAU provenant de *el* latin.

La formation de la syllabe *eau* est des plus intéressantes, car elle se rattache d'après moi à l'une des phases les plus importantes de l'histoire de notre langue.

J'ai dit dans mon ouvrage sur l'origine et la formation de la langue française que dans les premiers siècles de la langue, les mots se déclinaient, qu'ils avaient deux cas : le nominatif et l'accusatif, c'est-à-dire que la terminaison des mots se modifiait selon qu'ils étaient sujet ou régime. C'est à cette légère modification dans la finale des mots que nous devons la transformation du *el* latin en *eau* français. Voyez plutôt.

Je prends pour exemple le nominatif *cervellus*.

Prononcé à la française, je dis *cervels*, laissant tomber la diphthongue finale *lu*, et appuyant sur l'*e* de la seconde syllabe et sur la sifflante *s*, de façon que le *l* se sente à peine, et que le mot semble écrit *cerveus*. Le *l* s'adoucissant en *u*, lorsqu'il est suivi d'une consonne, *cerveus* ne tarde pas à s'écrire, selon l'érudition du scribe et sa nationalité *cerveax, cerviax, cerveaus, cerviaus*, et enfin au xive siècle, *cerveau*.

Je prends maintenant l'accusatif du même mot : *cervellum*.

J'opère de même ; en laissant tomber la finale *lum*, il me reste *cervel*, écrit plus tard *cervelle*.

C'est donc à l'adoucissement du *l* en *u* et à la combinaison du *s* du nominatif latin avec l'*e* de la syllabe à laquelle il est réuni, que nous devons ces finales en *eau*, si nombreuses dans notre langue.

C'est donc aussi à l'absence du *s* dans l'accusatif latin que nous possédons tant de mots en *el*.

Vous allez tirer cette conséquence que, si réellement le nominatif et l'accusatif jouent le rôle que je leur prête ici dans les origines de notre langue, ces cas ont dû nécessairement laisser des traces de leur ancienne importance et créer en conséquence des mots de même origine, mais de formes différentes.

Ce que vous pressentez existe en effet, et je vais vous en donner la preuve.

Nominatif latin	Français forme ancienne	Français forme moderne	Accusatif latin	Français forme ancienne	Français forme moderne
Dominicellus	dameisels / dameiseaus / damoiselz / damoisiau / damoiscaus	damoiseau	dominicellum	damoisel	damoisel
Juvencellus	Jovencels / jovenciaus	jouvenceau	juvencellum	jouvencel	jouvencel
Agnellus	agnels / aignels / aignez / aigniaus / agnaus	agneau	agnellum	agnel / aignel	n'existe plus
Batellus	batels / batiaus	bateau	batellum	batel	n'existe plus
Bersellus	bersels / berciau / berssoil	berceau	bersellum	bercel	n'existe plus
Hamellus	hamels / hamiaus	hameau	hamellum	hamel	hamel

Je pourrais vous en citer bien d'autres comme *mirabelle* et *Mirabeau*, *Isabelle* et *Isabeau*, *prunel* et *pruneau*, *appel* et *appeau*, *tonnel* et *tonneau*, *martel* et *marteau*. Mais comme j'aurai à revenir sur ce sujet, lorsque je m'occuperai du *nombre*, vous me permettrez de ne pas vous en dire plus long aujourd'hui.

EU

Cette voyelle double vient de l'O latin. Les Picards

.vaient pour elle une vraie prédilection, et ce sont
ux qui nous ont donné tous ces mots en *eur*, que
es Bourguignons prononçaient *or*.

EXEMPLE :

Hora	Heure
Coquus	Queux
Folia	Feuille
Colorem	Couleur
Aviolus	Aïeul

La voyelle double *au* s'est aussi transformée en *eu*,
nais beaucoup plus rarement. Je citerai comme
xemple :

Queue	de	Cauda
Peu	de	Paucum

Œ

Le son *œ* est à peu près semblable au son *eu*. En
oici un exemple : o(c)ulus, œil.

Seulement *œil* n'est pas la forme primitive. Il en
eu bien d'autres avant, et pour vous montrer com-
ien l'indécision a régné dans la forme orthographi-
ue et dans la valeur phonétique des mots, je vais
ous les citer :

oil	olz
oylz	ials
oilz	iols
oiz	iouls
oel	ious
oez	ieulz
oelz	ieus

iex	elz
ix	euz
uel	eulz
ueil	ex
uiz	

Rien ne peut mieux vous démontrer la variété d
nos premiers bégaiements, que la multiplicité de ce
variantes prises dans les manuscrits du moyen âg
et recueillis par M. Burguy dans sa *Grammaire de*
langue d'oïl (1).

(1) Tome I, page 89, 90 et 92.

XIII

DES DIPHTHONGUES

Je vais terminer aujourd'hui ce que j'ai à vous dire des voyelles. Nous nous occuperons des diphthongues *oi, ui, ie, ier* et *ieu*.

OI

Cette diphthongue a cela de curieux au point de vue phonétique, qu'elle est composée de deux lettres qui ne représentent, ni l'une ni l'autre, le son que l'on émet en les prononçant. En effet, *oi* équivaut à *ouâ*, or, *o* n'a pas plus la valeur de *ou* que l'*i* la valeur de *â*. Si Voltaire a raison en disant que l'écriture est la peinture de la voix, et que plus elle est ressemblante, meilleure elle est, il faut avouer que notre *oi* est une mauvaise peinture qui appartient à une bien mauvaise école.

C'est probablement pour cette raison que le célèbre écrivain haïssait tant la diphthongue *oi*.

La diphthongue *oi*, inconnue aux autres langues romanes, paraît avoir dominé en Picardie et en Bourgogne, tandis que *ei* ou *e* régnaient en Normandie, et *ai* en Touraine. Cependant, il ne faudrait pas croire que *oi* ait toujours eu le son que nous lui accordons aujourd'hui. Nous avons mille preuves du contraire. *Oi* avait très-souvent la valeur phonétique d'*ai* sans parler du moyen âge, où il a exprimé les deux sons *ai* et *oi*, je vous dirai qu'au xvie siècle la prononciation *ouâ* était abandonnée. Henri Étienne dit à ce sujet : « on n'oseroit dire *François* ni *Françoise*, sur peine d'estre appelé pédant : mais faut dire *Frances* et *Franceses* : comme *Angles* et *Angleses* : pareillement *j'estes, je faises : je dises: j'alles, je venes* : non pas *j'estois, je faisois, je disois, j'allois, je venois*, et ainsi es autres, il faut user du mesme changement. — Je croy aussi qu'on ne prononce plus la Roine ? — Il y a long temps que ceux qui font perfection de prononcer délicatement, et à la courtisanesque, ont quitté ceste prononciation et ont mieux aimé dire la Reine [1]. » Et il ajoute : «Il est certain que ceci est venu premièrement des femmes qui avoient peur d'ouvrir trop la bouche en disant *François, Anglois* [2]. »

Je ne suis pas bien sûr que la coquetterie du sexe

[1] *Deux dialogues du nouveau langage françois, italianizé, et autrement desguizé,* p. 22.
[2] *Introduction au traité de la conformité des merveilles anciennes.*

féminin soit pour quelque chose dans cette prononciation, je ne crois pas davantage que ce soit à l'influence italienne des Médicis qu'elle est due, mais je suis certain qu'il y a là une influence provinciale très marquée. Tant que le dialecte picard servit en France de langue officielle, le son *oi* prévalut ; lorsque la prononciation normande devint à la mode, on écrivit toujours *oi*, mais on prononça *ei*, qui était aussi l'accent tourangeau, fort en honneur parmi les lettrés.

Ce qu'il y a de certain, c'est qu'il était naturel d'adopter l'orthographe actuelle dans les mots où la diphthongue *oi* se prononce comme *ai*. La réclamation que Voltaire fit après bien d'autres, mais qu'il appuya de tout le poids de son autorité, est donc juste. Néanmoins elle ne fut pas acceptée de son vivant. C'est seulement en 1835 que l'Académie française voulut bien consacrer cette réforme, qui rencontra des ennemis acharnés « Il y eut, dit Sainte-Beuve, des protestations individuelles remarquables. Charles Nodier, par inimitié contre Voltaire d'abord, par l'effet d'un retour ultra-romantique vers le passé, par plusieurs raisons ou fantaisies rétrospectives, continua de maintenir et de pratiquer l'*o*. Lamennais aussi, radical sur tant de points, était rétrograde et réactionnaire sur l'*o ;* il affectait de le maintenir. Chateaubriand de même ; c'était un coin de cocarde, un lien de plus avec le passé. » Et le fin critique ajoute : « Au reste, notre dix-neuvième siècle a présenté sur cette question de l'orthographe, et comme dans un miroir abrégé, le spectacle des dispositions diverses qui l'ont animé en d'autres matières plus sérieuses : il a eu des exemples d'audace et de radicalisme absolu, témoin M. Marle ; une opposition ou résistance soi disant traditionnelle, témoin Nodier et son école ; un éclectisme progressif, éclairé et assez large, témoin le *Dictionnaire de l'Académie* de 1835 ; mais, depuis lors, il faut le dire, le siècle ne paraît point s'être enhardi : il y aura de l'effort à faire pour introduire dans l'édition qui se prépare toutes les modifications réclamées par la raison, et qui fassent de cette publication nouvelle une date et une étape de la langue. C'est à quoi cependant il faut viser [6]. »

Cette petite fin aigre-douce, remplie d'indiscrétions académiques, ne nous présage rien de bien bon. Nous verrons bien... à moins que, comme le pauvre Sainte-Beuve, nous ne disparaissions de ce monde avant l'apparition du fameux dictionnaire, ce qui pourrait très-bien arriver.

§ 1. OI français provenant de A latin et d'une métathèse.

Cette diphthongue s'obtient par la réunion de l'*a* à l'*i*, c'est-à-dire *ai*, et nous venons de voir à l'instant même avec quelle facilité *ai* et *oi* se prennent l'un pour l'autre.

Dans les exemples suivants, vous allez trouver la preuve de ce que j'avance.

1° *armarium* a fait *armoire*

Si vous vous souvenez de ma dernière leçon, vous

[1] Vovez *le Moniteur* du 2 mars 1868.

devez vous rappeler de la métathèse en vertu de laquelle l'*i* des suffixes enjambe le *r* en rétrogradant. D'après cette règle, dont je vous ai donné de nombreux exemples, la bonne leçon serait *armaire*, et en effet, cette forme a été très-employée au moyen âge. D'*armairé* on a fait *armoire*.

2º ma(*d*)idus a fait moite

C'est encore la réunion de l'*a* et de l'*i* : le premier *d* tombant comme consonne médiane, *ma(d)idus* est devenu *maide*, la dentale faible *d* s'est aisément transformée en dentale forte *t*, et *maide* est devenu *maite*, et *maite* s'est transformé en *moite*.

3º pallium a fait poile

Il y a encore ici métathèse de l'*i* qui a sauté par-dessus le *l*. Pall*i*um est devenu *paile*, et de *paile* on a fait *poile*.

4º Dola(b)ra est devenu doloire

Là, ce n'est pas la réunion de l'*a* et de l'*i*, puisque l'*i* n'existe pas, c'est tout simplement la similitude du son *ar* avec le son *oir*. Le *b*, précédant immédiatement le *r*, s'élidant facilement, *dola(b)ra* est devenu *dolare*, puis *dolouere*, puis *doloire*.

§ 2. — OI français provenant du E latin.

Cette permutation est très-fréquente ; je vous citerai les exemples suivants :

tela	toile
velum	voile

avena	avoine
heres	hoir
debere	devoir
habere	avoir
serum	soir

§ 3. — OI français provenant de I latin.

Cette permutation, qu'on ne peut expliquer qu'en supposant des formes intermédiaires entre le mot latin type et le mot dérivé, tel qu'il nous est parvenu, est très-fréquente.

EXEMPLE :

bibere	boire
digitus	doigt
frigidus	froid
niger	noir
Liger	Loire
pisum	pois
pilus	poil
pirum	poire
vicinus	voisin

§ 4. — OI français provenant de O latin.

La transformation de l'*o* latin en *oi* est assez rare. En voici quelques exemples :

moine	monachus
poids	pondus
loin	longe

Je crois que dans ces transformations la présence de l'*i* est due à la nasale *n*.

§ 5. — OI provenant de la métathèse de l'I.

Je vous ai déjà entretenu de cette tendance qu'avait l'*i* à prendre la place de la consonne qui le précède. Lorsque cette consonne est elle-même placée près de l'*o*, l'*i*, remplaçant la consonne, se joint à l'*o* et forme la diphthongue *oi*. Exemples :

Antoninus	Antoine
canonicus	chanoine
gloria	gloire
historia	histoire
ciborium	ciboire
memoria	mémoire
victoria	victoire

Dans les mots savants qui peuvent se rapporter à cette catégorie, la métathèse n'a pas lieu. Le même mot latin a donc pu prendre dans la langue dérivée deux formes distinctes :

Mots latins.	Mots d'origine savante sans métathèse.	Mots d'origine populaire avec métathèse.
potionem	potion	poison

De même qu'avec l'*a* et l'*i*, on avait obtenu de

inclinationem	inclination	inclinaison
liberationem	libération	livraison
rationem	ration	raison

Quelquefois certains mots ont conservé leur forme naturelle, mais ils l'ont abandonnée dans leurs dérivés.

C'est ainsi que *terminationem* a fait régulièrement *terminaison*, et qu'au lieu de *déterminaison*, nous disons *détermination*. Cette singularité se produit dans *orationem*, qui, sous l'influence naturelle, a formé *oraison* et *péroraison*, et sous l'influence savante, *adoration*, au lieu d'*adoraison*.

§ 6. — OI français provenant du U latin.

Il y a quelques exemples de cette permutation. Je citerai :

boisseau	de	bussellus forme de *Bustellus*.
moisi		mucidus
croix		crux, etc.

OIT

La triphthongue *oit* vient des triphthongues latines *ict* et *ect*. Exemples :

stric*tus*	étro*it*
dric*tus* (pour directus)	dro*it*
Pic*ta*vi	Po*it*iers

Pour expliquer ce phénomène, il faut se rappeler la facilité de permutation qui existe entre I et E. On a dû dire *strect*, *drect*, etc. Le *c* s'est élidé à cause du *t*, en rendant l'*è* grave, et on a dit *estret* ou *étroit*, *dret* ou *droit*, etc.

La forme *ect* s'explique d'elle-même, et on conçoit aisément que :

toit vienne de tec*lum*
voiture	vec*tura*
poitrail	pectorale

Néanmoins, la forme *ect* ne s'est pas toujours transformée en *oit*. Ainsi, *pectus*, qui signifie en latin poitrine, a formé *pects*, d'où est sorti notre mot *pis*. Au

moyen âge, *pects* et *pis* étaient employés pour indiquer la poitrine de l'homme et des animaux. On prêtait serment en appuyant la main sur le pis.

UI

La diphthongue *ui* provient des lettres *u* et *o*, et
d'une métathèse de l'*i* :

§ 1. — UI français provenant de U latin.

L'*u* simple s'est transformé en *ui* dans les mots suivants :

buxum	b*ui*s
cuprum	c*ui*vre
trutta	tr*ui*te
puteus	p*ui*ts

Il serait peut-être plus juste de dire que l'*i* est venu
à une certaine époque entre la voyelle et la consonne.
Cependant, les plus anciennes formes de ces mots
ont déjà l'*i*.

§ 2. — UI français provenant de O latin.

En parlant de cette permutation, les philologues
fournissent des mots d'une incontestable origine, tels
que :

p*ui*s de	p*o*st
h*ui*tre	*o*strea
c*ui*re	c*o*quere
c*ui*t	c*o*ctus, etc.

Mais sont-ils dans le vrai, lorsqu'ils continuent la

liste et la grossissent des mots suivants? Je ne le pense pas.

Sans doute, on doit admettre que

*cui*r vient de *co*rium	
m*ui*d	*mo*dius
h*uis*	*o*stium
h*ui*	*ho*die
P*uy*	*Po*dium

Mais en réfléchissant à la tendance qu'a l'*i* final de se rejeter en arrière, entre la voyelle et la consonne, — transposition que nous avons déjà étudiée sous le nom de métathèse, — on a devant soi les formes *coir, moid, oist, hoid, poid,* qui sont devenues les mots *cuir, muid, huis, hui, Puy.*

Dans ce cas-là, il ne faut donc pas dire que *u* vient de *o,* mais bien que *ui* vient d'une métathèse de l'*i* vers l'*o.*

Ces transpositions sont si communes, que nous allons encore juger de ses effets dans le paragraphe suivant.

§ 3. — UI français provenant d'une métathèse de l'I.

Cette métathèse est d'autant plus simple, que l'*i,* en changeant de place, se réunit à l'*u* et forme, par conséquent, la diphthongue qui nous occupe en ce moment. Les mots suivants suffiront pour vous faire comprendre cette permutation :

j*ui*n	j*uni*us
aig*ui*ser	ac*uti*are

UÏT

De même que *oit* vient des syllabes *ict* et *ect*, de même *uit* provient de *oct* et de *uct*. Je ne reviendrai pas sur ce que j'ai dit à propos du *ct*. Il me suffira de vous donner ici les exemples suivants :

Oct est devenu *uit* dans les mots :

n*uit*	de	n*oct*em
bisc*uit*		bisc*oct*us
c*uit*		c*oct*us
h*uit*		*oct*o

Uct s'est tranformé en *uit* dans les mots :

réd*uit*	de	red*uct*us
cond*uit*		cond*uct*us
séd*uit*		sed*uct*us
fr*uit*		fr*uct*us

IE

La diphthongue *ie* est due à l'introduction de l'*i* parasite entre la voyelle *e* et la consonne, et à l'appa-tion de l'*e* ou de l'*œ* entre la consonne et l'*i*.

L'*i* parasite se glisse entre la consonne et la voyelle *e* dans :

f*e*rus qui devient f*ie*r	
f*e*l	f*ie*l
m*e*l	m*ie*l
b*e*ne	b*ie*n
p*e*trus	p*ie*rre

rem	rien
cereus	cierge
cœlum	ciel
lœtitia	liesse

L'*e* apparaît entre la consonne et l'*i* dans

virgo qui devient v*ie*rge

Le *ie* se forme encore lorsque l'*i* et l'*e* ne sont séparés que par une consonne médiane qui tombe. La réunion des deux voyelles produit le *ie* comme dans :

ni(g)*ella* qui fait ni*e*lle

IER

Je ne dirai rien de cette triphthongue, puisque je vous en ai déjà parlé dans une précédente lettre, (Voyez lettre XII, p. 137 et suiv.) à propos de la transposition de l'*i* vers l'*a* dans la formation de la voyelle double *ai*.

IEU

La triphthongue *ieu* a été formée de la voyelle double *eu* et de la voyelle *o*, des diphthongues *iu* et *ei*, formées par la chute d'une consonne médiane.

Exemples de l'*eu* :

Dieu	Deus
Matthieu	Mattheus
camaïeu	camœus
lieue	leuca

Exemples de l'*o* :

> locus l*ieu*
> jocus *jeu* autrefois j*ieu*

Exemples des diphthongues *iu* et *ei* :

Lorsque la consonne médiane tombe, elle réunit souvent deux voyelles, qui, en s'unissant, forment un son mixte.

Dans le cas présent, nous voyons que, du choc des voyelles *i* et *u, e* et *i*, est née la diphthongue *ieu*.

EXEMPLES :

axi(c)ulus	essieu
spi(c)ulum	épieu
me(l)ius	mieux

Je n'ai plus rien à vous dire sur les voyelles. Sans doute, j'aurais pu vous donner beaucoup plus d'exemples, mais ceux que j'ai choisis me paraissent suffisants pour vous faire comprendre le jeu des permutations vocales.

Ce que je vous recommande surtout, c'est, en étudiant ces permutations, de prononcer les mots à voix haute. Vous vous rendrez beaucoup mieux compte de la possibilité de tous ces changements phonétiques.

D'ailleurs, il ne faut pas oublier, lorsqu'on étudie ces permutations, qu'il y a entre les deux types extrêmes, — la forme latine et la forme française actuelle,—une série de transformations qui expliquent souvent l'extrême désaccord que nous constatons entre le son d'autrefois et le son d'aujourd'hui.

Malheureusement, nous ne possédons pas toutes
les notes de cette gamme chromatique, toutes les
nuances dont se sont colorés les mots aux différentes
époques de leur longue existence. Ce qui nous manque surtout, ce sont les premières traces de leurs dé-
gradations. Pour comprendre à quel point la langue
latine a été torturée par les barbares, il faut entendre
un Breton, un Limousin, un Alsacien et un Gascon
lire une page de Bossuet. Lorsque les mots arrivent
aux oreilles ainsi défigurés de tant de façons diverses, on se demande comment le français a pu conserver encore une si grande ressemblance avec le
latin. Les consonnes étaient là heureusement. Elles
ont servi dans les mots de digue à l'invasion barbare;
vous en verrez la preuve dans mes prochaines lettres.

XIV

DES CONSONNES

Je viens de vous dire que les consonnes avaient em-
pêché la déformation complète des mots français
d'origine latine. En effet, vous avez dû remarquer
avec quelle facilité les voyelles permutaient entre
elles, et vous avez pu tirer cette conséquence, que
si les consonnes étaient aussi mobiles que les
voyelles, il devenait impossible de remonter avec
quelque certitude à l'origine des mots.

Heureusement, il n'en est rien. Les consonnes ne
s'échangent pas entre elles comme les voyelles, et la
raison en est bien simple. Les voyelles ne sont que
les timbres différents de notre voix, tandis que les
consonnes sont des bruits articulés.

Les rouages du mécanisme vocal qui créent les

consonnes étant multiples et très-compliqués, il e
résulte une difficulté très-grande à échanger un so
produit par une série de phénomènes variés contr
un autre son qui n'est pas le fruit de la même com
binaison.

Je ne reviendrai pas sur la nature èt le jeu de
organes mis en mouvement pour produire les cor
sonnes, je me contenterai d'ajouter seulement que
d'après les tableaux que j'ai dressés précédemment e
que j'ai insérés dans une de mes précédentes lettres
il vous sera facile de comprendre que les permuta
tions ont lieu généralement entre les consonnes d'u
même groupe.

C'est ainsi que les labiales : P — B F — V,

Les dentales : T — D S X — Z,

Les gutturales : K Q C — G C H — J,

Les liquides : L — R M — N,

s'échangent toujours avec la plus grande facilité
et cependant encore dans de certaines limites, car
ainsi que vous le verrez dans le tableau qui va suivre
le F, par exemple, se transforme en V, tandis que
le V ne se transforme pas en F.

Il est également certain que des lettres appartenant à des groupes différents, ont d'autant plus de
peine à permuter entre elles, qu'elles sont dues à
des jeux d'organes opposés. Il en résulte que certaines lettres ne prennent jamais la place de certaines autres lettres : que par exemple B ne devient pas F, que le T ne prend pas la place du M,
que le J ne remplace pas le F, etc.

Je vais, comme je l'ai fait pour les voyelles, vous tracer un tableau généalogique des consonnes françaises et un tableau des transformations des consonnes latines en consonnes françaises. Vous pourrez ainsi juger de l'ensemble de ces permutations, et du chemin qu'il nous reste à parcourir pour achever l'étude du rôle que les lettres jouent dans la formation des mots.

Dans le premier tableau, la lettre française est prise comme type, dans le second tableau, c'est au contraire la lettre latine.

Ainsi, dans le premier tableau que j'intitule *Tableau généalogique des consonnes françaises*, vous voyez d'abord les consonnes françaises classées dans la première colonne par groupe de dentales, gutturales, liquides, doubles consonnes, etc. Devant chacune de ces consonnes se trouvent dans la seconde colonne les diverses lettres latines qui ont engendré cette consonne, et pour joindre l'exemple au précepte, la filiation est établie dans les deux colonnes suivantes, par un mot français et un mot latin correspondant. J'ai eu le soin de mettre en italique les lettres qui permutent entre elles.

Dans le second tableau, que j'intitule : *Tableau de la transformation des consonnes latines en consonnes françaises*, je ne remonte plus du français au latin, mais je vais au contraire du latin au français, et je fais voir par combien de lettres françaises une lettre latine est représentée en français.

En effet, pour ne citer qu'un exemple, nous verrons par le premier tableau que la lettre P française n'a été absolument engendrée que par la lettre P latine, tandis que dans le second tableau, vous verrez que la lettre P latine s'est transformée en B, en F et en V.

Je vous demande pardon de tous ces détails, mais ils sont nécessaires pour que vous puissiez comprendre l'utilité des deux tableaux que je signale à votre attention.

TABLEAU GÉNÉALOGIQUE DES CONSONNES FRANÇAISES

LETTRES FRANÇAISES	LETTRES LATINES	EXEMPLES	
		FRANÇAIS	LATINS
P	P	*Pain*	*panis*
B	1 B	1 *bon*	1 *bonus*
	2 P	2 *bruine*	2 *pruina*
	3 V	3 *bercer*	3 *versare*
	4 M	4 *marbre*	4 *marmor*
F	1 F	1 *facile*	1 *facilis*
	2 PH	2 *faisan*	2 *phasianus*
	3 V	3 *sauf*	3 *salvus*
	4 P	4 *frésaie*	4 *præsaga*
	5 B	5 *siffler*	5 *sibilare*
	6 U	6 *juif*	6 *judæus*
PH	PH	*triomphe*	*triumphus*
V	1 V	1 *vent*	1 *ventus*
	2 B	2 *fève*	2 *faba*
	3 P	3 *chèvre*	3 *capra*
	4 G	4 *virer*	4 *girare*
	5 M	5 *duvet*	5 *duma*
	6 U	6 *janvier*	6 *januarius*
T	1 T	1 *temple*	1 *templum*
	2 D	2 *vert*	2 *viridis*
TH	TH	*théâtre*	*theatrum*

LETTRES FRANÇAISES	LETTRES LATINES	EXEMPLES	
		FRANÇAIS	LATINS
D	1 D 2 T	1 don 2 donc	1 donum 2 tunc
S	1 S 2 C 3 T 4 G 5 R	1 saint 2 voisin 3 poison 4 gésier 5 plusieurs	1 sanctus 2 vicinus 3 potionem 4 gigeria 5 pluriores
SS	1 SS 2 X 3 CH	1 fosse 2 essaim 3 paroisse	1 fossa 2 examen 3 parochia
X	1 X 2 S 3 C	1 six 2 roux 3 paix	1 sex 2 russus 3 pacem
Z	1 S 2 C	1 nez 2 lézard	1 nasus 2 lacerta
C dur	1 C 2 Q 3 T	1 sec 2 car 3 craindre	1 siccus 2 quare 3 tremere
C doux	1 C 2 G 3 S 4 T	1 ciel 2 gencive 3 cidre 4 gracieux	1 cœlum 2 gengiva 3 sicera 4 gratiosus
K	«	«	«
Q	1 C 2 CH 3 Q	1 queue 2 conque 3 quel	1 cauda 2 concha 3 qualis
G dur	1 G dur 2 C dur 3 Q 4 V	1 goût 2 gras 3 égal 4 guêpe	1 gustus 2 crassus 3 æqualis 4 vespa
G doux	1 G 2 J 3 D 4 Z	1 gencive 2 génisse 3 orge 4 gingembre	1 gingiva 2 junicem 3 ordeum 4 zinziberis
	1 J 2 G 3 I 4 Z	1 jeune 2 jatte 3 goujon 4 jujube	1 juvenis 2 gabata 3 gobionem 4 ziziphum

LETTRES LATINES	LETTRES FRANÇAISES	EXEMPLES	
		LATINS	FRANÇAIS
P	1 P 2 B 3 F 4 V	1 patria 2 duplex 3 præsaga 4 aprilis	1 patrie 2 double 3 fresaie 4 avril
B	1 B 2 V 3 F	1 bonus 2 gubernare 3 sibilare	1 bon 2 gouverner 3 siffler
V	1 V 2 F 3 G	1 vinum 2 cervus 3 vespa	1 vin 2 cerf 3 guêpe
T	1 T 2 D 3 S 4 C	1 talis 2 tunc 3 potionem 4 tremere	1 tel 2 donc 3 poison 4 craindre
P	1 D 2 T	1 Deus 2 viridis	1 Dieu 2 vert
S	1 S 2 C 3 Z 4 R	1 sanctus 2 versare 3 nasus 4 ossifraga	1 saint 2 bercer 3 nez 4 orfraie
C doux	1 C 2 S 3 Z 4 X 5 T 6 G doux	1 cœlum 2 cingulum 3 lacerta 4 pacem 5 carcerem 6 locare	1 ciel 2 sangle 3 lézard 4 paix 5 chartre 6 loger
Z	1 G 2 J	1 zaberna 2 zizyphum	1 giberne 2 jujube
X	1 SS 2 CH	1 examen 2 laxare	1 essaim 2 lâcher
F	1 F 2 H	1 frumentum 2 foras	1 froment 2 hors
C dur	1 C 2 CH 3 G 4 S	1 conventus 2 causa 3 acutus 4 vicinus	1 couvent 2 chose 3 aigu 4 voisin
Q	1 QU 2 C dur 3 G	1 qualis 2 quare 3 aquila	1 quel 2 car 3 aigle

TABLEAU DE LA TRANSFORMATION DES CONSONNES LATINES
EN CONSONNES FRANÇAISES.

LETTRES FRANÇAISES	LETTRES LATINES	EXEMPLES FRANÇAIS	LATINS
J	5 C 6 DI	5 jante 6 jour	5 camitem 6 diurnum
CH	1 C 2 G dur 3 C dur 4 X	1 ache 2 parchemin 3 chose 4 lâcher	1 apium 2 pergamenum 3 causa 4 laxare
H	1 H 2 F	1 homme 2 hors	1 hominem 2 foris
R	1 R 2 L 3 S 4 N	1 roi 2 rossignol 3 orfraie 4 diacre	1 regem 2 lusciniola 3 ossifraga 4 diaconus
RR	1 RR 2 TR 3 DR	1 narrer 2 larron 3 carré	1 narrare 2 latronem 3 quadratum
L	1 L 2 R 3 N	1 lettre 2 crible 3 orphelin	1 littera 2 cribrum 3 orphaninus
LL	1 L 2 LIA 3 LEA 4 CL 5 GL 6 TL 7 NIA 8 CHL	1 caille 2 aumaille 3 paille 4 abeille 5 cailler 6 seille 7 entrailles 8 treille	1 quaquila 2 animalia 3 palea 4 apicula 5 coagulare 6 situla 7 intrania 8 trichila
M	1 M 2 N 3 B	1 main 2 amertume 3 samedi	1 manus 2 amaritudinem 3 sabbati-dies
MM	1 MM 2 MN	1 flamme 2 somme	1 flamma 2 somnus
N	1 N 2 M 3 L	1 nez 2 nappe 3 niveau	1 nasus 2 mappa 3 libella
NN	1 NN 2 MN 3 GN	1 innocent 2 colonne 3 connaître	1 innocentem 2 columna 3 cognoscere
GN	1 GN dur 2 NI	1 agneau 2 cicogne	1 agnellus 2 ciconia

LETTRES LATINES.	LETTRES FRANÇAISES.	EXEMPLES	
		LATINS	FRANÇAIS
G	1 G 2 J 3 C 4 CH 5 S 6 V	1 gustus 2 gemellus 3 gengiva 4 pergamenum 5 gigeria 6 gyrare	1 goût 2 jumeau 3 gencive 4 parchemin 5 gésier 6 virer
J	1 J 2 G	1 juvenis 2 junicem	1 jeune 2 génisse
CH	C dur.	character	caractère
H	H	hominem	homme
L	1 L 2 R 3 N	1 lingua 2 lusciniola 3 posterula	1 langue 2 rossignol 3 poterne
M	1 M 2 N 3 B	1 mare 2 mappa 3 marmorem	1 mer 2 nappe 3 marbre
N	1 N 2 M 3 R 4 L	1 dignus 2 incudinem 3 ordinem 4 orphaninus	1 digne 2 enclume 3 ordre 4 orphelin
R	1 R 2 L 3 S	1 rationem 2 cribrum 3 pluriores	1 raison 2 crible 3 plusieurs
BR	UR	fabrica	faurge, auj. forge
BT	D	cubitus	coude
CL	IL	apicula	abeille
GN dur	GN mouillé	agnellus	agneau
GL	IL	tegula	tuile
MN	MM	femina	femme
NM	M	anima	âme
PL	IL	scopulus	écueil
TL	IL	vetulus	vieil

XV

DES LABIALES

HISTOIRE DES LETTRES P. B. V. F

P

La lettre P provient du *pi* grec, qui vient lui-même du *Beth* phénicien.

Si on considère cette lettre au point de vue de la prononciation, on remarque qu'elle se fait entendre dans tous les mots, à l'exception de ba*p*tême, lou*p*, cou*p*, se*p*t, tem*p*s, etc., et que, unie à la lettre H, elle prend un son équivalent à notre F.

Vous avez dû remarquer, mademoiselle, avec quelle facilité les Allemands confondent les sons du P et du B. On pourrait croire, à les entendre parler, que cette permutation étant si facile, une grande partie des mots écrits avec un *p* proviennent de mots où figuraient des B. Il n'en est rien. Le P latin se transforme bien en B, en V et en F français, mais le P français n'e provient que de la lettre P latine.

Le P français vient donc uniquement du P latin. En voici des exemples :

*p*anis	*p*ain
lu*p*us	lou*p*
ci*pp*us	ce*p*
ma*pp*a	na*pp*e

Je vous ai déjà dit plusieurs fois que certaines lettres s'ajoutaient au mot primitif, et que cette addition s'appelait *prosthèse*, *épenthèse* et *épithèse*, selon que la lettre ajoutée était placée au commencement, au milieu ou à la fin du mot.

ÉPENTHÈSE DU P

L'épenthèse du P se rencontre lorsque la voyelle atone tombant, deux consonnes se trouvent en présence. Ainsi *dom(i)tare*, au lieu de faire *domter*, a fait *dompter*. Le même phénomène s'est produit dans l'exclamation si commune au moyen âge de *Dampne Dieu* (seigneur Dieu) de *Dom(i)nus Deus*. L'*i* atone étant tombé, le *p* est venu se glisser entre le *m* et le *n*. Nous verrons de nombreux exemples de ce genre se reproduire à propos du B.

APHÉRÈSE DU P

Lorsque le *p* initial est suivi en latin d'une autre consonne, il abandonne le mot qui devient français, et la seconde consonne devient la première, c'est ainsi que :

ᴘ*tisana*	est devenu	*tisane*
ᴘ*neuma*		*neume*
ᴘ*salmus*		*saume*

La forme *psaume*, qui est la seule usitée aujourd'hui, est une forme savante et relativement moderne.

Syncope du P

Lorsque le *p* est placé dans le corps d'un mot, près de certaines consonnes, un phénomène semblable à celui que je viens de vous signaler à propos de l'aphérèse, se produit. C'est ainsi que le *p* est tombé dans :

ru(p)ta	route
deru(p)ta	déroute
nu(p)tiæ	noces
ca(p)tivus	chétif
ca(p)sa	caisse
acce(p)tare	acheter

B

La lettre B provient du *bêta* grec, dérivé lui-même du *beth* des Phéniciens et des Hébreux. Comme *beth* signifie dans les langues de ces peuples, *maison, enclos*, et que les panses de cette lettre avant d'être arrondies étaient triangulaires, on a vu dans la forme du *b* le dessus d'un toit. L'observation est ingénieuse mais rien ne prouve qu'elle soit juste. Chez les Égyptiens, l'hiéroglyphe phonétique qui avait la valeur du *b*, était une tête de brebis. On ne pou-

vait mieux choisir, car le bêlement de cet anima¹
correspond parfaitement au son de cette articulation.

Cette lettre représente en français les lettres B, P,
V, M, latins.

§ 1. — B latin conservé en français

Le *b* initial reste dans tous les mots de provenance
latine.

EXEMPLES :

bonus	bon
benignus	bénin
benedicere	bénir

On le trouve aussi quelquefois conservé dans l'intérieur des mots, comme dans :

mobilis	meuble
nobilis	noble

et même à la fin, comme dans :

plumbum	plomb

§ 2. — B français provenant du P latin

Cette transformation n'est pas très-fréquente, les
exemples ne manquent pas cependant ; nous citerons :

pruina	bruine
apicula	abeille
duplus	double
capulum	câble
apotheca	boutique

§ 3. — B français provenant du V latin

Cette transformation est très-fréquente et se manifeste dans beaucoup de langues ; chez les Grecs modernes le *b* est devenu *v*, et lorsqu'ils veulent rendre à l'ancien *bêta* sa valeur phonétique d'autrefois, ils ont recours à la double consonne *mp* ($\mu\,\pi$). Chez les Latins, ces deux lettres se confondaient si facilement qu'on fit de nombreux traités pour indiquer dans quel cas chacune d'elles devait être employée. Nous citerons comme exemples de la permutation du V en B :

cor*b*eau	de	cor*v*ellus
*b*rebis		*v*er*v*ecem
*B*esançon		*V*esuntionem

§ 4. — B français provenant du M latin

Cette transformation est rare, j'en citerai deux exemples :

flam*m*are	flam*b*er
mar*m*or	mar*b*re
*V*er*m*eria	*V*er*b*erie

§ 5. — Épenthèse du B

Lorsqu'un mot latin se transforme en français, et que dans le corps de ce mot se trouvent réunies deux consonnes liquides, un *b* vient les séparer pour en rendre la prononciation plus agréable.

Ainsi au lieu de *humle*, de *hum*(i)*lis*, on a fait hum*b*le.

Ainsi au lieu de *numre* de *num*(e)*rus*, on a fait *n*om*b*re.

ml devient par la même raison *mbl* ;

cum(u)*lus*	*comble*
trem(u)*lare*	*trembler*
in sim(u)*l*	*ensemble*

et *mr* s'est transformé en *mbr*. Exemples :

num(e)*rus*	*nombre*
cam(e)*ra*	*chambre*
Cam(e)*racum*	*Cambrai*

§ 6. — SYNCOPE DU B.

Le *b* tombe aussi comme consonne médiane.

ta(b)anus	taon
vi(b)urnum	viorne
Ca(b)illone	Chalon

ou lorsqu'il est la première de deux consonnes qui se suivent. Ainsi :

su*b*missus	a formé	soumis
su*b*jectus		sujet

F

Cette lettre vient du *digamma* éolien, qui descend du *vau* phénicien. Il avait alors la valeur du *v*, ce qui explique son emploi dans les anciennes inscriptions latines, où il remplit l'office du *v*. En français, il devient muet lorsqu'il est suivi d'un *s* à la fin de certains mots comme dans *bœufs*, *œufs*.

Notre *f* vient des lettres latines *f*, *ph*, *p*, *b*, et *u*.

§ 1.— F latin conservé en français

Très-souvent le *f* latin s'est conservé dans les mots français.

EXEMPLES :

Facilis	Facile
Fimarium	Fumier
auriFaber	orFévre

§ 2. — F français provenant du PH latin

Le *ph* latin ayant la même valeur que le *f* simple, il n'y a rien d'extraordinaire à ce que le *f* ait souvent pris la place de la double consonne. C'est ainsi que :

Faisan	est venu de	PHasanius
coFFre		coPHinus

§ 3.— F français provenant du V latin

Cette transformation est des plus usuelles et les exemples ne manquent pas. Nous citerons :

actif	activus
captif	captivus
cerf	cervus
vif	vivus

La mutation est si simple, qu'en français lorsque

l'*e* muet se place après le *f* final pour marquer le féminin, le *v* original reparaît. Exemples :

actif, acti*v*e, captif, capti*v*e, vif, vi*v*e, etc., etc.

§ 4. — F français provenant du P latin

Le changement du *p* en *f* est assez rare, nous citerons cependant :

che*f*	ca*p*ut
nè*f*le	mes*p*ilum
*f*resaie	*p*ræsaga

§ 5. — F français provenant du B latin

La facilité du *v* à se transformer en *b*, explique le remplacement du *b* latin par un *f* français. Les exemples que l'on peut citer sont néanmoins peu communs. Je signalerai :

si*ff*ler	si*b*ilare
sui*f*	se*b*um

§ 6. — F français provenant de l'U latin

L'extrême différence qui existe entre les sons *f* et *u* ferait rejeter la possibilité d'une permutation, si on ne se rappelait que l'*u* consonnisé a la valeur du *v*, et qu'entre le *v* et le *f*, comme nous l'avons vu tout à l'heure, l'échange est des plus faciles. Je vous indiquerai les exemples suivants :

veuf	*viduus*
juif	*judæus*

PH

La double consonne *ph* a, comme je vous l'ai dit tout à l'heure, la même valeur que notre *f*. On a long-temps balancé entre ces deux manières de rendre un même son, et la lutte en faveur de ces deux lettres rappelle les discussions qui se sont élevées à propos de l'*i* et de l'*y* grec, dont je vous ai parlé il n'y a pas longtemps (Voyez dixième lettre, p. 123).

Les uns voulaient le *f* partout, les autres trou-vaient le *ph* plus à leur goût ; les plus raisonnables, et ils ont eu gain de cause, désiraient la conservation du *ph* dans les mots d'origine grecque où le *phi* (φ) était employé. C'est ainsi que Nidal*fe* est devenu Nau*ph*le dans Seine-et-Oise et Nau*f*les dans l'Eure.

Dans un dialogue de Frémont d'Ablancourt, paru en 1706, dialogue tenu entre la Grammaire et l'Usage, le *f* se plaint ainsi de son sort :

« Comme je suis la première en fidélité, je trouve fort étrange qu'on m'oste les cle*fs* et qu'on me veuille couper les ner*fs* ; car après cela comment pourrais-je atteindre les cer*fs* à la course ? Cela est bien éloigné de la promesse qu'on m'avait faite de bannir le *ph*, afin d'étendre les bornes de mon em-pire. Jusqu'ici il m'a toujours défendu l'abord des *ph*o*ph*ètes et des *ph*ilosophes, et il ne veut pas même que j'aspire à *Ph*ilis. Si j'avais esté aussi sévère, jamais le *v* ne se serait mis en possession de toutes les *veuves* (on écrivait autrefois *ve*f*ves*), tant récréa-tives que rebarbatives ; cependant, comme j'ay veu

qu'elles l'aimaient plus que moy, je lui ay cédé t
ce que j'y pouvais prétendre. »

Le P répondait tout aussi spirituellement : « Qu
une longue possession ne serait pas un juste ti
après nous avoir fait traverser tant de terres e
mers, débité tant d'apo*ph*tegmes, et enrichy ce pay
tant de *phrases* et de para*ph*rases, il semble qu'
aurait de l'inhumanité à nous séparer de la com
gnie de *Ph*ilis et de *Ph*ilomèle, puisque nous som
de même contrée, et que nous avons jusqu'icy co
les mêmes aventures. »

Aussi l'Usage ajouta-t-il : « J'ordonne que l'on c
serve le *ph*, le plus qu'on pourra. »

On a malheureusement beaucoup trop obéi à l
sage, et l'Académie elle-même paraît avoir tiré
sort les mots qui devaient être écrits avec un *p*
ceux qui devaient se contenter d'un *f* simple.

Il est certain qu'il n'y a pas de raison d'éc
alphabet, asphyxie, autographe, pamphlet, ph*thisi*
phrase, etc., avec un *ph*, dès qu'on écrit avec u
simple, faisan, fantaisie, fenêtre, sou*f*re, etc.,
proviennent de la même origine.

Si les gens d'esprit étaient conséquents dans
petites choses, ils arriveraient peut-être à le deve
dans les grandes.

V

Le V est une lettre mystérieuse dans le genre
l'I. Il a été assimilé longtemps à l'U, et il a été
gardé longtemps aussi comme une voyelle cons

nisée. Sa source a été empruntée à l'*upsilon* grec, et sa valeur paraît se rapprocher du *vav* sémitique.

Les lettres latines V, B, P, G, M, U, se sont transformées en V français.

§ 1. — V latin conservé en français

Le V latin s'est très-souvent conservé en français. Exemples :

vinum	vin
ventus	vent
venire	venir
calvus	chauve

§ 2. — V français provenant du B latin.

La transformation du B latin en V français offre de nombreux exemples: je vous citerai :

fève	faba
cheval	caballus
lèvre	labra
taverne	taberna
avoir	habere
cerveau	cerbellum
février	februarius
sonvent	subinde
Avranches	Abrincas

Dans les siècles de la décadence, beaucoup de mots latins qui étaient écrits avec un B, prirent un V. On trouve dans les inscriptions *haveat* pour *habeat*, *guvernare* pour *gubernare*, etc. La facilité

avec laquelle on confondait ces deux lettres, explique le grand nombre de mots français qui ont un *v*
à la place d'un *b* latin.

§ 3. — V français provenant du P latin

La permutation du P latin en V français n'est pas
très-rare. Exemples :

rive	ri*p*a
chèvre	ca*p*ra
avril	a*p*rilis
ouvrier	o*p*erarius
sevrer	sé*p*arare
savon	sa*p*oném

§ 4. — V français provenant du G latin

Cette transformation d'une labiale en palatale
dure est difficile à admettre, et cependant les preuves
de ce changement ne manquent pas. On peut expliquer cette permutation par l'influence germanique.
Un grand nombre de mots tudesques commençant
par un W se sont naturalisés français en prenant un
G. Il est probable que les mots latins commençant
par un V ont été défigurés par les Germains et que
le V a été remplacé par le W. On aura dit W*espa*
pour V*espa*, W*astare* pour V*astare*, etc. Quoi qu'il en
soit, voici une liste de mots qui fournissent la
preuve de la permutation du V en G :

*v*astare	*g*âter
*v*adum	*g*ué.
*v*agina	*g*aîne
*v*espa	*g*uêpe, etc.

§ 5. — V français provenant du M latin

Ce phénomène n'est pas à vrai dire une permutation, c'est simplement une altération, car l'exemple
que l'on cite est le mot *duvet* qui vient de *dumeta*,
diminutif de *duma*, et *duma* n'est lui-même qu'une
mauvaise forme latinedu tudesque *daune*. Il y a donc
eu changement de l'*u* germanique en *m* latin, et du
m latin en *v* fran- çais. Les Normands ont conservé
le *m* latin, et disent encore *deumet*.

§ 6. — V français provenant de U latin

Cette permutation est toute naturelle. Comme je
vous l'ai dit en parlant de l'*u*, cette voyelle se con-
sonnise très-facilement. Il n'y a donc rien de bien
extraordinaire à ce que :

januarius	ait fait	janvier
vidua		veuve
aquarium		évier

ÉPENTHÈSE DU V

Le V s'est intercalé entre deux voyelles dans certains mots où le rapprochement des deux voyelles
était gênant pour la prononciation. C'est ainsi que
pluere a fait *pleuvoir*, que *pœonia* a fait *pivoine*, etc.

Par une singulière contradiction, nous avons
ajouté le V à *pleuvoir*, et nous l'avons retiré à
plu(v)ia (pluie). L'un a été accepté par euphonie,
l'autre a été rejeté comme consonne médiane.

Syncope du V.

Comme consonne médiane, le V a disparu ainsi que je viens de vous le dire dans *plu*(v)*ia*, d'où *pluie*. J'ajouterai à cet exemple les mots :

pa(v)onem	paon
a(v)iolus	aïeul
pa(v)orem	peur

Tel est le tableau des permutations des labiales. Vous avez dû remarquer, mademoiselle, qu'à part un très-petit nombre d'exceptions, ces quatre lettres permutent entre elles et qu'elles obéissent à cette loi que je vous ai signalée, en vertu de laquelle : *les permutations des consonnes se produisent entre consonnes du même organe.*

J'aborderai dans ma prochaine lettre l'étude des dentales, et vous verrez de plus en plus que la division des consonnes par organes, répond exactement au mécanisme de leur formation.

XVI

T

Le T représente le *tau* grec, qui avait en hébreu et en phénicien la même dénomination et la même valeur. Le *tau* hébraïque signifie *croix*, et en effet le T majuscule se rapproche assez de cette figure.

Le T est une des consonnes qui ne se prononcent pas toujours. Tantôt il est muet comme dans li*t*, po*t*, pein*t*, por*t*, mor*t*; tantôt il se fait entendre comme dans fa*t*, ma*t*, do*t*, bru*t*, ne*t*, grani*t*, etc.

Devant l'I, il perd sa valeur de dentale et devient consonne sifflante comme notre *s*. Cette singulière métamorphose qui se produisait en latin, où l'on écrivait indifféremment Mauri*t*ius ou Mauric*i*us trouve son origine dans le *t* aspiré des Grecs.

Du reste, plusieurs langues de l'Europe donner à leur *t* un son double. En anglais, il équivaut a *ch*. C'est ainsi qu'on prononce *motion, mochon.* E italien, en espagnol, en anglais et en allemand, l son du *t* se mêle à celui du *c*, que l'on prononce *tc*

Ainsi, les Italiens disent *ditche* et écrivent *dice.*

Les Anglais prononcent *tchurtch,* ce qu'ils écriver *church.*

Les Espagnols prononcent *moutcha,* ce qu'ils écr vent *mucha.*

Les Allemands prononcent *tsitsero,* ce qu'ils écr vent *cicero.*

Ces exemples font comprendre comment le *t* per avoir deux sons aussi différents l'un de l'autre.

L'emploi d'un seul signe, pour représenter deu sons aussi distincts, présente en français de grand inconvénients.

En effet, des mots qui s'écrivent de la même ma nière et qui se prononcent différemment, offrent le plus sérieuses difficultés. Ainsi, cette phrase : « Nou *notions* avec soin les *notions* que ce livre renfermait nous *relations* les *relations* qui pouvaient exister entr ces diverses *objections,* et nous *objections* des faits plu certains. » Il est impossible qu'un étranger la lis couramment sans faire de fautes.

Il serait pourtant bien simple d'obvier à cet incor vénient en mettant une cédille sous le *t* sifflant. Tout confusion serait désormais impossible ; malheu reusement cette réforme est si simple, que j doute beaucoup de la voir prendre en considération.

Le T français provient du *t* et du *d* latins seulement.

§ 1. T français provenant du T latin

Le T latin se conserve dans les mots français.

EXEMPLES :

*t*emplum	*t*emple
*t*erra	*t*erre
sta*t*ua	sta*t*ue
oc*t*o	hui*t*

§ 2. T français provenant du D latin

Le D latin se transforme quelquefois en *t*, dans les mots qui passent de la langue mère à la langue dérivée.

EXEMPLE :

Viri*d*is	ver*t*

§ 3. Prosthèse du T

L'addition d'un *t* au commencement des mots est chose rare, et je n'en connais qu'un exemple, celui de *tante*, provenant du mot latin *amita*. Cette exception est du reste intéressante à noter.

L'*i* atone d'*am*(i)*ta* étant tombé, et l'*a* final s'étant par rétrécissement transformé en *e*, le mot s'est d'abord écrit *amte*, puis *ante*. Tous les textes du moyen âge renferment cette forme, et l'on trouve à chaque ligne *ma ante, bel ante, son ante, m'ante ;* ce mot, passé en Angleterre lors de la conquête, a conservé cette forme, et l'on dit encore *my aunt* en parlant de sa tante.

Le choc désagréable à l'oreille des deux *a* dans *ma ante*, et l'usage généralement répandu d'appeler la sœur d'un grand-père ou d'une grand-mère *grant ante*, firent que le *t* final de *grant* vint adhérer à l'*a* de *ante*, auquel il se fixa d'une manière indissoluble ; seulement cette prosthèse ne se constitua pas tout d'un coup, l'hésitation dura longtemps. Tantôt on mettait le *t*, tantôt on le rejetait. Comme la liberté était alors absolue, chacun écrivait selon son bon plaisir, et quelquefois, soit par erreur, soit par éclectisme, le même scribe employait souvent les deux formes dans la même phrase. C'est ainsi que dans un livre de droit appelé le *Livre de jostice et de plet*, on trouve le passage suivant :

« Ma *grant ante* est la sor mon eol (sœur de mon aïeul), ou ma eole.... et autresi, cele qui est *ante* mon pere ou ma mere par devers sa mere est ma *grant ante*... Le frere me eole est mon grant oncle... La sor me eole est ma *grant tante*, et contient quatre persones par la reson que nous avons monstré devant. Et cele qui est *tante* mon pere ou ma mere, par devers la soe (sienne) mere est ma *grant tante*. »

Cette prosthèse du *t* n'est en résumé qu'une satisfaction donnée aux oreilles des auditeurs impressionnables, et qui rentre dans la catégorie des *t* euphoniques employés dans certains cas, par exemple dans *voilà-t-il*, *va-t-il*, *aime-t-il*, etc. L'usage de mettre le *t* entre le verbe et le pronom toutes les fois que le premier termine et que le second commence par une voyelle est tout moderne. Dans les cahiers de Remarques rédigés pour le Dictionnaire de l'Académie de 1694, on lit en effet : « Depuis quelques années, on s'est advisé de mettre entre ces mots deux tirets et un *t* au milieu, de cette sorte : *dira-t-il, ira-t-on*. Je voy grant nombre de gents qui s'opposent à cet usage et disent qu'il n'y en a aucune raison, ny aucun exemple chez nos anciens. Messieurs jugeront si leur opposition est bien fondée. »

Je ne parle pas des *t* euphoniques que l'on qualifie de cuirs et qui émaillent si abondamment les discours des gens ignorants. Ces *t* là répondent à un besoin inné de lier les mots entre eux et malgré eux. C'est, vous le savez, à cette facilité de créer des liaisons dangereuses que l'on fait remonter l'origine de notre mot *pataquestce*.

Un soir, au Théâtre-Français, deux jeunes femmes élégamment vêtues, mais d'une éducation peu soignée, comme vous allez en juger, occupaient le devant d'une loge, au fond de laquelle se trouvait un homme qu'elles ne connaissaient pas. Cet homme ayant aperçu un éventail à terre, le ramassa, et, s'adressant à l'une de ses voisines, lui dit :

— Madame, cet éventail est sans doute à vous ?

— Non, monsieur, répond-elle, il n'est poin-*s* à moi.

— Il est donc à vous, madame ? reprit l'officieux.

— Non, monsieur, il n'est pa-*t*-à moi.

— Ma foi, riposta le jeune homme, il n'est pa-*t*-à l'une, il n'est poin-*s* à l'autre, je ne sais vraimen-*s* alors *pa-t-à qu'est-ce*.

Je ne vous garantis pas l'exactitude de ce récit, mais il serait difficile de trouver une étymologie plus rationelle et surtout plus amusante.

§ 4. — SYNCOPE DU T

Le *t* disparaît des mots latins où il a le rang de consonne médiane; c'est ainsi que :

do(*t*)are	a fait	douer
ro(*t*)undus		rond
ma(*t*)urus		mûr
ca(*t*)ena		chaîne
salu(*t*)are		saluer
Lu(*th*)ra		Lure

A propos du B, je vous ai fait voir que lorsque deux consonnes se rencontrent (*bm, bj, pt,* etc.), il est rare que la première ne tombe pas. C'est ainsi que le *t* est tombé devant le *r* dans pa(t)rem qui est devenu *père*, ma(t)rem qui a fait *mère*. De pe(t)ra est venu *pierre*, de Pe(t)rus, *Pierre*, etc., etc.

§ 5. — APOCOPE DU T

Le *t* qui, dans les mots latins, précède immédiatement la dernière syllabe (celle qui disparaît au moment de la transition de la langue mère à la langue dérivée), tombe avec cette désinence grammaticale.

EXEMPLES :

acu*t* us	aigu
ama*t* um	aimé
scu*t* um	écu
gra*t* um	gré

Ce n'est pas cependant une règle absolue et beaucoup de mots ont retenu leur *t* final.

fa*t*uus	fa*t*
salu*t*em	salu*t*
ca*t*tus	chat
bille*t*us	billet
secre*t*um	secret

Je vous ferai remarquer, d'ailleurs, que ces *t* sont muets. Il y a longtemps qu'on ne les prononce plus, puisque Geoffroy Tory se plaint au xve siècle qu'on abandonne la coutume de faire résonner le *t* à la fin les mots.

Le *t* final a toujours donné beaucoup de mal aux égislateurs de la langue française. L'abbé d'Olivet, à qui l'Académie avait confié la rédaction de la troisième édition de son Dictionnaire en lui recommandant « de travailler à ôter toutes les superfluités qui pourraient être retranchées sans conséquence, » profita de la permission pour déclarer la guerre aux *t* en les supprimant dans tous les mots en *ant* ou en *nt* que l'on employait au pluriel. De par l'Académie, on n'écrivit plus paren*t*s, élémen*t*s, enfan*t*s, mais bien *arens, élémens, enfans*. Cette règle fut suivie jusqu'en 1835, où l'Académie jugea tout le contraire de ce qu'elle avait décidé auparavant. Depuis l'apparition de la sixième édition, c'est-à-dire depuis 1835, on a donc rendu le *t* aux mots qui en avaient été dépossédés. La septième édition nous prépare peut-être de nouvelles surprises.

TH

La règle qui ordonne d'employer le *th* n'offre pa
moins d'anomalies. Les Grecs avaient deux espèce
de *t*, le *tau* dont je vous ai parlé tout à l'heure et l
théta (θ), c'est-à-dire le *th* qui se prononce encor
en Grèce comme en Angleterre. Il serait tout nature
de conserver le *th* dans les mots français d'origin
grecque où le *théta* est employé, si la double con
sonne se prononçait comme en grec, mais puisqu
entre notre *th* et notre *t* il n'y a pas de différence, j
ne vois pas la nécessité de deux signes orthogra
phiques différents pour représenter un même son.

Le *th* pourrait encore se défendre, s'il était plac
d'une manière absolue dans tous les mots où le *thét*
était employé, mais il s'en faut de beaucoup que cel
soit, et la tradition étymologique est aussi peu suivi
pour le *th* que pour l'*y*. Ainsi pourquoi écrire le
mots d'origine grecque *thrésor*, *thrône*, *autheur*, etc.
trésor, trône, auteur, etc., et conserver *catholique*
méthode, *théâtre*, etc., etc. Il faudrait cependant avoi
un peu de logique et de bon sens.

Le *th* latin persiste dans les mots français.

D

Le *d* provient du *delta* grec, qui reproduit le *da-*
leth samaritain, hébreu ou phénicien. Il y a tan
d'opinions différentes sur les origines hiéroglyphi-

ques du delta, et elles sont si peu probables que je ne remonterai pas plus haut.

Le classement du *d* comme son a aussi donné lieu à beaucoup de division parmi les savants. Dangeau le met au nombre des palatales.

Comme le *t*, le *d* est muet à la fin de certains mots, tels que : *nœud, bord, sourd, muid, froid.*

Le *d* français provient des lettres *d* et *t* latines.

§ 1. D français provenant de D latin

Le *d* se conserve le plus souvent en passant du latin en français.

EXEMPLES :

*d*omina,	*d*ame.
*d*eus,	*d*ieu.
a*d*orare,	a*d*orer.
ven*d*ere,	ven*d*re.
sur*d*um,	sour*d*.
mo*d*ius,	mui*d*.

§ 2. — D français venant de T latin.

La transformation du *t* en *d* est assez fréquente.

EXEMPLES :

*t*unc,	*d*onc.
cubi*t*us,	cou*d*e.
in*t*ybum,	en*d*ive.
subi*t*aneus,	sou*d*ain.
grana*t*um,	grena*d*e.

Vous savez que les Allemands, en parlant français.

prennent continuellement ces lettres l'une pou
l'autre.

§ 3. Prosthèse du D

Il n'y a pas d'exemple de prosthèse du *d*, dans le
mots passant de la langue mère à la langue dérivée
mais il y a des mots français à qui le *d* a été ajout
par corruption. C'est ainsi que de *coq d'inde* et d
poule d'inde, on a fait *dinde, dindon, dindonneau*, etc
C'est aussi par corruption que nous disons *dupe* a
lieu de *d'huppe, huppe* étant le nom d'un anima
connu par sa niaiserie.

§ 4. Épenthèse du D

Toutes les fois que par élision de la voyelle le
consonnes *h* et *r* se rencontrent, le *d* se glisse entr
elles pour éviter le choc des deux liquides. C'es
ainsi que :

pon(*e*)re	a fait	pondre
gen(*e*)r	—	gendre
ven(*e*)ris dies		vendredi
portus ven(*e*)ris		Port-Vendres
cin(*e*)rem		cendre
min(*o*)rem		moindre

La réunion d'autres consonnes produit aussi, mai
beaucoup plus rarement, le même phénomène.

EXEMPLE DE LdR :

L'*e* de *mol*(e)*re* tombant, le *l* et le *r* réunis un instan
se sont trouvés séparés par un *d*, ce qui a fait *moldre*
aujourd'hui *moudre*.

EXEMPLE DE CDR :

L'*e* de *sic(*e*)ra* disparaissant, le *c* et le *r* qui étaient sur le point de se rapprocher ont été séparés par le *d*, et *sicre* est devenu *cidre*.

Quelques philologues donnent encore comme exemples :

poud*r*e, de pulverem.
absoud*r*e, d'absolvere.

Mais ces exemples me paraissent mal choisis. Lorsque les *e* de pulverem et d'absolvere sont tombés, on a eu *pulvre et absolvre*; les trois consonnes *lvr* étant d'une prononciation difficile, le son du *d* s'est glissé à la place de celui du *v*, entre le *l* et le *r*. Le *d* n'est donc pas une épenthèse, mais une transformation du *v* en *d* causée par le voisinage de certaines consonnes.

§ 5. SYNCOPE DU D.

Comme consonne médiane, le *d* disparaît toujours.

EXEMPLES :

cru(d)elis	cruel.
me(d)ulla	moelle.
obe(d)ire	obéir.
au(d)ire	ouïr.
su(d)or	sueur.
ho(d)ie	hui (dans aujourd'hui).
su(d)are	suer.

Lorsque le *d* précède immédiatement une autre consonne, il tombe quelquefois. C'est ainsi qu'*advocatus* est devenu *avoué*.

A partir de la troisième édition du dictionnaire de l'Académie française (1740) le *d* a disparu aussi dans beaucoup de mots où il avait été conservé; on n'écrivit plus *advocat, adjouter, advis, advenir*, etc, mais bien *avocat, ajouter, avis, avenir*, etc.; cette chute du *d* est, je le répète, toute moderne; elle n'a, par conséquent, comme origine, aucune espèce de rapport avec la syncope que je vous signalais tout à l'heure.

§ 6. APOCOPE DU D

La chute du *d*, à la fin des mots, se rencontre rarement, on peut cependant citer *nu*, de nu*d*us.

XVII

HISTOIRE DES LETTRES S, X ET Z

S

Notre lettre S provient du *sigma* (Σ) grec, lequel vient du *samek* phénicien.

En français, le *s* n'a pas toujours le même son. Tantôt il est tout à fait sifflant, comme dans *syllabe, savoir, serpent, siffler,* etc. ; tantôt il résonne comme le *z*, dans balsamine, transaction ; il conserve ce son lorsque, placé à la fin d'un mot, il se lie au suivant par euphonie. En effet, on ne prononce pas des *bons samis* (bons amis), mais bien des *bons zamis.*

Comme je viens de vous le dire, le *s* placé seul au milieu des mots se prononce *z*. Cependant, dans les mots composés, il conserve son véritable son. Ainsi, on dit : monosyllabe, mansuétude, parasol, insolation, etc., etc. Dans tous les autres cas, le *s* se double pour ne pas être prononcé *z*.

Ces bizarreries avaient frappé le grand Corneille, et, dans la préface de ses œuvres immortelles qu'il donna en 1664, il s'exprime ainsi à propos du *s* :

« Nous prononçons l'*ſ* de quatre diverſes manières : tantôt nous l'aſpirons, comme en ces mots : *peſte, chaſte;* tantoſt elle allonge la ſyllabe, comme en ceux-cy : *peſte, teſte;* tantoſt elle ne fait aucun ſon, comme à *eſblouir, eſbranler*, il *eſtoit*; et tantoſt elle se prononce comme un *z*, comme à *preſider, preſumer*. Nous n'avons que deux différens caractères, *ſ* et *s*, pour ces quatre différentes prononciations ; il faut donc eſtablir quelques maximes générales pour faire les diſtinctions entières. Cette lettre ſe rencontre au commencement des mots, ou au milieu, ou à la fin. Au commencement, elle aſpire toujours : *ſoy, ſieur, ſauver, ſuborner;* à la fin, elle n'a presque point de ſon et ne fait qu'allonger tant ſoit peu la ſyllabe, quand le mot qui ſuit ſe commence par une conſone, et quand il commence par une voyelle, elle ſe détache de celuy qu'elle finit pour ſe joindre avec elle, et ſe prononce toûjours comme un *z*, ſoit qu'elle ſoit précédée par une conſone ou par une voyelle.

« Dans le milieu du mot, elle eſt, ou entre deux voyelles, ou après une conſone, ou avant une conſone. Entre deux voyelles, elle paſſe toûiours pour *z*, et après une conſone elle aspire toûiours, et cette différence ſe remarque entre les verbes composez qui viennent de la meſme racine. On prononce *prezu-*

mer, rezister, mais on ne prononce pas , *conzumer*, ny
perzister. Ces règles n'ont aucune exception, et j'ay
abandonné en ces rencontres le choix des caracteres
à l'Imprimeur, pour fe fervir du grand ou du petit,
felon qu'ils fe font le mieux accommodez avec les
lettres qui les joignent. Mais je n'en ay pas fait de
mefme quand l'*f* est avant une confone dans le milieu du mot, et je n'ay pû fouffrir que ces trois mots :
refte, tempefte, vous eftes, fuffent efcrits l'un comme
l'autre, ayant des prononciations si différentes. J'ay
réservé la petite *s* pour celle où la fyllabe est afpi-
rée, la grande pour celle où elle est fimplement al-
longée, et l'ay fupprimée entièrement au troifiefme
mot où elle ne fait point de fon, la marquant feule-
ment par un accent sur la lettre qui la précède. J'ay
donc fait orthographer ainfi les mots fuivants et leurs
femblables : *peste, funeste, chaste, refifte, espoir, tempefte, hafte, tefte; vous êtes, il étoit, éblouïr, écouter,
épargner, arréter*. Ce dernier verbe ne laiffe pas d'a-
voir quelques temps dans fa conjugaifon où il faut
luy rendre l'*f*, parce qu'elle allonge la syllabe, comme
à l'impératif *arrefte*, qui rime bien avec *tefte*, mais à
l'infinitif et en quelques autres où elle ne fait pas cet
effet, il eft bon de la fupprimer et efcrire : *j'arrétois,
j'ay arrété, j'arréteray, nous arrétons*, etc. »
   Les réformes demandées et exécutées en partie
par Corneille furent admises par l'Académie, qui, dès
la seconde édition de son Dictionnaire (1710) commença, non pas à supprimer le *s*, mais à distinguer
par une forme différente le *s* qui se prononçait de
celui qui ne se prononçait pas. En 1740, c'est-à-dire

dans la troisième édition du Dictionnaire, le *s* commença à disparaître dans la plupart des mots dérivés du latin. Dans la quatrième édition (1762), le *s* qui avait été conservé dans les mots où il marquait l'allongement de la syllabe, fut remplacé par l'accent circonflexe.

Dans les changements que l'Académie pourrait encore opérer à propos du *s*, je lui soumettrais volontiers l'absolue nécessité de mettre le *s* euphonique entre deux tirets, comme on le fait d *ut* dans *ira-t-il*. Écrire *donnes-en, manges-en, poses-y*, au lieu de *donne-s-en, mange-s-en, pose-s-y*, est une faute d'autant plus grave qu'elle induit les ignorants en erreur, en leur permettant de croire que dans toutes les conjugaisons, la seconde personne de l'impératif doit avoir un *s*.

La lettre *s* française provient des lettres *s, c, t, g, r*, latines.

§ 1. — S latin conservé en français.

Le *s* latin se conserve très-souvent en français.

EXEMPLES :

sanctus	saint
salvus	sauf
asparagus	asperge
ursus	ours
Vasconia	Gascogne

Mais très-souvent, en passant du latin au français, le *s* prend le son du *z*.

EXEMPLES :

causa	cause
musa	muse
cerasus	cerise
mensura	mesure

§ 2. — S français provenant du C latin.

Le *c* doux latin se transformant en *s* est une permutation des plus naturelles. Les exemples ne manquent donc point. Je vous citerai :

cingulum	sangle
aucellus	oiseau
Ambacia	Amboise
vicinus	voisin
Sarracenus	Sarrasin

La permutation du *c* dur ou du *q* en *s* n'offre que
très-peu d'exemples, et, d'ailleurs, elle n'est pas di-
recte, c'est-à-dire qu'il y a dû avoir entre ces deux
sons extrêmes des sons intermédiaires. Ainsi, coquina
ne s'est pas transformé immédiatement en cuisine,
le *q* s'est d'abord changé en *c*, le *c* dur latin se prononçant *ts* (voyez plus loin, p. 213), nous avons eu
la forme provençale cozina (en portugais cozinha),
qui nous a amené naturellement à la prononciation
actuelle par le *s*.

§ 2. — S français provenant du T latin.

La permutation du *t* sifflant en *s* n'offre aucune

difficulté, et les exemples ne manquent pas ; je vous citerai :

poison	de	po*t*ionem
déclinaison	de	declina*t*ionem
raison	de	ra*t*ionem
trahison	de	tradi*t*ionem
oraison	de	orationem
palais	de	pala*t*ium
Venise	de	Vene*t*ia

Quelques philologues admettent aussi la permutation du *t* dur en *s*, et ils citent :

buse (oiseau)	de	bu*t*eo
buse (conduit d'eau)	de	bu*tt*a
arbouse	de	arbu*t*um

Mais ces changements doivent rentrer dans la catégorie des transformations médiates que je vous ai déjà signalée. On ne peut donc mentionner ces permutations que comme des exceptions.

§ 4. — S français provenant du G latin.

Les exemples de la transformation du *g* latin en *s* ne sont pas nombreux. Nous citerons ;

fraise	de	fra*g*ea
gésier	de	gi*g*eria

Nous verrons une transformation contraire, à propos du *z* qui se change en *j*.

§ 5. — S français provenant du R latin.

Il est assez difficile de déterminer si la transforma-

tion du *r* en *s* n'est pas le produit d'un vice de prononciation ou simplement une permutation naturelle.
Dans tous les cas le petit nombre d'exemples qu'on
peut donner prouve que ce changement est dans
notre langue à l'état d'exception. Je vous citerai :

plusieurs	de	pluriores
chaise	de	cathedra

Vous verrez, lorsque nous nous occuperons de
a lettre *r*, qu'elle provient aussi quelquefois du *s*
atin.

§ 6. — Épithèse du S.

Le S s'ajoute souvent à la fin des mots, quoique la
nécessité étymologique ne la réclame pas ; ainsi :

lis	vient de	lilium
legs		legatum
sans		sine
certes		certe
alors		ad illam horam
Vervins		Verbinum
Chalons		Catalaunum

Cet *s* doit être considéré comme lettre euphonique,
et il a été ajouté dans les verbes, comme nous le
verrons plus tard, pour faciliter la diction.

La plus singulière, pour ne pas dire la plus mystérieuse des épithèses, c'est le *s* invisible qui suit le
mot *quatre* dans la locution *entre quatre yeux*, que
l'Académie recommande de prononcer, mais qu'elle
ne met pas. C'est le seul cas, je crois, où une lettre
absente se prononce comme si elle était écrite. A

moins que ce ne soit pour faire pendant aux lettres qui s'écrivent mais qui ne se prononcent pas, je ne vois pas la cause qui a pu déterminer l'Académie à autoriser une liaison si singulière.

§ 7. Aphérèse du S.

La lettre *s* disparaît quelquefois au **commencement** des mots. Exemple :

spasmare, pâmer

§ 8. Syncope du S.

Lorsque le *s* précède le *c* ou le *t*, il arrive quelquefois de ne plus le retrouver dans le mot correspondant ; ainsi :

musca a fait mouche
luscus louche
cisterna citerne

Depuis la réforme des précieuses, c'est-à-dire au xviie siècle, le *s* conservé dans beaucoup de mots français, disparut, en laissant comme signe de son passage un circonflexe sur la voyelle précédente :

patenostre patenôtre
aspre âpre
fresne frêne
raspe râpe
teste tête

Cette syncope du *s* n'a pas été pratiquée régulièrement. D'abord le *s* a été conservé dans les mots d'origine savante, ainsi on a retiré le *s* à *a*(s)*preté*, qui est devenu âpreté, et on l'a laissé à *aspérité;* le *s* de *mâle* est tombé, il est resté dans *masculin* : de même pour *fête* et *festoyer, arrêter* et *arrestation,* etc., etc.

SS

Le double *ss* français provient du double *ss,* de '*x* et du *ch* latins.

EXEMPLES DU DOUBLE *ss* :

fossa	fosse
quassare	casser
massa	masse
missa	messe

EXEMPLES DU *x* :

examen	essaim
laxare	laisser
axilla	aisselle

EXEMPLE DU *ch* :

parochia	paroisse

Cette dernière permutation n'est pas commune.

X

La lettre *x* nous vient des Romains qui l'avaient empruntée aux Grecs, probablement pour remplacer les dyphthongues *cs* ou *gs,* car dans les anciennes inscriptions on trouve quelquefois *macsimum* pour *maximum*, *pacs* pour *pax,* etc.

En français, il représente le son double de *cs* dans *axe, luxe, fixe,* etc., le son double de *gz* dans *exemple, exhaler,* Xavier, *examen,* le son simple du double *ss* dans *soixante, dix, Auxerre, Bruxelles,* le son simple de *z* dans *dixième, sixième,* et dans les liaisons euphoniques, comme *faux amour, doux ami,* le son du *k* dans les mots d'origine espagnole comme Xérès, Ximénès, etc. Enfin le *x* est muet à la fin des mots comme dans *faux, voix, prix, paix,* etc., etc.

Le *x* final comme pluriel mérite d'arrêter un moment l'attention. Le roi Louis XIV, que cet *x* intriguait beaucoup, en demanda vainement l'explication aux savants de son entourage. L'ignorance des lettrés de ce temps ne doit pas nous étonner, puisqu'à cette époque, personne ne connaissait la littérature du moyen âge.

Il aurait fallu savoir que les substantifs en *l* final prenaient régulièrement le *s* au cas sujet singulier, et au cas régime pluriel. (Exemple : li due*l*s); que le *l* tombait très-souvent et qu'il était remplacé par le *x,* de façon que tous les mots en *als, ails, els, eils, ils, ols, oils,* se terminaient en *ax, ex, ix, ox.* Cette contraction des lettres *ls* en *x* appartient à l'Ile de France, et s'est propagée depuis dans tout le nord de la France. Elle a été abandonnée pour marquer le cas singulier, mais elle a été conservée, non plus pour indiquer le régime pluriel, mais pour servir à distinguer le nombre : le *x* ne marque encore aujourd'hui que le pluriel des mots en *al,* et en *eau* (autrefois *el*).

Le *x* latin se conserve le plus souvent. Exemples :

§ 1. — X latin conservé en français.

e*x*emple	e*x*emplum
si*x*	se*x*

§ 2. — X français provenant du S latin.

Le *s* latin s'est souvent transformé en *x* lorsque cet devenait la lettre finale des mots français.

EXEMPLES :

tu*ss*is	tou*x*
ru*ss*us	rou*x*
otio*s*us	oiseu*x*

§ 3. — X français provenant du C latin.

Un certain nombre de mots latins qui en se transformant finissaient par un *c*, ont changé leur *c* en *x*.

EXEMPLES :

voi*x*	de	vo*c*em
noi*x*	de	nu*c*em
pai*x*	de	pa*c*em
di*x*	de	de*c*em

Z

La dentale douce Z provient du *z* latin qui ne fut introduit que fort tard dans la langue des Romains, et qui vient du *dzéta* grec ; cette lettre offre beaucoup d'analogie avec le *zaïn* hébreu, et selon certains grammairiens avec le *tsade* semitique.

Comme son le *z* a non-seulement celui qui lui est propre, et qui est identique à celui du *s* entre deux voyelles, comme dans *zig-zag*, *zone*, *azur*, *treize*, *douze*, etc., mais aussi le son du double *ss*, comme dans *Metz*, *Rodez*, *Coblentz*. Le *z* est quelquefois muet dans les mots tels que : *avez*, *assez*, *chez*, etc.

Une singularité à noter est le défaut de prononciation qui transforme le *j* en *z* et qui fait dire *ze zoue* pour *je joue*, etc. Ce vice de prononciation, assez commun chez les enfants, a été en honneur sous le Directoire, et tous ceux qui respectaient la mode parlaient en zezeyant. Les Incroyables et les Merveilleuses de ce temps croyaient faire de l'originalité, elles ne se doutaient pas que dans l'antiquité elles avaient eu des devancières, et que les jolies personnes de Rome disaient *fizere ozcula* pour *figere oscula*, croyant que cette prononciation les rendait plus séduisantes.

Le *z* a joué comme le *x* un grand rôle dans les mots français comme marque du pluriel, seulement sa vogue a eu moins de durée. La transformation du *s* en *z*, dans les cas tout semblables à ceux que j'ai indiqués à propos du *x*, s'est surtout produite en Bourgogne et en Normandie. Lorsque je m'occuperai du nombre et des verbes, je reviendrai sur cette question.

Le *z* français vient du *s* et du *c* latins.

§ 1. — Z provenant du S latin.

Entre le *z* et le *s* le rapprochement est grand, il n'y a donc rien d'extraordinaire à voir venir :

nez	de	nas us
chez		cas a
rez		ras us

§ 2. — Z provenant du C latin.

La transformation du *c* doux en *z* est facile à expliquer, puisque entre le *c* doux et le *s* il n'y a pas de différence. Voici quelques exemples de cette permuation.

lézard	de	lacerta
onze	de	undecim
douze	de	duodecim
treize	de	tredecim

XVIII

DES GUTTURALES

HISTOIRE DES LETTRES C, K, Q, G.

C

La lettre C a une origine douteuse. Vient-elle du *caph* hébreu retourné, du *Kappa* (K) ou du *gamma* (Γ), c'est ce qu'il est difficile d'éclaircir d'une manière précise.

Quoi qu'il en soit, le *c* a été employé longtemps par les Romains, à la place du *g* et du *k*. En français, il a deux sons : l'un fort, semblable au *k*, l'autre faible, qu'on appelle le *c* doux et qui correspond au double *ss*. Dans le premier cas, le *c* est guttural, dans le second, il est sifflant.

Le *c* est guttural lorsqu'il est suivi d'une consonne, comme dans a*c*cord, a*c*cès, é*c*lat, a*c*teur, ou des

voyelles *a, o, u*, comme dans canon, copie, curieux.
Il fait dans ce cas double emploi avec le *k* et le *q*.

Le *c* est sifflant lorsqu'il est devant le voyelles *e, i,
y*, ou qu'il se trouve marqué de la cédille, inventée
en 1533 par Geoffroy Tory, comme dans *avançons,
rançon, leçon, çà et là ;* il a dans ces mots le son du *s*.

Le *c* guttural provient des lettres latines *c, q* et *t*.

§ 1. — C français provenant du C latin.

Le C latin se conserve dans beaucoup de mots.

EXEMPLES :

siccus	sec
cubare	couver
secundus	second
stomachus	estomac
lacus	lac
capsa	caisse

2. — C français provenant du Q latin.

L'identité des deux sons explique la facilité de
cette permutation. Voici quelques exemples :

quietus	coi
quassare	casser
quare	car
laqueus	lacs

§ 3. — C français provenant du T latin.

La permutation de deux lettres d'un caractère
différent est toujours assez difficile à admettre. Ce-

pendant, le seul exemple que l'on connaît de cette transformation n'est pas douteux. *Craindre* vient bien en effet de *Tremere*. Il est probable que le voisinage du *r* a facilité ce changement. On remarque, du reste, chez les paysans des environs de Paris, une certaine propension à prononcer *k* pour *t*; ils disent *amikié* pour *amitié, moikié* pour *moitié*, etc., etc. Dans le *Médecin malgré lui*, Molière n'a pas manqué de noter cette habitude, lorsqu'il fait dire à Géronte par Jacqueline « le compère Pierre a marié sa fille Simonette au gros Thomas pour un quarquié de vaigne qu'il avoit davantage que le jeune Robin, où elle avait bouté son amiquié. »

Si l'on en croit Buschmann, les habitants des îles Marquises ne font aucune différence entre le *t* et le *k*.

§ 4. — Syncope du C.

Lorsque le *c* est consonne médiane, il tombe conformément à la règle que je vous ai fait connaître. C'est ainsi que

jo(*c*)are est devenu	jouer
lo(*c*)are	louer
pli(*c*)are	plier
deli(*c*)atus	délié
vo(*c*)alis	voyelle
pre(*c*)ari	prier
se(*c*)uritatem	sûreté
fa(*c*)ere	faire
ta(*c*)ere	taire
di(*c*)ere	dire

Un autre genre de syncope est la suppression du *c* dans beaucoup de mots où il était muet. Dans la troisième édition du Dictionnaire de l'Académie, ces sortes de *c* qui rappelaient l'ancienne forme latine du mot, disparurent. C'est ainsi que

bienfaiteur	s'est écrit	bienfaicteur
savoir		sçavoir
savant		sçavant

Mais comme toujours, la règle ne fut pas appliquée rigoureusement, et certains mots conservent encore le *c*. Ainsi, on n'écrit plus « il dict, dict-on » et cependant nous écrivons encore *dicton,* qui se prononçait *diton* au XVII⁰ siècle.

C doux.

Le *c* doux provient du *c* doux, du *s* et du *t* latins. Le *c* doux latin est relativement moderne. Dans la bonne latinité, le *c* avait le son du *k*, et ce ne fut qu'à une époque fort avancée de la décadence qu'il prit le son du *z* allemand, c'est-à-dire du *ts,* et qu'il arriva à se confondre avec le *t* sifflant comme dans *justitia, ratio,* qu'on écrivait aussi bien *justicia, racio.* Nous avons une preuve bien évidente et bien curieuse de cette prononciation du *c* dans le lieu appelé *Decem-pagi,* dans la table Théodosienne, que nous retrouvons en 1274 sous la forme *Taïkenpoil,* en 1286, *Taïkenpaul,* aujourd'hui *Tarquinpol* (Meurthe).

§ 1. — C doux provenant de C latin.

Les exemples de la conservation du *c* sont naturellement très-nombreux. Nous citerons :

*c*œlum	*c*iel
de*c*ædere	dé*c*éder

facilis   facile

acidus   acide

§ 2. — C provenant du S latin.

Ce changement fort rare n'est pas une permutation phonétique, pusque le signe seul se transforme.
Je citerai :

siċera   cidre

jam *sit*   jaçoit

Notre verbe *cingler* vient de l'espagnol *singlar*, qui
vient lui-même du haut allemand *sëgelên*, faire voile.

§ 3. — C doux provenant du T latin.

Il n'y a pas dans ce changement de transformation
phonétique, puisque le son est le même. Il n'y a
donc rien d'extraordinaire à ce que

gracieux   vienne de   gra*t*iosus

grâce   gra*t*ia.

§ 4. — Syncope du C doux.

Le C doux se syncope comme le C dur, lorsqu'il
remplit la place de consonne médiane, c'est ainsi
que *de* (c)*ima* a fait *dîme*, etc.

K

Le K vient du *kappa* grec, qui tire son origine du *caf*
phénicien. Les Romains ne le possédaient pas dans
leur alphabet primitif; ils mirent cette lettre à la
mode aux dépens du *c* dur, puis ils lui retirèrent peu

à peu ses avantages. Le *k* finit par être fort peu employé, et il ne servit plus que de lettre numérale.

En français, le *k* a suivi la même carrière. Fort employé au moyen âge, il avait disparu à la Renaissance, au point que Ronsard demandait en 1572 « de le remettre en son premier honneur. » Baïf alla plus loin, et joignant l'exemple au précepte, il remplaça dans ses poésies le *c* dur par un *k*, tenant à « l'egzakte ekriture. » Malgré de si illustres parrains, le *k* ne fut admis que dans les mots d'origine étrangère et dans la nomenclature des mots savants tirés du grec. On l'employa même à tort et à travers, et je ne comprends pas comment l'Académie a autorisé d'orthographier ainsi les mots *kilogramme, kilomètre, kyste, enkylose, kyrielle,* etc., — puisque ces mots ne sont pas écrits en grec avec un *kappa*, mais avec un *chi*, représenté en français par un *ch* dur, — au lieu de les faire écrire *chilogramme, enchylose, chyste, chyrielle, chilomètre*; ce dernier même devrait être écrit *chiliomètre*, puisqu'il vient du mot grec *chiliometron*.

Q

Cette lettre vient du *q* latin, qui a la même valeur que le *kappa* grec et le *kof* phénicien et hébraïque. Les Grecs le rejetèrent de bonne heure en le remplaçant par leur *kappa* (notre *k*). Ils ne l'employaient que comme signe numéral. Chez les Romains, le *q* ne fut employé que plus tard, le *c* dur satisfaisant à tous les besoins.

En français, le *q* ne s'emploie jamais sans être suivi

de la voyelle *u*. Tantôt l'*u* se prononce, tantôt il s'é-
lide. Ainsi on dit la *quadrature*, l'*équateur*, comme si
on écrivait la *quouadrature*, l'*équouateur;* on prononce
questcur et *équitation*, en faisant résonner l'*u*. Enfin,
on écrit *quatre*, *quête*, *quille*, et l'on prononce *katre*,
kête, *kille*. Cette difficulté de savoir si l'on doit prononcer l'*u* ou le considérer comme muet, lorsqu'il
est précédé du *q*, donna lieu, dans le temps, à des
discussions sans nombre. Je les passerais sous silence, s'il n'en était pas résulté un mot nouveau pour
désigner une chose bien ancienne.

A l'époque de la création du Collége de France,
c'est-à-dire au xvie siècle, chacun prononçait un peu
à sa manière la langue latine ; cependant l'usage de
ne pas faire sonner l'*u* était devenu presque général,
et il était convenable alors de dire *qis*, *qid*, *qisqis*,
pour *quis*, *quid*, *quisquis*. Les professeurs du Collége
Royal voulurent réagir contre cette coutume ridicule, qui s'était répandue partout, et les étudiants
profitèrent de ces deux différentes prononciations
pour former deux camps.

Un jour, un élève de Ramus soutenant sa thèse
devant la faculté de théologie, osa prononcer *quamquam* (quouamquouam) d'après la méthode du
Collége de France. Une telle audace ne devait pas
rester impunie. Les juges se levèrent, et considérant
que cette prononciation était entachée d'hérésie,
irrévérencieuse envers la religion, ils privèrent le
candidat du bénéfice ecclésiastique dont il était
pourvu.

Heureusement pour lui, le prêtre ainsi dépossédé

ne manqua pas d'en appeler au Parlement. Un procès s'ensuivit, et Ramus vint lui-même défendre son élève. Le Parlement cassa, on le pense bien, l'arrêt des docteurs de Sorbonne, laissant à chacun le soin de prononcer à sa façon le fameux *quamquam*.

Seulement, l'affaire avait fait trop de bruit pour ne pas laisser un souvenir de l'importance que la bêtise humaine lui avait donnée, et on ne tarda pas à qualifier de *cancans* — qui était la mauvaise prononciation trouvée excellente par la Sorbonne, — tous les scandales faits à ce propos, tous les bruits plus ou moins calomnieux qui se débitent sous le masque de la fausse bonhomie.

En français, le *q* vient des *q*, *c* et *ch* latins.

§ 1. — Q latin conservé en français.

La conservation de la lettre *q* dans les mots français dérivés du latin se rencontre souvent.

EXEMPLES.

qualis	quel
quando	quand
tranquillus	tranquille
aquilinus	aquilin
quinque	cinq

§ 2. — Q français provenant du C dur latin.

Cette permutation si naturelle n'offre cependant pas un grand nombre d'exemples. Nous citerons :

queue	de	cauda
queux		coquus
caqueux		cacosus

§ 3. — Q français provenant du **CH** latin.

En latin, *ch* se prononce comme le *k*. Il n'y a donc rien d'extraordinaire à voir venir :

coquille   de   con*ch*ylium

G

La lettre G a été empruntée à l'alphabet latin, il vient du *gamma* (Γ) grec qui provient du *guimel* sémitique.

Comme notre *c*, le *g* a deux sons. Il est dur dans *g*orge, *g*azon, *g*uérir ; il est doux et semblable au *j* dans tous les mots où il est suivi d'un *e* ou d'un *i*, comme dans *genoux* et *gibecière*. La difficulté que présente cette lettre à deux sons peut être aisément supprimée en mettant, par exemple, un point sur le *g* doux pour le distinguer du *g* dur, mais cette amélioration qu'on a déjà proposée ne paraît pas avoir chance de réussir.

Le *g* doux vient des lettres latines *g*, *c*, *q* et *v*.

Le *g* dur vient des lettres latines *g*, *j*, *d* et *z*.

Je vais commencer d'abord par vous parler des origines du *g* dur.

§ 1. — G dur latin conservé en français.

Le *g* dur latin se conserve dans des mots français, tels que ceux-ci :

*g*oût	*g*ustus
*g*éant	*g*igantem
san*g*le	cin*g*ulum
lon*g*	lon*g*us

2. — G dur français provenant du C latin.

Le *c* latin engendre assez souvent le *g* français.

EXEMPLES :

*g*ras	de	*c*rassus
sei*g*le		se*c*ale
le Vi*g*an (Gard)		Vi*c*anum
nar*g*uer		nari*c*are
ai*g*u		a*c*utus
é*g*lise		e*cc*lesia
dra*g*on		dra*c*onem
ci*g*o*g*ne		*c*i*c*onia

Dans les' mots français d'origine germanique, le même adoucissement se produit. C'est ainsi que *hareng* vient de l'ancien haut allemand *harinc*.

§ 3. G dur français provenant du Q latin.

Le *q* latin ayant la même valeur que le *c* dur, et le *c* dur, comme nous venons de le voir, permutant aisément avec le *g*, il n'y a rien d'extraordinaire à noter dans cette transformation. Je vous donnerai comme exemples :

é*g*al	de	æ*qu*alis
ai*g*le		a*qu*ila

§ 4. — G dur provenant du V latin.

La labiale *v* permute très-souvent avec la gutturale *g*. En voici des exemples :

*g*uèpe	de	*v*espa
*g*ué		*v*adum

gâter   *vastare*
Gascogne   *Vasconia*.
goupillon d'un diminutif de *vulpis*

Le *g* dur vient aussi du double *v* germanique. C'est ainsi que *gant* vient du tudesque *want*, que *gat* vient de *waran*, etc., etc.

§ 5. — PROSTHÈSE DU G DUR.

Je ne connais qu'un exemple de *g* ajouté au commencement des mots. C'est notre mot *grenouille* de *ranucla*, forme vulgaire de *ranuncula*, diminutif de *rana*. Certains patois, ceux de Franche-Comté et de Bourgogne, par exemple, conservent encore la vraie forme *renouille*.

§ 6. — ÉPENTHÈSE DU G DUR.

Quelques philologues donnent comme exemple de l'introduction du *g* au milieu d'un mot, le mot *épingle*, qui viendrait de *spinula*, mais le cas est douteux, *épingle* venant très-probablement de l'allemand *spingel*, diminutif de *spange*, agrafe.

§ 7. — ÉPITHÈSE DU G DUR.

Un phénomène tout à fait contraire à celui qui se manifeste dans *grenouille* s'est produit dans le mot *loir* qui vient de (*g*) *lirem*. Là, ce n'est pas le *g* qui a été ajouté, mais bien le *g* qui est tombé.

§ 8. — Syncope du G dur.

Le *g* dur disparaît lorsqu'il remplit la place d'une consonne médiane. C'est ainsi que :

nier	vient de	ne(*g*)are
géant		gi(*g*)antem
tuile		te(*g*)ula

Il en est de même du *g* doux dans les mots *ni(g)ella* et *ma(g)ister* qui ont formé *nielle* et *maître*

§ 9. — Apocope du G.

Au moyen âge on avait pris la singulière habitude de mettre un *g* à la fin de certains mots. Ce *g* avait la prétention de représenter l'*i* étymologique comme *besoing* (de bison*i*um), *tesmoing* (de testimon*i*um). Les savants du temps ne savaient pas alors que l'*i* de ces mots attiré par l'*o*, avait enjambé par dessus l'*u*, en un mot qu'une métathèse de l'*o* et de l'*i* s'était effectuée. Quelquefois aussi le *g* avait été ajouté sans aucune raison, comme *ung* pour un (de *unus*), *coing* pour *coin* (de *cuneus*).

Au XVIᵉ siècle, les réformateurs combattirent ces détestables coutumes, et le *g* muet disparut peu à peu de tous les mots. On le conserve cependant encore dans *coing* (de *cydonium*), mais c'est probablement pour le distinguer de l'autre mot *coin,* quoiqu'il n'y ait aucun rapport entre les deux.

Je ne vous parle pas ici, bien entendu, des mots qui conservent leur *g* réellement étymologique, comme *ong* (de *longus*), *sang* (de *sanguis*), *étang* (de *stagnum*).

G DOUX.

§ 1. — G doux en latin conservé en français.

Comme exemple de la conservation du *g* doux latin dans les dérivés français, je citerai :

*g*eniculum	*g*enou
*g*ingiva	*g*encive
*g*emere	*g*eindre
*g*entem	*g*ent
a*g*ere	a*g*ir

§ 2. — G doux français provenant du J latin.

Entre le *j* et le *g* doux, il n'y a aucune différence phonétique. Ce n'est donc qu'une simple permutation de lettres exprimant le même son. Si vous vous rappelez ce que je vous ai dit de la lettre *i* et de ses rapports étroits avec le *j* chez les Romains, vous ne vous étonnerez pas si vous trouvez des *i* transformés en *g* dans les exemples suivants :

*g*enisse	*j*unicem		
délu*g*e	diluv*i*um	soit	diluv*j*um
ra*g*e	rab*i*es		rab*j*es
chan*g*er	camb*i*are		camb*j*are
sin*g*e	sim*i*a		sim*j*a

§ 3. — G doux provenant du D latin.

Cette transposition est très rare, je n'en connais même qu'un exemple, mais il n'est pas douteux, c'est notre mot *orge* qui vient du latin *hordeum*. Cette permutation s'explique du reste aisément par une observation du célèbre Isidore de Séville, qui, dans ses *Origines*, nous apprend que les Italiens avaient l'habitude de prendre le *z* pour le *d*. Cette remarque est d'autant plus intéressante qu'*hordeum* s'est en effet transformé dans la langue italienne en *orzo*, et dans la langue espagnole en *orzuelo*. Or, comme vous allez le voir tout à l'heure, on a des exemples de la transformation du *z* en *g*. Le mot latin *hordeum* a donc dû subir successivement les formes *orde*, *ordse*, *ordze*, *orze*, pour aboutir au mot *orge*.

§ 4. — G doux provenant du Z latin.

Je viens de vous dire que le *z* se transforme en *g*. Je vous indiquerai comme exemple notre mot *gingembre* qui vient de *zinziberis*, *Bargemont* (Var) de *Verzemonum*, et lorsque je vous parlerai du *j*, qui a le même son, je vous montrerai *benjoin* venant de *benzuinum*, *jujube* de *zizyphum*, *jaloux* de *zelosus*.

Puisque je vous ai cité le mot *gingembre*, je ne veux pas le quitter, sans m'en servir pour vous montrer comme les mots conservent à travers les âges les plus lointains, la marque indélébile de leur origine.

Les Aryens avaient remarqué la forme cornue de la racine du gingembre. Ils lui donnèrent aussitôt le nom de *çringa* (corne) auquel ils ajoutèrent celui de *vera* (corps), ce qui fit le composé *çringavera*. Les Grecs modifièrent le mot en *tsigguiberi* (Ζιγγιϐερι) que les Romains écrivirent *zinziberis*, dont les Italiens ont fait *zenzevero*, les Portugais, *gengivre*, les Espagnols, *gengibre* et les Français, *gingembre*.

Vous êtes assez initiée maintenant aux mystères de la formation des mots pour vous apercevoir que ce nom de plante, tout en changeant de physionomie, ne s'est pas trop éloigné de son type primitif, et que les traits particuliers qu'il a pu perdre ou qu'il a pu prendre dans le cours de sa longue existence et de ses nombreuses pérégrinations, n'ont pas pu le changer au point de le rendre méconnaissable aux yeux les moins exercés.

XIX

J

La lettre J est assez singulière, comme signe et comme son.

Comme signe, le J n'était ni voyelle ni consonne, et il n'occupe ce dernier rang que depuis le xvıᵉ siècle, grâce à l'intervention de Ramus.

Comme son, on ne connaît pas positivement l'origine de cette lettre. Elle n'existait pas chez les Gaulois, du moins on le présume, puisque le dialecte celto-breton ne la possède pas. Les Celtibériens, que les Basques représentent aujourd'hui, ne la connaissaient pas davantage. Les Romains ne l'avaient pas non plus dans leur alphabet, et les Allemands ne la prononcent que difficilement puisqu'ils sont obligés de *chuinter* toutes les fois qu'un J doit sortir de leur gosier.

Le J français provient des lettres latines J, G, I, Z et C.

§ 1. — J latin conservé en français.

La lettre J se conserve dans beaucoup de mots français provenant du latin.

EXEMPLES :

jeune   de *j*uvenis
Jean   de Johannes
joindre de *j*ungere
juge   de *j*udicem,

§ 2. — J français provenant du G latin.

Le changement du G doux en J n'a rien que de très-naturel, mais celui du G dur paraît plus difficile à expliquer ; cette permutation est du reste assez rare, et je doute qu'elle ait été immédiate.

Comme exemple de permutation du G doux latin en J, je vous citerai :

*j*umeau de *g*emellus

Comme exemples de transformation du G dur latin en J français, je vous indiquerai les mots suivants :

*j*atte de *g*abata
*j*ouir de *g*audere
*j*oie de *g*audium
*j*aune de *g*albinus

§ 3. — J français provenant de l'I latin.

Si vous vous rappelez ce que je vous ai dit de la voyelle *i* et de sa facilité à se consonniser, c'est-à-dire à prendre le son *j*, vous ne vous étonnerez pas de voir :

goujon provenir de gobionem
jour diurnum
Dijon Divionem

§ 4. — J français provenant du Z latin.

Le vice de conformation qui porte certaines personnes au zézaiement toutes les fois qu'elles ont un *j* à prononcer explique la permutation contraire. Je donnerai comme exemples :

jujube de ziziphum
benjoin de benzuinum
jaloux de zelosus

§ 5. — J français provenant du C latin.

Cette permutation difficile à admettre n'est certainement pas immédiate, et pour l'expliquer il faut que le *c* dur se soit d'abord transformé en *ch*, et le *ch* en *j*.

Ainsi, il n'est pas douteux que *camitem* ait d'abord fait *chante*, et que *chante* se soit transformé ensuite en *jante*.

CH

Ce son qui correspond au *schin* des Hébreux et que nous exprimons par deux consonnes, n'ap-

partient pas à la langue latine. Si l'on en croit Burguy, il faut en chercher l'origine dans les langues
celtiques.

L'irlandais, dit ce savant, place souvent un *s* devant *c* et *g* au commencement des mots : *Caitheach,
scaitheach*; destructif. Le *s* a le son du *sch* devant les
voyelles grêles, et, par suite de l'usage, même devant les graves. Ce son correspond exactement à
celui du *ch* français, et l'affinité des deux langues
permet de supposer avec une grande apparence de
vérité que le *ch* français s'est formé du *c* latin de la
même façon et sous la même influence.

Ce qu'il y a de curieux à noter, c'est l'usage du cн
dans le dialecte picard là où se rencontrent le *c* doux
et le *s*, et l'emploi du *c* dur là où se trouve le *ch*.
Ainsi au lieu de dire : *j'ai vu ici un chanoine chasser à
cheval*, on dira : *j'ai vu ichi un canoine cachier à queval*.

Je n'ai pas besoin d'ajouter que le *ch* représente
le χ grec dans les mots d'origine hellénique. J'ajouterai à ce propos qu'on le prononce alors, tantôt *ch*
chuintant, comme dans *Achille*, tantôt *ch* dur, comme
anachorète, et que souvent le *h* est tombé, comme dans
caractère, colère, école, etc., etc. Puisqu'on a tant fait
de supprimer le *h* dans beaucoup de mots d'origine
grecque où il rappelait la présence du χ, on pourrait
bien le supprimer dans tous les mots où *ch* se prononce comme *k*, ce serait un embarras de moins et
l'orthographe y gagnerait.

§ 1. — CH français provenant du I latin.

Je vous ai déjà parlé de la consonnisation de l'I,

et je vous ai dit que lorsque l'I consonnisé, c'est-à-dire le J, était précédé d'une autre consonne, il arrivait souvent que cette consonne tombait. C'est ainsi que *apium* étant devenu *apjum*, a fait *apche* puis *ache;* que *sepia*, étant prononcé *scpja*, est devenu *sepche*, puis *sèche*.

§ 2. — CH français provenant du G dur latin.

La permutation du *g* dur en *ch* est rare, cependant je vous signalerai :

Par*ch*emin de per*g*amenum

M. de Chevallet admet la transformation du *g* doux latin en *ch*. Cette transformation n'offre rien d'extraordinaire, mais les exemples qu'il donne sont douteux. Ainsi, *moucher* ne vient pas de *mungere,* mais beaucoup plus probablement de *mucare*; notre verbe *lécher* ne provient pas de *lingere*, mais du germanique *lecchôn,* qui a dû créer une forme latine analogue au verbe italien *leccare*.

§ 3. — CH français provenant du C dur latin.

Je vous ai dit tout à l'heure que les Romains ne connaissaient pas le *ch* et que c'est à une influence étrangère, celtique ou germanique, que nous devons l'introduction de ce son dans notre langue. Ce qui est certain, c'est que la plus grande partie des mots où se trouvent des syllabes commençant par le *c* dur, prend le *ch*.

EXEMPLES :

caballus	*ch*eval
causa	*ch*ose
capra	*ch*èvre
caput	*ch*ef
carbonem	*ch*arbon
calvus	*ch*auve
castellum	*ch*âteau
arca	ar*ch*e
bucca	bou*ch*e
musca	mou*ch*e
manica	man*ch*e
vacca	va*ch*e

Quelquéfois le mot latin s'est transformé de deux manières, et selon l'influence dialectale a conservé son *c* dur ou l'a rejeté pour prendre le *ch*. C'est ainsi que les doublets suivants se sont formés :

calcionem	caleçon / *ch*ausson
calamellus	calumet / *ch*alumeau
campus	camp et son diminutif campagne / *ch*amp et son diminutif *ch*ampagne
canalis	canal / *ch*enal
cancer	cancre / *ch*ancre
cappa	cape / *ch*ape

Quelquefois aussi, comme je vous l'ai fait remarquer précédemment, le mot dérivé n'a pas la même forme que le mot type. Ces différences sont dues, soit à l'influence savante, soit, ce qui revient à peu près au même, à une formation récente d'un mot calqué sur un autre mot appartenant à une langue néo-latine.

C'est ainsi que nous disons:

chameau et *camelot* (étoffe faite avec des poils de chameau)

chambrée et *camarade* (c'est-à-dire homme de chambrée)

chandelle et *candélabre*

chanoine et *canonicat*, etc.

§ 4. CH français provenant du X latin.

Cette permutation n'a rien d'extraordinaire, puisque le son du *x* est double et qu'il serait tout aussi bien représenté par les deux lettres *cs*. Comme exemples je vous citerai :

laxare	lâcher
laxus	lâche
laxitatem	lâcheté

H

Cette lettre ne joue plus maintenant dans notre langue le rôle important qu'elle y remplissait jadis.

L'influence germanique, si grande au moment de la formation de notre langue, avait donné à notre *h* l'aspiration rude et forte qu'elle possède encore en Allemagne et en Angleterre. Cette aspiration s'est perdue peu à peu, et le *h* dit aspiré ne sert plus qu'à engendrer de véritables hiatus.

La lettre *h* vient du *éta* (ʜ) grec, qui provient peut-être du *Heth* semitique.

Les Romains l'employèrent surtout pour transcrire le *khi* et le *phi* grecs, qu'ils ne possédaient pas, puis ils l'admirent dans certains mots, où ils n'étaient pas nécessaires, superfétation dont Cicéron se plaignit plusieurs fois.

Dans notre langue, la lettre *h* est dite *muette* ou *aspirée*, selon qu'on la passe sans la prononcer, ou qu'elle empêche la liaison de la consonne finale qui précède avec la voyelle qui la suit.

Ainsi le *h* est muet dans l'*h*omme, l'*h*istoire.

Il est aspiré dans le *h*aut, la *h*ampe, le *h*asard, le *h*ameau.

Cette qualification d'*aspiré* est fausse, d'abord parce que comparé à la prononciation des langues du nord, notre *h* n'est nullement aspiré; ensuite, parce que cette lettre ne s'aspire pas, mais s'expire au contraire, c'est-à-dire qu'au lieu d'aspirer l'air pour la prononcer, on le chasse, ce qui est complétement différent.

Dans beaucoup de mots français d'origine hellénique, la lettre *h* a été placée pour rappeler l'*esprit rude* des Grecs, c'est-à-dire pour remplacer le signe caractéristique au moyen duquel on indiquait la présence de l'aspiration. C'est ainsi que beaucoup de mots français possèdent la lettre *h* à côté de la lettre *r*, pour rappeler l'esprit rude du *ro* (ρ) grec. Je ne verrais, pour ma part, aucun inconvénient, à continuer d'écrire *arrhes, rhumatisme, rhume, rhythme,* mais comme il faut avant tout être logique, il faudrait alors rétablir la lettre *h* dans *rétine, rapsodie, cataracte,* etc., où elle a été enlevée. Pourquoi écrire *holocauste* avec *h* et *olographe* sans *h*? pourquoi *hémorr(h)agie* sans *h* et *catarrhe* avec *h*?

On arrive ainsi à l'absurde, et on consacre officiellement des inconséquences qu'on ne pardonnerait pas à un élève de cinquième.

C'est ainsi que, par l'une de ces bizarreries que je ne saurais qualifier, on doit dire *l'héroïsme du héros.* Étant donné un même radical, je me demande comment on a pu arriver à rendre muet le *h* du premier mot et aspiré celui du second.

On dit aussi *toile d'Hollande* et *point d'Hongrie,* quoiqu'on dise *la Hollande* et *la Hongrie.* Ce n'est pas mieux, mais au moins Charles Nodier a expliqué cette contradiction, en disant spirituellement que c'était une exception en faveur de ceux qui ne savaient pas le français.

Le *h* français vient du *h* et du *j* latins.

§ 1. — H latin conservé en français.

Voici des exemples de cette conservation :

*h*ominem	*h*omme
*h*onorem	*h*onneur

§ 2. — H français provenant du F latin.

La permutation du *f* en *h* existait déjà dans la langue latine, à l'époque de la décadence. Dans les auteurs de ce temps on trouve *fordeum* pour *hordeum*, et la permutation contraire *hebris* pour *febris*, etc. En espagnol, cette transformation est régulière. Je vous citerai comme exemple le mot *hablar* (parler) qui vient du latin *fabulari* (causer), et que nous avons emprunté à nos voisins de la péninsule ibérique, sous la forme *habler*, en lui donnant la signification d'exagérer en parlant, c'est-à-dire de parler comme un Espagnol. Admettre dans la langue nationale des mots étrangers en leur donnant une mauvaise acception — acception qui rappelle jusqu'à un certain point les défauts de l'ennemi, — était autrefois pour le peuple la seule manière de se venger des influences étrangères.

Voici des exemples de cette transformation :

hors   foris
hormis foris missum

§ 3. — Prosthèse du H.

Si quelques mots latins commençant par *h*, ont perdu cette lettre en devenant français, comme *avoir* de *habere*, *orge* de *hordeum*, *on* de *homo*, beaucoup d'autres mots latins qui s'écrivaient sans *h*, en ont ajouté un, soit au moment de leur transformation en français, soit à la Renaissance, où l'emploi des lettres parasites s'était généralisé.

Exemples :

oleum   *h*uile
ostrea   *h*uitre
altus   *h*aut
ascia   *h*ache

§ 4. — ÉPENTHÈSE DU H.

L'addition du *h* au milieu des mots se rencontre
quelquefois, surtout dans les mots où le *d*, tombant
comme consonne médiane, laisse deux voyelles en
présence. C'est ainsi que :

Ca(*d*)urci	est devenu	Ca*h*ors
inva(*d*)ere		enva*h*ir
tra(*d*)ere		tra*h*ir
tra(*d*)itionem		tra*h*ison

§ 5. — APHÉRÈSE DU H.

Nous avons vu tout à l'heure avec quelle facilité
les mots français provenant des mots latins sans *h*,
s'étaient munis de cette lettre parasite. Ici, c'est tout
le contraire qui a lieu. Au lieu d'acquérir un *h* en
passant de la langue mère à la langue dérivée, les
mots l'abandonnent au passage.

EXEMPLES :

*h*omo	on
*h*ordeum	orge
*h*abere	avoir.

XX

R

Cette lettre nous vient des Romains qui l'avaient empruntée aux Grecs. Le *rho* (ρ) grec vient du *resch* des Hébreux et des Phéniciens, qui signifie *tête*. La forme du *rho* grec est tout à fait semblable à celle de notre P majuscule ; le jambage contourné qui distingue ce P (*rho)* grec du R latin — jambage que nous avons adopté — est beaucoup plus ancien qu'on ne se l'imagine, et remonterait d'après certaines inscriptions à l'antiquité la plus reculée. Ce changement dans la forme de la lettre grecque, fait par les Romains, n'aurait donc été qu'une restitution au lieu d'être une innovation.

Il est de règle en français que le *r* final qui est précédé de l'*e* ne se prononce pas, comme dans *pru-
nier*, *pommier*, *abricotier*, *donner*, *lier*, *créer*, *louer*,
s'agiter. Mais, comme les règles ne vivent que d'exceptions, beaucoup de mots, comme *ver*, *mer*, *cher*,
fier, *hiver*, *enfer*, etc., etc., ont un *r* qui se prononce
parfaitement.

Cette lettre que certains peuples ne possèdent pas,
est difficilement énoncée par les enfants. Quelques
personnes même ne peuvent surmonter cette difficulté native, et nous avons un exemple assez curieux
de ce défaut dans la prononciation mise à la mode
par un chanteur du Directoire, Garat, qui passait les
r et disait *ia bien qui ia le denier*, pour *rira bien qui rira
le dernier*. C'était à qui parlerait de la sorte et *iait au
théâte de l'Opéa pou entende Gaat*. De semblables modes
nous paraîtraient absurdes, si nous n'avions pas
tous les jours des exemples nouveaux de l'attrait
qu'ont pour certaines gens le ridicule et la sottise.

Le *r* se double quelquefois du *h* pour remplacer
le *rho* grec marqué de l'esprit rude. J'en ai déjà parlé
à propos de la lettre *h*, je n'y reviendrai pas.

§ 1. — R latin conservé en français.

La conservation des lettres est naturellement le
cas qui se présente le plus fréquemment dans les
mots qui passent de la langue mère à la langue dérivée. Les mots qui ont conservé le *r* soit au commencement, soit au milieu, soit à la fin, ne sont donc
pas rares.

EXEMPLES :

regem	roi
rationem	raison
directus	droit
pergamenum	parchemin
infernum	enfer
hibernum	hiver

§ 2. — R français venant du L latin.

Cette permutation est fréquente. Comme exemples, je citerai :

rossignol	de	lusciniola
hurler	de	ululare
titre	de	titulus
chapitre	de	capitulum
orme	de	ulmus
apôtre	de	apostolus
esclandre	de	scandalum
chartre	de	cartula.
nombril	de	umbilicus.

§ 3. — R français provenant du S latin.

Cette transformation assez singulière se rencontre quelquefois dans les mots latins où se trouvent deux *ss* de suite. C'est ainsi que le changement de *r* en *s* et de *s* en *r* était fréquent chez les Grecs et chez les Latins. On disait aussi bien *Valesius* et *Fusius* que *Valerius* et *Furius*. Les grammairiens du XVIIe siècle citent des exemples nombreux de ces singulières confusions qui permettaient de dire *rairon, courin,* pour *raison* et *cousin*. Quelquefois les deux formes ont été conservées comme dans *caraco* (autrefois *caraque*) et *casaque*, dans *chaire* et *chaise*. Les Berrichons disent encore ma *chemire*, cet *uraye*, pour ma *chemise*, cet *usage*. Nos Parisiennes, dit le grammairien Du Bois (1531), prononcent *mon courin*, *ma courine*, *Jeru Masia*, *ma mese* au lieu de *mon cousin*, *ma cousine*, *Jésus Maria*, *ma mère*. Naudé signale cette singulière habitude dans son *Mascurat* (p. 382) lorsqu'il fait cette remarque : « Nos femmes de Paris, au lieu de mon *mari* disent mon *masi*, et cela les pourrait à un besoin justifier de ce que l'on dit qu'elles ont la langue trop longue, car au contraire cet accident n'arrive qu'à ceux qui l'ont si courte, qu'ils ne peuvent pas la joindre aux dents de devant pour former et, comme disent les Italiens, *scolpire bene* cette lettre. »

C'est ainsi que :

ossifraga	est devenu	orfraye
Massilia		Marseille

§ 4. — R français provenant du N latin.

La permutation de la nasale latine *n* en linguale *r* n'a rien d'extraordinaire, puisque ce sont deux consonnes liquides. En voici des exemples :

Diaconus	diacre
ordinem	ordre
cophinus	coffre
tympanum	timbre
Lingonæ	Langres
Londinum	Londres
pampinus	pampre

§ 5.— Métathèse du R.

Le *r* se déplace avec la plus grande facilité aussi bien en arrière qu'en avant.

La transposition en arrière se rencontre dans :

pauvreté	de	paupertatem
troubler		turbulare
brebis		vervecem
Drevant (Cher)		Derventum
tremper		temperare

La forme savante de ce dernier mot qui est *tempérer* explique la locution *tremper son vin*.

La transposition en avant se retrouve dans :

pour	de	pro
Durance		Druentia

Cette méthathèse existe du reste dans la langue française. Combien de gens disent *aréostat* pour *aérostat*, *pimpernelle* pour *pimprenelle*, etc.

§ 6. — Épenthèse du R.

Le *r* s'introduit dans le corps des mots à la suite de certaines consonnes. Voici des exemples de ces singulières additions :

perdicem	est devenu	perdrix
thesaurus		trésor
funda		fronde
malignus		malingre

Une singulière épenthèse du *r* se manifeste dans

le mot *mitraille* qu'on écrivait autrefois *mitaille* et qui vient du flamand *mitje,* petite monnaie.

Syncope du R.

Dans beaucoup de mots latins où le *r* est suivi du *s,* le *r* tombe dans les mots français dérivés.

EXEMPLES :

dorsum	dos
persica	pêche

RR

Le double *rr* est formé en français par le double *rr,* le *tr* et le *dr* latins.

La conservation du double *rr* dans les deux langues, n'a rien que de très-naturel.

EXEMPLE:

narrare   narrer

La transformation du *tr* en double *rr* s'explique par la force du son de la seconde consonne qui annihile presque la première. C'est ainsi que :

Matricularius	est devenu	marreglier (marguillier)
nutritus		nourri
putrere		pourrir
latronem		larron.

La transformation du *tr* en double *rr* s'est produite par les mêmes causes.

EXEMPLES:

quadratum	carré
quadrifurcus	carrefour
adretro	arrière

L

La lettre L nous vient des Romains. Elle répond au *lambda* (Λ) des Grecs, qui dérive du *lamed* sémitique; chez les Latins, on la prononçait de trois manières différentes, mais ce qu'en dit le grammairien Priscien n'est pas assez clair pour savoir à quoi s'en tenir sur la valeur de ces sons.

En français le *l* n'a que deux sons; le son ordinaire, tel qu'on le rencontre dans *laurier*, *aller*, *habile*, *ville*, *illégitime*, et le son mouillé, comme dans *œil*, *seuil*, *deuil*, *ailleurs*, *feuille*, etc. Vous le voyez, ce son mouillé s'obtient aussi bien avec un *l* qu'avec deux *ll*, seulement le *l* unique n'a cette valeur qu'à la fin des mots, tandis que le double *ll* ne se prononce ainsi que dans le corps des mots. Il y a aussi une autre manière de caractériser le son mouillé, c'est de faire suivre le *l* d'un *h* comme dans *Milhau*, *gentilhomme*, mais cette combinaison du *l* et du *h*, fort commune en portugais, est rarement employée dans la langue française.

Ronsard avait demandé en 1572 de créer un signe distinctif pour cet *l* mouillé, et l'innovation qu'il réclamait était réellement utile, car les enfants et les étrangers éprouvent les plus grandes difficultés à discerner les mots où les *l* se mouillent des mots où ces mêmes lettres ont leur son ordinaire. En effet pourquoi prononcer :

ville et veille

tranquille et aiguille.

Quant à la double lettre *ll*, son emploi n'est pas non plus toujours fort régulier. M. B. Julien dit à ce propos dans son livre intitulé : *Principales étymologies de la langue française* :

« D'autres consonnes ont été doublées ou dédoublées par des raisons qu'on peut nommer d'*épellation*, parce que les règles données à cet égard viennent de la même manière dont nous épelons les lettres pour les assembler dans les syllabes. Je prends par exemple le verbe *appeler*, tiré du latin *appellare* : il n'a qu'une seule *l* tandis que le latin en a deux ; au présent de l'indicatif il reprend les deux *ll*, *appelle*, comme l'indique le latin *appello* ; mais il en perd une de nouveau au pluriel, nous *appelons*. Tout le monde comprend d'où vient cette marche singulière. Quand la dernière syllabe est sonore, la pénultième est muette ; et alors l'*e* ne doit être suivi que d'une consonne. Au contraire, quand la dernière est muette, la pénultième est sonore, et l'on sait qu'un moyen fort ancien chez nous de marquer l'*e* ouvert, a été de doubler la consonne suivante, surtout à l'époque où les accents étaient inusités, c'est-à-dire jusqu'à la fin du XVIIIᵉ siècle. C'est pour cela qu'on écrit *j'appelle* et *j'appellerai*, et d'un autre côté *appelant* et *j'appelais*. L'orthographe latine n'a eu sur ce changement qu'une très-faible influence, puisque nous avons mis deux consonnes où il n'y en a qu'une en latin, comme dans *cruelle* venu de *crudelis*, *muette* venu de *muta*; *fidèle* même, qu'on écrivait *fidelle* au temps de Louis XIV, quoiqu'il fût venu directement de *fidelis*, où il n'a jamais eu qu'une seule *l.* »

Notre lettre *l* vient des lettres latines *l, r* et *n*.

§ 1. — L latin conservé en français.

La lettre *l* s'est presque toujours conservée dans les mots de la langue dérivée.

EXEMPLES :

*l*ittera	*l*ettre
*l*ingua	*l*angue
aqui*l*a	aig*l*e
pi*l*us	poi*l*

§ 2. — L français provenant du R latin.

Les rapports qui existent entre ces deux lettres expliquent la facilité de leur permutation.

EXEMPLES :

alta*r*e	aute*l*
crib*r*um	crib*l*e
pe*r*egrinus	pè*l*erin
f*r*agare	f*l*airer
pa*r*averedus	pa*l*efroi.

§ 3. — L français provenant du N latin.

Le mécanisme au moyen duquel s'opère la permutation du *n* en *l* est très-facile à expliquer, puisque la langue joue le principal rôle dans la formation de ces deux lettres.

Comme exemples, je citerai :

orphaninus	orphelin
Bononia	Boulogne.
Castellum-Nantonis	Château-Landon.
Panormus	Palerme.

§ 4. — Métathèse du L.

La transposition du *l* est moins fréquente que celle du *r;* cependant on peut en citer plusieurs exemples :

singultus	sanglot
oltis	lot
Nidalfa	Nauphle (Seine-et-Oise).

§ 5. — Prosthèse du L.

La prosthèse du *l* est excessivement commune, et la raison en est très-simple. Notre article *l'* devant un mot qui commence par une voyelle, a pu, sans difficulté aucune, se souder avec le substantif auquel il est joint.

C'est ainsi que nos pères ont dit longtemps : *oriol,* d'*aureolus,* puis *loriot; ierre,* de *hedera,* puis *lierre; uette,* de *uvetta,* puis *luette; andier,* de *anderia,* puis *landier; ile,* de *insula,* puis *Lille; ors,* de *hora,* puis *lors.*

Ce redoublement de l'article est très-commun dans le peuple, et de même que nous commettons une faute grossière, quant à l'étymologie, en disant *le lierre, le loriot, le landier, la luette,* le peuple ne se gêne pas pour dire : *le levier*, pour l'*évier*, *le loquet*, pour le *hoquet*.

§ 6. — Épenthèse du L.

La lettre *l* s'est glissée fort rarement dans les mots. Cependant, j'en citerai un exemple qui paraît être unique, et qui n'est au fond qu'un affreux barbarisme ; je veux parler du haricot connu sous le nom de *flageolet*, et qui provient d'un diminutif du mot latin *phaseolus* (phaseoletus). Dans tous les patois, on l'écrit correctement : *fageole*, à Cambrai ; *fajole*, à Faucigny ; *fajole*, à Genève ; *fiageole*, à Lyon.

Le mot primitif *fageol* n'a pas été conservé ; mais les matelots disent encore *fayol* dans le même sens. Ils ont même une locution familière : *doubler le cap fayol*, qui signifie cesser de manger des haricots secs. Il paraît que ce légume n'est pas plus aimé dans la marine que dans les lycées de l'État.

§ 7. Aphérèse du L.

Comme exemple de ce rare phénomène, je vous citerai *anspessade*, venant de *lancia spezzata*, mot à mot *lance mise en pièces*. L'*anspessade* ou même le *lancespessade* était un militaire qui avait rompu une lance honorablement et qui recevait alors le titre de lanspessade, titre inférieur à celui de caporal.

§ 8. — Apocope du L.

La chute du *l* à la fin des mots est très-rare. M. Brachet, qui m'a fourni déjà bien des exemples

urieux, en cite deux : *oui* et *nenni*. *Oui*, autrefois
il, de *hoc illud;* *nenni*, autrefois *nennil*, de *non illud*.

L et LL mouillés.

L'assemblage de ces deux consonnes forme un
on à peu près semblable à celui de notre *y* et de
otre *i* dans *moyen* et *aïeul*. Ce son existait - il en la-
n? Est-ce à l'influence des Barbares que nous le
evons? On ne peut encore rien dire de positif à cet
gard. Ce qu'il y a de certain, c'est que le *l* mouillé
st le résultat de neuf combinaisons différentes : L,
L, LI, LE, CL, GL, TL, NIA, CHL.
Voici des exemples de ces transformations :

1° *L simple.*

porta*l*e • portai*l*

2° *double LL.*

ma*ll*eus mai*l*
angui*ll*a angui*ll*e

3° *diphthongue LI.*

a*ll*ium ai*l*
ba*ll*ium bai*l*
anima*l*ia aumai*ll*e
fami*l*ia fami*ll*e
fi*l*ia fi*ll*e
fo*l*ium feui*ll*e
papi*l*ionem papi*ll*on
cora*ll*ium corai*l*
battua*l*ia batai*ll*e

sponsa*lia*	épousai*lles*
funera*lia*	funérai*lles*
fusta*lia*	futai*lles*
mirabi*lia*	mervei*lles*
oxa*lia*	ose*ille*

4° *diphthongue LEA.*

pa*lea*	pai*lle*

5° *diphthongue CL.*

oricu*la*	orei*lle*
lenticu*la*	lenti*lle*
apicu*la*	abei*lle*
qua*qui*la	cai*lle*
macu*la*	mai*lle*
acicu*la*	aigui*lle*
canicu*la*	cheni*lle*
cavic*la* [1],	chevi*lle*.
verve*cale*	bercai*l*.
gubernacu*lum*	gouvernai*l*
articu*lus*	ortei*l*
ovicu*la*	ouai*lle*
butic*ula*	boutei*lle*
corbicu*la*	corbei*lle*

6° *diphthongue GL.*

coa*gu*lare	cai*ller*
vigi*lare*	vei*ller*
evigi*lare*	évei*ller*

[1] Pour *clavicla* de *clavicula.*

7° *diphthongue* **TL.**

situla   seille
volatilia   volaille

8° *triphthongue* **NIA.**

Intrania   entrailles

9° *triphthongue* **CHL.**

trichila   treille.

XXI

HISTOIRE DES LETTRES M ET N

M

Cette lettre a été empruntée au *mu* grec, qui provient du *mem* phénicien modifié. C'est la consonne la plus facile à prononcer et c'est probablement pour cette raison que, dans presque toutes les langues, elle est la première lettre du mot qui signifie *mère* : en effet, ce titre si doux se traduit :

en sanscrit	par	*mâtâ*
en grec		*mèter*
en latin		*mater*
en italien		*madre*
en anglais		*mother*
en gaélique		*mathair*
en ancien haut allemand		*muotar*

en allemand	*mutter*
en ancien slave	*mati*
en lithuanien	*moti*
en arménien	*maïr*
en hébreu	*em*
en chinois	*mou*
en cophte	*maan*

Le *m* en français a deux sons, celui qu'il a toujours au commencement des mots, comme dans *m*on, *m*a, *m*e, et celui qu'il prend, soit à la fin des mots comme no*m*, fai*m*, parfu*m*, soit dans le corps des mots, lorsqu'il est suivi d'une labiale comme dans la*m*pe, e*m*ploi, to*m*be, e*m*mener, etc. Dans ces derniers cas, ce n'est qu'un simple signe orthographique qui a une valeur semblable au *n*; et en effet, que *non* soit écrit avec un *n* ou avec un *m* (nom), la prononciation est toujours la même.

Le double *mm* n'est pas toujours judicieusement employé, ainsi : *flamme* devrait s'écrire non pas *flame* comme Corneille le met, mais *flâme* comme Racine l'emploie, car on prononce *flamme* comme *blâme*.

§ 1. — M latin conservé en français.

Le *m* s'est presque toujours conservé dans les mots français provenant du latin.

EXEMPLES :

*m*anus	*m*ain
a*m*orem	a*m*our
camera	cha*m*bre
nomen	no*m*
*m*ajorem	*m*ajeur

§ 2. — M français provenant du N latin.

Le mécanisme au moyen duquel s'opère cette permutation s'explique d'autant plus facilément que les
deux lettres sont des nasales. Les exemples ne sont
pas rares :

amaritudi*n*em	amertu*m*e
consuetudi*n*em	coutu*m*e
incudi*n*em	enclu*m*e
carpi*n*us	char*m*e
cor*n*um	cor*m*e

§ 3. — M français provenant du B latin.

La transformation du *b* en *m* est excessivement
rare, cependant je vous citerai :

sa*m*edi	sa*bb*ati dies

§ 4. — Épenthèse du M.

Le *m* se glisse quelquefois dans l'intérieur des
mots.

EXEMPLES :

la*m*bruche	de	labrusca
ginge*m*bre		zinziberis

MM

Le double *mm* se conserve quelquefois dans les
mots français provenant du latin.

EXEMPLES :

gu*mm*a	go*mm*e
gra*mm*a	gra*mm*e

gamma	gamme
flamma	flamme

Je vous ai fait remarquer précédemment que *flam mare* était devenu *flamber*.

§ 5. — MM français provenant du MN latin.

Le double *mm* provient aussi des diphthongues latines *mn*, c'est ainsi que :

somme vient de	somnus
sommeil	somniculus
homme	hominem
femme	femina
nommer	nominare

§ 6. — Apocope du M.

La soustraction a lieu à la fin des mots dans certains cas et indépendamment de l'accident qui a emporté la désinence grammaticale.

EXEMPLE :

ver   de *vermis*

N

Cette lettre qui se trouvait dans les alphabets latin et grec, provient du *nun* phénicien. C'est une de nos consonnes les plus utiles, puisqu'elle sert à former des sons pour lesquels nous n'avons pas de signes particuliers. C'est ainsi qu'avec la consonne *g* on représente le son *gn*, et qu'avec les voyelles *a, o, i* et *u*, on caractérise les voyelles doubles *an, on, in, un*. Je ne parle pas de la voyelle *e* parce que le son qu'elle représente avec le *n* est tantôt semblable à *in*, comme dans *chien, mien, tien*, tantôt semblable à *an* comme dans *chiendent, enlever, ardent, content*. C'est grâce à cette identité de son, malgré des différences orthographiques, que les jeux de mots deviennent faciles. La voyelle double *an* me rappelle cette réponse faite à Louis XI, qui s'étonnait de la mauvaise qualité du vin de l'année « C'est, lui dit-on, que les *sarments* n'ont pas tenu » allusion aux *serments* que le roi s'était contenté de prêter, mais qu'il s'était bien gardé de tenir.

Comme le *m*, la nasale *n* a deux sons : celui qu'on lui connaît au commencement des mots, comme *nez, nation*, et celui qu'il possède à la suite des voyelles *a e, i, o* et *u*, comme je viens de le faire remarquer.

La consonne *n* finale se fait sentir comme dans hyme*n*, ou s'assourdit comme dans exame*n*. Dans la troisième personne du pluriel des verbes, le *n* est complétement muet : on prononce en effet *ils saluent, ils donnent, ils chantaient, ils buvaient*, comme si on écrivait *ils aime, ils chantait, ils buvait*. Cet *n* est dans ce cas purement étymologique et rappelle l'origine du mot dans lequel il joue un rôle si peu important en apparence.

En effet, lorsque le pronom personnel précède le verbe, et qu'au lieu de dire *les hommes* on dit *ils chantent*, on ne peut distinguer si on parle d'une ou de plusieurs personnes. C'est une des plus grandes difficultés de notre langue, et on ne sait comment y remédier.

Chez les Latins, à qui nous avons emprunté ces finales, l'inconvénient que je vous signale n'existait

pas, parce que toutes les lettres se prononçaient ;
ainsi on disait :

cantant	d'où ils	chantent
salutant		saluent
gubernabant		gouvernaient
predicabant		prêchaient
volant		volent

La loi, dont je vous ai si souvent parlé, qui tend à
amortir les finales, a laissé subsister ces lettres, en ne
leur donnant qu'une valeur purement grammaticale.

Comme lettre double, le *n* mérite d'attirer un instant notre attention. Je vous ai déjà fait remarquer
avec quelle indifférence l'Académie avait décidé l'emploi de certaines lettres. Le respect qu'elle a gardé
vis-à-vis de ces anomalies que l'ignorance et le hasard
ont accumulées dans notre langage, a produit de singulières contradictions.

Ainsi de *canton* on a fait *cantonal* et *cantonnier* ; de
patron on a fait *patronage* et *patronner* ; de *son* on a fait
dissonance et *consonnance* ; de *ton* on a fait *intonation*
et *entonner* ; de *tonner* on a fait *tonnerre* et *détoner*.

Pourquoi *rationnel* de *ration*, et *national* de *nation* ?
Pourquoi *honorer* et *honneur*, *donation* et *donner* ?

M. Jullien en donne la raison. « Les consonnes ont été doublées, dit-il, surtout quand il s'est
agi des nasales ou des dentales, par des raisons tout
à fait étrangères à l'étymologie proprement dite, et
qui n'ont pas moins contribué à rendre la formation
des mots irrégulière en apparence : ainsi *bona* a for-

mé *bonne, donare donner, christiana chrétienne*, etc.
La raison de tout cela, c'est que les syllabes dont il
s'agit étaient des nasales en latin ou du moins ont été
prononcées nasales chez nous pendant la formation
de notre langue ; et c'est pour conserver dans l'écriture la nasalité entendue qu'on a écrit *donné, chrétienne*.
C'est qu'alors on prononçait *don-né, chrétien-ne*. Aujourd'hui que nous prononçons avec les voyelles
orales et ouvertes *bonne, donné, chrétienne*, nous nous
étonnons à bon droit d'une orthographe qui contrarie
également l'étymologie et notre prononciation. »

L'explication donnée par M. Jullien est rationnelle,
mais elle prouve aussi que l'ancienne orthographe
n'a plus sa raison d'être, et que l'Académie peut, dans
beaucoup de cas, extirper sans témérité, les lettres
inutiles.

§ 1. — N latin conservé en français.

Les exemples de la conservation du *n* latin dans les
mots français ne sont pas rares. Je citerai :

natura	nature
ancora	ancre.
sanctus	saint
unus	un

§ 2. — N français provenant du M.

Je vous ai indiqué tout à l'heure la permutation
du *n* latin en *m* français. Le changement contraire
offre de nombreux exemples :

nappe	de	mappa
tante		amita

natte	matta
nèfle	mespilum
connétable	comes stabuli
singe	simius
printemps	primum tempus
rien	rem.

§ 3. — N français provenant de L latin.

Vous avez vu précédemment avec quelle facilité le *n* se transforme en *l ;* la permutation contraire se rencontre souvent :

niveau	libella
poterne	posterula
marne	margula.

§ 4. — MÉTATHÈSE DU N.

La transformation du *n* s'effectue tantôt en arrière comme dans :

| étang | de | stagnum |
| poing | | pugnus. |

Tantôt en avant, comme dans :

| teignant | tingentem. |

§ 5. — ÉPENTHÈSE DU N.

Le *n* s'est glissé assez souvent entre une voyelle et une consonne, c'est ainsi que :

locusta	est devenu	langouste
pictorem		peintre
laterna		lanterne
joculatorem		jongleur.

cucumerem   concombre
Iculisma   Angoulème
reddere   rendre.

§ β. — APOCOPE DU N.

Lorsque le *n* se trouve, par la chute de la finale des mots latins, à la fin des mots de la langue dérivée, il tombe toujours.

EXEMPLES :

four	de	furn us
enfer		infern us
cahier		quatern us
hiver		hibern um
chair		carn em.

NN

Le double *nn* français vient non-seulement du double *nn* latin, mais aussi des diphthongues *mn* et *gn*.

EXEMPLES :

innocent	innocentem
colonne	columna
Garonne	Garumna
connaître	cognoscere.

GN

La diphthongue *gn* est une gutturo-nasale qui n'a pas en français de signe particulier pour la représenter. Elle vient du *n* et des diphthongues *gn* et *ni* latines.

EXEMPLES :

aranea	araignée
linea	ligne
pectinem	peigne.

Le *gn* dur latin s'adoucit et de :

| agnellus | on fait | agneau |
| dignari | | daigner. |

La présence de l'*i* à la suite du *n*, fait que le son s'assourdit :

ciconia	cicogne
grunnire	grogner
cuniada	cognée
unionem	ognon.

La consonne *n* termine la série des explications que j'avais à vous donner sur le rôle que les lettres jouent dans la formation des mots.

Mais il ne suffit pas que vous sachiez comment les lettres permutent entre elles, et quels sont les phénomènes produits par ces permutations. Si vous avez eu le courage de lire mes lettres jusqu'au bout, vous entrevoyez sans doute les mystères de la modulation des sons, mais vous ne savez pas encore comment le son étant produit, il a pu, seul ou réuni à d'autres, former des mots, et les multiplier au point que tout ce que nous percevons se traduit immédiatement et intelligiblement.

C'est ce merveilleux travail de composition que je veux vous expliquer, avant de clore cette correspondance.

XXII

DE LA FORMATION DES MOTS

L'étude à laquelle nous nous sommes livrés jusqu'ici n'a eu pour objet que de démontrer comment,
un mot étant donné, il peut revêtir une autre forme.
J'ai rempli jusqu'ici le rôle du mécanicien qui montre
à ses élèves les principaux rouages qui servent à
construire des machines, sans se préoccuper le moins
du monde de la machine que ces rouages assemblés
doivent faire mouvoir. C'est ainsi que j'ai parlé des
lettres sans m'occuper des mots. Les mots ne se sont
pas cependant forgés tout seuls ; les syllabes qui les
composent doivent avoir leur raison d'être, et l'ensemble des combinaisons qui produisent un mot
mérite certainement la peine d'être étudié.

Le démembrement des mots, si je puis m'exprimer ainsi, est une opération des plus délicates, surtout dans les langues modernes, qui ne sont que le
résultat de la décomposition fatale d'une langue plus
ancienne. En effet, plus une langue est ancienne,
plus la racine des mots doit être facile à reconnaître.
Les vieilles langues étant composées d'un grand nom-

bre de mots courts, et le procédé d'agglutination qui lie plusieurs racines entre elles pour former d'autres mots étant assez primitif, les points de suture sont aisément reconnaissables. Il n'est donc pas douteux que les mots les plus courts peuvent être considérés comme appartenant aux peuples les plus primitifs. Max Müller [1] dit à ce sujet: On peut toujours prouver que les racines composées de plus d'une syllabe sont dérivées, et, même dans les racines monosyllabiques, il faut distinguer ce que nous appellerons les racines premières, secondaires et tertiaires.

Les *racines premières* se composent dans la langue sanscrite :

1° D'une voyelle unique, comme

ı, qui signifie *aller;*

2° D'une voyelle et d'une consonne, comme

Ad, qui signifie *manger;*

3° D'une consonne et d'une voyelle, comme

Dâ, qui signifie *donner.*

Les *racines secondaires* se composent :

D'une voyelle entre deux consonnes, comme

Tud, qui signifie *frapper.*

Les *racines tertiaires* se composent :

1° De deux consonnes qui se suivent et d'une voyelle, comme

Plu, qui signifie *couler;*

[1] Voy. *la Science du langage,* p. 282.

2º D'une voyelle et de deux consonnes qui se suivent, comme

Ard, qui signifie *blesser;*

3º De deux consonnes qui se suivent, d'une voyelle et d'une consonne, comme

Spas, qui signifie *regarder;*

4º De deux consonnes, d'une voyelle et de deux consonnes, comme

Spand, qui signifie *trembler.*

Ces racines, qu'on pourrait qualifier de principales, n'ont pas tardé à se souder à d'autres racines qui ne jouent qu'un rôle secondaire et qui finissent par devenir de simples affixes. Cette agglutination change et la physionomie et le sens du mot; aussi, lorsque ce mot a passé dans d'autres langues, en prenant une forme que réclamait sa nouvelle naturalisation, il devient fort difficile de le reconnaître, et il faut beaucoup de sagacité pour distinguer entre l'élément radical et l'élément modificatif, entre la racine attributive, qui renferme le sens primitif du mot, et les racines secondaires qui modifient ce sens primitif.

Dans les recherches étymologiques, on applique donc aux mots la méthode analytique employée pour classer les minéraux, lorsqu'on veut trouver chez ces derniers quel est le principe constituant qui exerce la plus grande influence sur l'ensemble des propriétés qui les personnifie.

Ce que j'ai à dire ici se borne aux rapports qui

peuvent exister immédiatement entre les mots français et ceux des langues auxquelles notre idiome
les a empruntés directement. Cependant, pour
faire bien comprendre l'étendue de la science philologique et les ramifications parfaitement authenti-
ques que le sanscrit possède dans nos langues modernes, je ferai l'histoire d'une racine qui existe en
sanscrit et qui a passé de cette langue dans toutes les
langues de l'Europe. Je ne parlerai bien entendu
que des mots français où se trouve cette racine.

La racine *spas* signifie *regarder*[1]. On la retrouve en
latin sous la forme *spec*, d'où les deux verbes *spectare*
et *specere*, regarder. En francais, sauf de légères modifications dans certains cas, la racine *spec* s'est conservée, comme on va pouvoir en juger.

Je viens de vous dire que la racine sanscrite rappelait le sens de la vue et tout ce qui en dépend :
l'observation, la méditation, la classification, etc.
Vous retrouverez dans les mots qui vont suivre ces
différentes acceptions.

Ainsi, quand on regarde quelque chose matériel-
lement, que voit-on d'abord? Ce qui est sous les
yeux. Or, l'état d'être sous l'œil, devant les yeux,
s'appelle ASPECT.

L'aspect des objets vus de loin s'appelle PERSPEC-
TIVE, lorsqu'on considère ces objets au point de vue
des distances et des situations, et SPECTACLE, lorsqu'on
les considère au point de vue des sensations qu'ils
peuvent vous faire éprouver.

[1] Voyez Max Muller, *Leçons sur la science du langage*, p. 277.

Si, au lieu d'embrasser des généralités, notre attention se porte sur un point particulier, si nous l'examinons dans tous ses détails, nous ne sommes plus SPECTATEURS, mais INSPECTEURS; nous INSPECTONS, nous faisons une INSPECTION.

Si notre imagination se crée des fantômes, l'impossibilité de déterminer la forme d'une chose immatérielle nous oblige à créer un mot dans lequel domine l'idée du sujet qui voit, puisque nous ne pouvons inventer un mot dans lequel domine l'idée de l'objet qui est vu. Ce mot a été emprunté à la même racine, et nous avons SPECTRE, c'est-à-dire ce qu'on voit.

Lorsque, au lieu de regarder un objet, on regarde une personne et qu'on la considère avec attention, le seul fait de la remarquer et de s'arrêter pour la voir, constitue une distinction que nous appelons RESPECT, c'est-à-dire *regard jeté en arrière*. Ne dit-on pas dans le même ordre d'idées: *avoir de la considération pour quelqu'un.*

Malheureusement tous les hommes ne sont pas RESPECTABLES, et l'on n'est pas toujours RESPECTUEUX. Le sentiment contraire s'exprime aujourd'hui par le mot *mépris*. Dans l'ancien français c'était le mot DESPIT, aujourd'hui *dépit*. On dépitait quelqu'un, c'est-à-dire qu'on le regardait du haut en bas, on le méprisait. Le sens s'est modifié, et maintenant *dépit* signifie simplement chagrin mêlé d'un peu de colère.

Respect veut si bien dire *regard jeté en arrière*, que le mot RÉPIT (anciennement *respit*), autre forme de *respect*, signifiait autrefois action de regarder en arrière dans une affaire, de remonter à l'origine d'une cause, de revoir une procédure. Le *répit* accordé à l'accusé était le temps nécessaire à l'étude et à la préparation de sa défense.

Au physique, la vue s'étend sur tout ce que l'œil peut embrasser; au moral, nous avons une pénétration d'esprit qui fait que l'esprit voit à travers la pensée; cette seconde vue, ce regard intime que nous possédons, nous l'appelons PERSPICACITÉ OU PERSPICUITÉ. Lorsque nous sommes PERSPICACES, notre curiosité s'éveille, nous devinons les effets que doivent produire les causes, tout est un objet d'examen; nous sommes sur le qui-vive, nous sommes dans l'attente, c'est-à-dire EXPECTANTS, dans l'EXPECTATION. L'attente fondée sur des promesses ou des probabilités, c'est-à-dire l'EXPECTATIVE, nous conduit à l'inquiétude. Dans ce cas, tout nous est SUSPECT, nous devenons SOUPÇONNEUX (autrefois *souspeçonneux*). Le SOUPÇON (autrefois le *souspeçon*), la SUSPICION s'emparent de nous. Mais l'idée de SOUPÇONNER nous fait craindre d'être SUSPECTÉ. Nous devenons alors CIRCONSPECTS, c'est-à-dire que nous regardons autour de nous, nous ÉPIONS (autrefois nous *espions*) ce qui se passe, et la CIRCONSPECTION nous mène à l'ESPIONNAGE, nous nous transformons en ESPIONS.

La pénétration d'esprit que nous donne la vue intime dont je parlais tout à l'heure nous fait distinguer les choses entre elles; nous arrivons à les SPÉCIFIER, c'est-à-dire à les classer par ESPÈCES, quelquefois nous ne pouvons les classer que d'après des SPÉCIMEN, c'est-à-dire d'après des échantillons que l'on voit et d'après lesquels on juge du reste, comme on juge d'un livre par le PROSPECTUS.

Chaque espèce étudiée ainsi SPÉCIALEMENT fait de celui qui l'étudie un SPÉCIALISTE, c'est-à-dire une personne qui s'occupe d'une SPÉCIALITÉ. Si cette personne est sérieuse, si elle observe curieusement, si sa contemplation est méditative, on dit qu'elle SPÉCULE, qu'elle se livre à la SPÉCULATION. Si, des hauteurs morales, nous tombons dans les bas-fonds de l'agiotage, nous ne SPÉCULONS plus philosophiquement, nous SPÉCULONS financièrement.

Je vous disais tout à l'heure que la distinction des choses entre elles amenait la division en ESPÈCES. Cette qualification a été donnée non-seulement à tout ce qui pouvait se classer, mais aussi à certains objets qui avaient retenu, en le particularisant, ce terme vague d'*espèces* sous lequel ils avaient été désignés. C'est ainsi qu'*espèces* est devenu synonyme d'argent, à cause de la diversité des pièces de monnaie. Le terme *espèces* avait été aussi donné aux drogues pharmaceutiques. Le nom latin *species* (d'où vient notre mot *espèce*) désignait dans l'antiquité les aromates, c'est-à-dire les espèces par excellence; en Italie, le droguiste qui les vend s'appelle encore aujourd'hui *speziale*, et sa boutique *speziera*. En France, les drogues aromatiques ou piquantes portaient aussi le même nom. C'est ainsi qu'on trouve dans les textes du moyen âge :

Gyngembre, poivre, canele et autres espesses.

Ces *espèces* de drogues, après avoir été désignées

simplement sous le nom d'*espèces*, devinrent des *épi-ces*, et ceux qui les vendaient des *épiciers*.

Nous voilà bien loin du mot *respect*, et cependant il est facile de se convaincre non-seulement de la présence de la racine *spec*, dans tous les mots que j'ai cités, mais aussi des rapports que tous ces mots ont entre eux. On ne dira donc pas, pour employer un terme où se trouve la racine *spec*, que ma démonstration est SPÉCIEUSE, c'est-à-dire qu'elle n'a que l'apparence de la vérité.

Cette racine se trouve encore dans d'autres mots. Je citerai *auspice, sceptique, évêque* et *espiègle*.

AUSPICE vient du latin *auspicium*, qui est une contraction d'*avispicium*, qui signifie examen du vol et du chant des oiseaux pour en tirer l'avenir:

SCEPTIQUE vient du mot grec *skeptikos*, qui vient lui-même du verbe *skeptomai*, je regarde. Or *skep* est pour *spek*, le changement du *k* en *p* et du *p* en *k* étant très-fréquent en grec.

ÉVÊQUE vient du mot latin *episcopus*, qui vient lui-même du grec *episcopos*, de *epi*, sur, et *skeptomai*, c'est-à-dire inspecteur, surveillant, ce qui fait qu'étymologiquement parlant, il n'y a aucune différence entre un sceptique et un évêque.

ESPIÈGLE vient du mot allemand *spiegel*, qui provient du mot latin *speculum*, miroir, c'est-à-dire objet où l'on se voit. Or, comme les hommes ont emprunté leurs noms de famille à tous les mots de la langue, il s'est trouvé qu'un Saxon célèbre par ses fourberies portait le nom de « Till Ulespiègle » (mot à mot Till *miroir de chouette*). La vie de ce Scapin allemand du xve siècle fut publiée dans son pays, puis traduite en français sous le titre de « *Histoire joyeuse et récréative de Till Ulespiegle, lequel par aucunes fallaces ne se laissa surprendre ne tromper.* » L'ouvrage eut un succès inouï ; l'*Histoire* se répandit partout, et on ne tarda pas à désigner sous le nom d'*espiègles* tous ceux qui, par leurs ruses et leur audace, rappelaient les tours du héros allemand. C'est ainsi que plus tard on emprunta au grand Molière les termes de *Tartufé* et de *Sganarelle.*

Maintenant, qu'on me permette de reprendre tous les mots que je viens d'expliquer et de les reproduire ici avec l'équivalent latin décomposé. On verra ainsi la racine détachée des affixes qui l'enveloppent, et on jugera mieux de l'influence que ces affixes ont sur le sens et sur la valeur grammaticale des mots.

Préfixes.	Racines.	Suffixes.		Origines.
a	spec	t	. . . . . .	*aspectus* de *ad* vers, *specere* regarder.
per	spec	tive	. . . . . .	*perspectus* de *per* à travers, *specere* regarder.
	spec	tacle	. . . . . .	*spectaculum* de *spectare* regarder, contempler.
	spec	tateur	. . . . . .	*spectatorem* de *spectare* regarder.
in	spec	teur	. . . . . .	*inspectorem* de *in* dedans, *specere*, regarder.
in	spec	tion	. . . . . .	*inspectionem* de *in* et *specere.*
in	spec	ter	. . . . . .	*inspectare* de *in* et *spectare.*
	spec	tre	. . . . . .	*spectrum*, vision, de *spectare.*
re	spec	t	. . . . . .	*respectus* de *retro*, en arrière, *spectare*, regarder.

Préfixes.	Racines.	Suffixes.		Origines.
ɔ	spec	ter	. . . . . .	*respectare*, regarder derrière sói, de *retro spectare*.
e	spec	table	. . . . . .	formation française d'après *respect*.
e	spec	tueux	. . . . . .	formation française d'après *respect*.
ə	spi	t	(auj. dépit)	*despectus*, vue de haut en bas, de *de spicere*.
e	spi	ter	(auj. dépiter)	*despectare* de *de* et *spectare*.
ɔer	spic	acité	. . . . . .	*perspicacitatem*, de *per*, à travers, et *specere*, regarder.
ɔer	spic	ace	. . . . . .	*perspicacem*, de *per* et *specere*.
ɔer	spic	uité	. . . . . .	*perspicuitatem*, de *per* et *specere.*
ɔx	spec	tant	. . . . . .	*expectantem*, de *ex* et *spectare*
ɔx	spec	tation	. . . . . .	*expectationem*, de *ex* et *spectare.*
ɔx	spec	tative	. . . . . .	formation moderne.
ɔu	spec	t	. . . . . .	*suspectus*, de *sub*, sous, et *spectare*, regarder.
ɔu	spec	té	. . . . . .	formation moderne.
ɔu	spic	ion	. . . . . .	*suspicionem*, de *sub*, sous, et *spectare*, regarder
ɔou	speç	on	(auj. soupçon)	*suspicionem*, de *sub*, sous, et *spectare*, regarder.
ɔou	speç	onner	(auj. soupçonner)	formation française d'après *soupçon*.
ɔou	speç	onneux	(auj. soupçonneux)	formation française d'après *soupçon*.
circon	spec	t	. . . . . .	*circumspectus*, de *circum*, autour, et *spectare*, regarder.
circon	spec	tion	. . . . . .	*circumspectionem*, de *circum* et *spectare*, regarder.
e	spi	on	. . . . . .	probablement de l'italien *spione*.
e	spi	onnage	. . . . . .	formation française d'après *espion*.
o	spier		(auj. épier)	de *spicere*.
	spec	ifier	. . . . . .	du verbe de basse latinité *specificare*.

Préfixes.	Racines.	Suffixes.		Origines.
	spec	imen	. . . . . .	*specimen*, échantillon.
pro	spec	tus	. . . . . .	de *pro*, pour, et *spectare*, regarder.
	spec	ial	. . . . . .	*specialis*.
	spec	ialité	. . . . . .	*specialitatem*.
	spec	ialiste	. . . . . .	formation française d'après *spécial*.
	spec	ialement	. . . . . .	formation française d'après *spécial*.
	spec	uler	. . . . . .	*speculari*, observer d'en haut.
	spec	ulation	. . . . . .	*speculationem*, contemplation.
	spec	ulatif	. . . . . .	*speculativus*.
	spec	ulateur	. . . . . .	*speculatorem*.
e	spec	e	. . . . . .	*species*, vue, regard, espèce, genre.
e	spic	es	(auj. épices)	*species*.
e	spic	ier	(auj. épicier)	*speciarius*, en basse latinité, apothicaire,
e	spic	erie	(auj. épicerie)	formation française d'après *épicier*.
	spec	ieux	. . . . . .	*speciosus*.
e	spi	egle	. . . . . .	de l'allemand *spiegel*, miroir, qui vient du latin *spe_culum*, qui a la même signification
e	spie	glerie	. . . . . .	formation française d'après *espiègle*.
	scep	tique	. . . . . .	*sceptici* du grec *skepticoi* (σκεπτικοί).
	scep	ticisme	. . . . . .	formation française d'après *sceptique*.
epi	scop	at	. . . . . .	*episcopatus* du grec *epi* (επι), sur, et du verbe *scopeô*, (σκοπεω), regarder.

On voit maintenant le mécanisme à nu. Tantôt la
racine est suivie d'une finale qu'on appelle suffixe,
tantôt elle est précédée d'un groupe de lettres qu'on

ppelle préfixe, le plus souvent elle est accompagnée
d'un préfixe et d'un suffixe.

La racine, comme il est facile de s'en rendre
compte, conserve, tout en se modifiant, un caractère
spécial qui rappelle toujours son origine.

Si j'ai cité une racine sanscrite qui se retrouve
dans toutes les langues indo-germaniques et notam-
ment en français, où elle est restée parfaitement re-
connaissable dans une quarantaine de mots environ,
c'était pour donner un nouvel exemple des rapports
qui existent entre le sanscrit et notre idiôme national.

Sans remonter si haut, je vais prendre un mot
latin, et je montrerai comment ce mot en a engendré d'autres qui s'éloignent plus ou moins du
radical primitif.

Le mot que je choisis est *caput*, qui en latin signifie
tête. Le lecteur verra dans le récit suivant tous les
mots qui proviennent de ce radical jouer des rôles
fort différents, et il les reconnaîtra d'autant plus aisément que j'ai eu le soin de les mettre en italique.
« .... Cette *chapelle*, située dans l'un des plus vieux
quartiers de la *capitale* du Languedoc, fut achevée
en 1440. Elle était considérée comme un *chef-d'œuvre*.
On remarquait surtout la hauteur de son *chevet*, la
sculpture de ses *chapiteaux* et particulièrement une
croix en or, montée de superbes *cabochons*. Elle était
desservie par un *chapelain*, de l'ordre des *capucins*. Ce
brave religieux, toujours occupé à dire son *chapelet*,
la tête perdue dans son *capuchon*, se rendait tous les
ans au *chapitre* pour rendre ses comptes. Les revenus
de la *chapellenie* n'étaient pas considérables; son *capital*

consistait en quelques rentes, en quelques *cheptels* qui appartenaient en partie à la manse *capitulaire*.

« Un petit jardin situé près de la chapelle, où l'on ne voyait que des gros choux *cabus* et des *capucines*, touchait à une échope occupée par un *chapelier*, qui avait à peine assez de *capade* pour faire des *chapeaux*, et qui joignait à son commerce de *chapellerie*, la vente des *chaperons*, des *capuches*, des *capelines*, et des *capotes*. Avec le revenu de cette échope, du plus triste *acabit*, le chapelain *achetait* le vin de l'autel, vin peu *capiteux*, je n'ai pas besoin de le dire. L'argent qui restait à l'excellent religieux, servait à payer sa *capitation* et les dettes d'un sien parent, qui longtemps *caporal* dans le corps des archers, avait déserté ce corps pour se faire d'abord *capitaine* d'une compagnie de soudards, puis corsaire à bord d'une galère *capitane* qui faisait le *cabotage*, et qui avait eu la chance de doubler tous les *caps* sans *chavirer*. Le bon moine avait beau *chapitrer* ce mauvais sujet, il n'avait obtenu aucun bon résultat. Ce coureur de *chapes-chutes* avait la *caboche* dure, et traitait de *capucinades* les discours de son bienfaiteur, ce qui ne l'empêchait pas de lui soutirer de l'argent, sous le prétexte que son cheval avait besoin de *caparaçons*.

« Comme tous les héros de *cape* et d'épée, ce batailleur incorrigible eut une fin digne d'une si belle vie. Forcé de *capituler*, il ne put être compris dans la *capitulation* signée par le *captal* de Buch. On *récapitula* toutes ses mauvaises actions, et l'addition de ses *méchefs* suffit pour le faire *décapiter* sur la place des *Capitouls* àToulouse ! »

Maintenant, si vous relevez tous les mots soulignés de cette histoire faite à plaisir, vous verrez qu'ils peuvent être classés en différents groupes, selon qu'ils s'éloignent plus ou moins du sens primitif, dont ils se sont détournés.

Ainsi *caput*, selon la loi qui retire la finale des mots latins admis dans la langue dérivée, est devenu *cap*.

Ce mot *cap* a beaucoup vieilli, mais enfin il existe encore, et la locution *armé de pied en cap* est toujours usitée. *Cap*, dans le vrai sens du mot, se retrouve dans les mots *décapité* et *décapitation*. Les marins disent *décapeler un mât*, toutes les fois qu'ils retirent de la tête de ce mât, les cordages qu'on y avait *capelés*.

En ajoutant au mot *cap* le suffixe péjoratif *oche* le peuple a créé le mot *caboche*.

« Biau sire, laissiez ma caboche. »
s'écriait le poëte Eustache Deschamps au xv⁰ siècle.

« Voyez-vous ! Vous avez la caboche un peu dure, » disait Mascarille à cet étourdi de Lélie.

De nos jours, en Picardie on appelle *cabochard*, un enfant qui a la tête dure. Ce sens se rapproche d'une autre signification du mot *caboche*, que l'on donne au clou à tête; détourné ainsi de son sens primitif *caboche*, transformé en *cabochon*, désigne les pierres précieuses auxquelles on a laissé leur forme primitive et qui ressortent de leur sertissure, comme les têtes de clous, du bois où ces clous sont enfoncés. Ce caractère de surface saillante donné au mot *cap* se retrouve dans *décapeurs*, ceux qui *décapent* les métaux, qui pratiquent l'opération du *décapage*, opération consistant à retirer la croûte, la superficie impure qui recouvre une surface métallique.

Cap s'emploie aussi au figuré. La pointe de terre qui avance sa tête dans la mer, ne s'appelle-t-elle pas *cap*; et ne se sert-on pas du même terme pour désigner l'avant du vaisseau : ainsi, dans cette locution, *il avait le cap sur nous*, on sent parfaitement que la tête du vaisseau arrive sur ceux qui l'observent. C'est à cause du même mot, qu'en voyant l'avant d'un vaisseau se jeter tête baissée dans les flots, au point de tourner sens dessus dessous, on dit qu'il *chavire*, c'est-à-dire qu'il vire son cap, c'est-à-dire qu'il tourne sa tête, que le *chavirement* de l'embarcation a lieu.

J'ajouterai que dans le langage commercial, on appelle *cap et queue*, les extrémités d'une pièce d'étoffe. On appelait aussi *chef* la tête d'une étoffe, les extrémités d'une bande. *Chef*, pris dans ce sens d'extrémité, de bout, a été fort employé au xviie siècle, et, lorsqu'on lit dans La Fontaine, cette phrase :

Aucun d'eux ne peut venir à chef de son dessein.

on comprend la formation du verbe *achever*, qui signifie venir à bout, mener à terme, terminer.

Comme on le voit, si *caput* a donné *cap*, il a aussi engendré *chef*. Au moyen âge, on disait aussi bien *ma tête* que *mon chef*, on dit encore le *chef* de saint Jean-Baptiste et dans le langage familier mon *couvre-chef*, pour mon chapeau.

Un diminutif de *chef*, *chevet*, désigne, soit la partie du lit sur laquelle repose la tête, autrement dit le traversin, soit la partie du chœur d'une église plus élevée que le reste.

On retrouve encore la signification de tête dans :
1° *Chapiteau*, mot à mot petite tête ; le chapiteau est
en effet placé sur le fût d'une colonne, comme la
tête sur les épaules de l'homme ; 2° *Chabot*, nom
du poisson que les savants appellent lotte-goujon, et
dont la grosseur de tête est remarquable.

Comme la tête loge le cerveau, et que le cerveau
est le centre de nos sensations, le siége de nos pen-
chants, de notre intelligence et de notre volonté, on a
qualifié les vins de *capiteux* parce qu'ils dérangent
l'équilibre de nos facultés en montant au cerveau.

La tête, étant la partie la plus noble de l'être humain, puisqu'elle renferme le cerveau, on a compté
par têtes, et l'impôt personnel, c'est-à-dire la taxe
par tête, s'est appelé *capitation*.

L'intelligence qui dirige nos actions, résidant dans
le cerveau, on a emprunté au radical *cap* tout ce qui
rappelait l'idée du commandement, de la supériorité.
Ceux qui étaient à la tête de leurs concitoyens
étaient appelés, selon leurs fonctions et le nombre
d'hommes qu'ils commandaient, *capitaine* ou *capitan*,
caporal, *capitoul* ou *captal*, *chef* ou *sous-chef*, de même
que, selon leur importance, certaines villes jouissent
du titre de *capitale* ou de *chef-lieu*, et que les plus
belles productions de l'esprit humain s'appellent
chefs-d'œuvre.

L'idée générale d'importance, une fois attachée à
la racine *cap*, il en est résulté un groupe de mots,
dans lequel nous trouvons d'abord le mot *capital*, c'est-
à-dire l'ensemble des produits accumulés. En effet,
dire *capital et intérêts*, c'est dire *principal et intérêts*. Je

n'ai pas besoin d'ajouter que ceux qui capitalisent sont appelés *capitalistes*. Ce sens se retrouve dans le verbe *acheter* (*ad captare* de *ad caput*) qui signifie prendre à bail, prendre moyennant une redevance; c'est ainsi que l'*achat* (ad caput) est une augmentation de capital, va au capital (ad caput). Autrefois, *acabit* ne voulait pas dire autre chose qu'*achat*. Dire : voici des fruits d'un bon *acabit*, c'est dire : voici des fruits qu'on peut acheter, des fruits d'un bon débit. De là le sens de qualité bonne ou mauvaise que possède aujourd'hui le mot *acabit*.

Le classement naturel des idées ou des faits principaux, présentés dans un ordre méthodique, a fait donner le nom de *chapitre* aux divisions d'un livre par sujets principaux. Le *chapitre* (capitulum) signifiant tantôt articles de loi, tantôt articles de traité, a formé le mot *capitulation*, convention divisée en articles principaux ou chapitres, les verbes *capituler*, accepter les articles de la capitulation, et *récapituler*, compter les nombre de ces chapitres. *Chef* a du reste je même sens que chapitre, et signifie aussi quelquefois article, division, dans les locutions : *chef d'accusation, crime au premier chef*. On donnait aussi le nom de chapitre aux leçons faites dans l'office divin. Le lieu où se lisaient ces courtes leçons et où s'assemblaient les religieux pour les entendre, fut appelé par extension *chapitre*, ou salle *capitulaire*, et le corps même des moines et des chanoines ne tarda pas à prendre le même nom. Enfin, par une dernière extension, on fit un verbe du mot chapitre (*chapitrer*), verbe qui a signifié d'abord faire des remontrances en plein chapitre et qui depuis longtemps est synonyme de réprimander.

Longtemps avant l'invention du *chapeau*, les hommes couvraient leurs têtes de chapes 'ou capes qui portaient, selon leur grandeur et leur forme, les noms divers de *chaperon, capeline, capuce, capuche, capuchon*. On peut ajouter à ces diverses dénominations, celles de *capote* et de *caparaçon* : la *capote* qui est non-seulement le chapeau léger des femmes, mais aussi le long manteau à capuchon du soldat, et la couverture en cuir du cabriolet; le *caparaçon* qui n'est pas autre chose que le chaperon du cheval.

. Le *chapeau*, dont je parlais tout à l'heure, a créé le *chapelier*, la *chapellerie*, la *capade* (quantité de poil nécessaire pour faire un chapeau) et le *chapelet*. Le *chapelet*, comme son nom l'indique, n'était qu'un petit chapeau, qu'une coiffure légère de fleurs placée sur la tête. La couronne de roses ou rosaire que l'on mettait sur la tête de la sainte Vierge prit ce nom, qui ne tarda pas à désigner aussi cette couronne mobile de grains enfilés, qui rappellent le nombre d'*ave* et de *pater* que l'on a à dire.

Le mot *chape* entre dans la composition d'un mot peu employé aujourd'hui, mais qui se trouve dans madame de Sévigné et ses contemporains : je veux parler de *chape-chute*, qui signifie, mot à mot, *chape tombée* et qu'on emploie dans le sens de bonne aubaine. Cette locution vient de ce qu'une personne ayant laissé choir la chape qu'elle portait, la *chape chute* fut une bonne aubaine pour celui qui la ramassa. C'est dans ce sens que La Fontaine dit dans la seizième fable du IVᵉ livre intitulé *le Loup, la Mère et l'Enfant* :

Un villageois avait à l'écart son logis.
Messer loup attendait chape-chute à la porte.

C'est à la forme du *capuchon* que l'on doit les noms du chou *cabu* et de la *capucine*.

Parmi les noms particuliers donnés au vêtement connu sous le nom de *chape*, on doit signaler le mot *chapelle* qui signifiait la chape d'un saint conservée comme relique et sur laquelle on prêtait serment. Bientôt *chapelle* désigna non-seulement la chape d'un saint, mais tous les reliquaires en général, et par une dernière extension, les édifices où ces reliquaires étaient conservés.

Le prêtre chargé de conserver les reliques se nommait *chapelain* et son bénéfice *chapellenie*. La religieuse qui avait la garde des reliques dans sa communauté était appelée *chapelaine*.

Enfin, de même que certains oratoires avaient emprunté leur nom à la chape de saint Martin, un ordre religieux emprunta son titre au capuchon qui couvrait la tête de ses moines. Les *capucins* qui, à tort ou à raison, étaient peu sympathiques à la population, étaient accusés de se livrer à des *capucinades*, c'est-à-dire à des affectations écrites ou parlées de fausse dévotion.

L'exemple du mot *caput* témoigne de la facilité avec laquelle les mots se fabriquent, et de l'importance des affixes, c'est-à-dire des préfixes et des suffixes qui, en se soudant à la racine, forment les déviations successives du sens primitif.

XXIII

DES AFFIXES, DES PRÉFIXES ET DES SUFFIXES

L'étude de la formation des mots démontre que la racine est une syllabe commune à plusieurs mots, qui, tout en conservant sa signification primitive, s'altère plus ou moins, selon les affixes qui le précèdent et le suivent.

On appelle *affixes* les groupes de lettres qui précèdent ou qui suivent le radical. Les affixes se divisent donc naturellement en deux catégories distinctes : les *préfixes* et les *suffixes*.

Ainsi, prenons par exemple la racine *du* à laquelle s'attache l'idée du mouvement, et qui a formé le verbe latin *ducere*, conduire, d'où est venu notre vieux verbe *duire*, qui, après avoir signifié guider, instruire, convenir, est encore employé quelquefois dans le sens d'être agréable. Écrivons ce verbe avec ses dérivés, en ayant soin de séparer le radical de ses affixes, et nous obtiendrons le résultat suivant :

préfixe	radical	suffixe
1		du	ire
2 dé	du	ire
3 en	du	ire
4 in	du	ire
5 ré	du	ire
6	»	
7 sé	du	ire
8 pro	du	ire
9 repro	du	ire
10 con	du	ire
11 écon	du	ire
12 recon	du	ire
13 intro	du	ire
14 tra	du	ire

préfixe	radical	suffixe
1		du	it
2 dé	du	it
3 en	du	it
4	»	
5 ré	du	it
6	»	
7	»	
8 pro	du	it
9	»	
10 con	du	it
11	»	
12	»	
13	»	
14	»	

préfixe	radical	suffixe
1		du	ite
2	»	
3	»	
4	»	
5	»	
6	»	
7	»	
8	»	
9	»	
10 con	du	ite
11 écon	du	ite
12 recon	du	ite
13	»	
14	»	

préfix...
1
2 dé
3
4 in
5 rè
6
7 sé
8 proc
9 repr
10 conn
11
12 reco
13 inti
14 tra

préfixe	radical	suffixe
1		duc	
2	»	
3	»	
4	»	
5 ré	duc	tible
6 irré	duc	tible
7	»	
8	»	
9 repro	duc	tible
10 con	duc	tible
11	»	
12	»	
13	»	
14 tra	dui	sible

préfixe	radical	suffixe
1		duc	tile
2	»	
3	»	
4 in	duc	tile
5	»	
6	»	
7	»	
8	»	
9	»	
10	»	
11	»	
12	»	
13	»	
14	»	

préfixe	radical	suffixe
1		»	
2 dé	duc	tif
3	»	
4 in	duc	tif
5	»	
6	»	
7	»	
8	»	
9	»	
10	»	
11	»	
12	»	
13	»	
14	»	

préfi...
1
2
3
4
5
6
7
8
9
10
11
12
13
14

Ce tableau suffit pour faire comprendre le rô

DES PRÉFIXES

Les préfixes peuvent être étudiés au triple point[

al suffixe		préfixe	radical	suffixe		préfixe	radical	suffixe		préfixe	radical	suffixe
		1	»		1	»			1	»		
» tion		2	»		2	»			2	»		
		3	»		3	»			3	»		
» tion		4	»		4	»			4	»		
c tion		5 ré	duc	teur	5	»			5	»		
		6	»		6	«			6	»		
» tion		7 sé	duc	teur	7	»			7	»		
» tion		8 pro	duc	teur	8	»			8	»		
» tion		9 repro	duc	teur	9	»			9	»		
duction		10 con	duc	teur	10 con	dui	seur	10 con	dui	soir	
		11	»		11	»			11	»		
c tion		12	»		12	»			12	»		
c tion		13 intro	duc	teur	13	»			13	»		
c tion		14 tra	duc	teur	14	»			14	»		

l suffixe		préfixe	radical	suffixe		préfixe	radical	suffixe		préfixe	radical	suffixe
tilité		1	»		1	»			1	»		
		2	»		2	»			2	»		
		3	»		3	»			3	»		
		4	»		4	»			4	»		
		5	»		5	»			5	»		
		6 irré	duc	tibilité	6	»			6	»		
		7	»		7	»			7 sé	dui	sant
		8 pro	duc	tibilité	8	»			8	»		
		9 repro	duc	tibilité	9 repro	duc	tivité	9	»		
		10	»		10	»			10	»		
		11 con	duc	tibilité	11	»			11	»		
		12	»		12	»			12	»		
		13	»		13	»			13	»		
		14	»		14	»			14	»		

que jouent les affixes dans la formation des mots.

vue de leur signification, de leur formation, et de leur origine.

Si nous les classons d'après les significations qu'ils

peuvent avoir, nous nous apercevons qu'ils jouent le rôle des propositions, et qu'ils donnent aux mots auxquels ils se joignent, tantôt un sens qualificatif, tantôt un sens quantitatif, quelquefois un sens négatif. M. Brachet les a classés ainsi dans sa *Grammaire historique*.

Si nous examinons les préfixes au point de vue de leur formation, nous voyons que, comme tous les mots de la langue, ils ont une double origine : l'origine populaire et l'origine savante.

Tous les préfixes d'origine grecque appartiennent à cette dernière influence. Quant aux préfixes d'origine latine, on reconnaît qu'ils ne sont pas dus à l'influence naturelle, lorsqu'ils échappent aux déformations que les mots subissent, comme nous l'avons vu, en passant, par la bouche des peuples, de la langue mère à la langue dérivée.

Il y a enfin une troisième espèce de mots, ce sont les mots composés savamment sur un type populaire. Ces dérivés de formation française n'ont pas de mots correspondants en latin. Pour ne donner en ce moment qu'un exemple, je citerai *encourir*, qui vient de *incurrere*, et *enrichir*, composé de *en*, de *riche*, et du suffixe verbal *ir*.

Je donne ici pour plus de clarté, une double liste de mots rangés par ordre de préfixes; les mots à préfixes d'origine populaire placés vis-à-vis des mots à préfixes d'origine savante.

Vous verrez mieux ainsi la différence qui existe, quant aux préfixes, entre les mots de la langue populaire et ceux de la langue savante.

Préfixes d'origine populaire.		Préfixes d'origine savante.	
a	version	*ad*	versaire
bi	ais (*bis facies*)	*bis*	cuit
bien	veillant	*béné*	vole
contre	dire	*contra*	diction
dé	créditer	*dis*	créditer
es	suyer	*ex*	suder
entre	poser	*inter*	poser
par	fait	*per*	fectible
sou	scription	*sub*	scription
sur	fin	*super*	fin
tra	vers	*trans*	versal
outre	cuidance	*ultra*	montain
vi	comte	*vice-*	roi

Il ne faut pas non plus confondre le préfixe avec des mots qui ont été soudés à d'autres mots et qui rentrent, par conséquent, dans la catégorie des mots composés.

Les mots composés, assez nombreux dans notre langue, sont facilement reconnaissables. Ils se forment de différentes façons.

1° Par l'union de deux substantifs, comme :

or fèvre	de	*auri faber*, ouvrier qui travaille l'or.
conn étable		*comes stabuli*, comte de l'écurie.
ori peau		*auri pellem*, vêtement d'or.
contre danse		*country dance*, danse de campagne.

2° Par la réunion d'un substantif et d'un adjectif ou *vice versa*, comme :

courte pointe	de	*culcita puncta*, oreiller piqué.
ré publique		*res publica*, chose publique.
vin aigre		*vinum acre*, vin aigre.
bon heur		*bonum augurum*, bon augure.
aub épine		*alba spina*, blanche épine.

3° Par l'union d'un substantif et d'un verbe, comme :

main tenir	tenir la main.
sau poudrer	poudrer du sel.
col porter	porter sur le cou.
boute feu	qui met le feu.
édifier	*œdi ficare*, c'est-à-dire faire une construction.
pacifier	*paci ficare*, c'est-à-dire faire la paix.

4° Par la réunion de deux adjectifs, comme :

clair   obscur
clair   , voyant.

5° Par l'union d'un adjectif et d'un verbe, comme :

purifier   de   *puri ficare*, c'est-à-dire rendre pur.

Dans l'étude qui va suivre, je n'observerai aucune de ces divisions. Je me contenterai de citer les préfixes les plus connus par ordre alphabétique, en ayant le soin de faire sur chacun d'eux les remarques que je jugerai nécessaires. Je laisse de côté les préfixes d'origine douteuse, et dont le sens n'est pas encore assez déterminé pour éclairer la signification du mot auquel il est attaché. On en rencontre un certain nombre de ce genre dans le remarquable dictionnaire de Littré.

1. A. Préfixe prépositionnel provenant du *ad* latin, et qui exprime des rapports de direction, de repos, d'extraction, de liaison, etc. Exemples :

alors   *ad illam horam*, mot à mot, à l'heure.

*a*paiser	de *ad pacare*, faire la paix avec quelqu'un.
*a*panage	de *apanagium*, de *ad panem*, mot à mot, *au pain*, et par extension de quoi subsister.
*a*vertir	de *ad vertere*, tendre vers.

Citons encore *appât* de *ad pastum*, mot à mot *à past*, c'est-à-dire *à nourriture*, d'où pâture pour attirer.

2. A. préfixe négatif provenant du *a* privatif grec ; tous ces mots sont d'origine savante.

EXEMPLES :

amarante	de	*amarantos*, de *a* privatif et de *maraïnô*, flétrir, c'est-à-dire fleur qui ne flétrit point.
amnistie	de	*amnestia*, oubli du passé, de *a* privatif et de *mnaomaï*, se souvenir, c'est-à-dire *oubli*.
athée	de	*a* privatif et de *theos*, Dieu, c'est-à-dire sans Dieu.

3. AB. Préfixe prépositionnel qui vient de la préposition latine *ab*, marquant le point de départ, l'origine, la cause, l'absence, l'éloignement, la séparation, la perversion, etc.

EXEMPLES :

*ab*horrer	de *ab horrere*, s'éloigner en frissonnant à la vue de quelque chose.
*ab*ject	de *ab jectus* mot à mot *jeté loin de*.
*ab*soudre	de *ab solvere*, mot à mot *délier de*.
*ab*us	de *ab usus*, mauvais usage.

4. ABS. Préfixe prépositionnel qui a la même valeur que *ab* indiquant la séparation et provenant de la préposition latine *abs*.

EXEMPLES:

absence	de	*abs ens*, état d'être loin de.
abstenir		*abs tenere*, se tenir loin de.
abstraire		*abs trahere*, tirer de.

5. AC. Préfixe prépositionnel provenant du *ad* latin, le *d* s'étant changé en *c* par euphonie devant les radicaux commençant par un *c*. *Ad* amène l'idée de rapprochement, d'augmentation.

EXEMPLES :

accent	de	*ac-centus*, pour *ad cantus*, chant sur.
accepter		*ad capere*, prendre pour soi.
acclamer		de *acclamare*, pour *ad clamare*. crier à la vue d'une chose.
accoster		d'après *ad costa*, à côté.
accouder		d'après *ad cubitus*, sur le coude.

6. AD. Préfixe provenant de *ad* (voyez ci-dessus nos 1 et 5).

EXEMPLES :

adage	*adagium*, de *ad agere*, pousser vers.
adorer	de *ad orare*, parler à quelqu'un.

7. AF. Préfixe provenant de *ad*, le *d* s'étant changé en *f* par euphonie (voyez nos 1, 5 et 6).

EXEMPLES :

affirmer	de	*ad firmare*, rendre solide par.
affluer		*ad fluere*, couler vers.

8. AL. Préfixe provenant de *ad*, le *d* s'étant transformé en *l* par euphonie, pour les mêmes causes que j'ai citées plus haut. (Voyez n°s 1, 5, 6 et 7.)

EXEMPLE :

*al*laiter   de   *ad lactare*, donner du lait à.

9. AM. Préfixe prépositionnel provenant de *amb*, le *b* étant tombé, en sa qualité de labiale douce, devant le *p*, labiale forte. (Voyez n°s 10 et 11.)

*am*puter   de   *amputare*, formé d'après *amb putare*, couper autour.

10. AMB. Préfixe prépositionnel provenant de la préposition latine *am* ou *ambi*, signifiant autour, des deux côtés. (Voyez n° 9.)

EXEMPLES :

*amb*igu   de   *amb igere*, errer autour.
*amb*ition   de *ambitionem*, formé de *amb irè*, aller autour, tourner autour de quelqu'un, le circonvenir, etc.

11. AMP. Le même préfixe que *amb*, le *b* s'étant modifié en *p* par euphonie. (Voyez n°s 9 et 10.)

EXEMPLE :

*am*poule   de   *amb olla*, vase à contour, vase à ventre.

12. AMPHI. Préfixe prépositionnel venant du mot grec *amphi*, et ayant le même sens que la préposition latine *amb*.

*amph*ibie   de   *amphi bios*, vie de deux manières.
*amph*ithéâtre   *amphi theatron*, théâtre des deux côtés.

13. AI. Déformation du préfixe *ante*, préposition qui signifie *devant, avant*, et qui se retrouve dans aîné autrefois *ainsné*, de *ante natus*, né avant.

14. AN. Le même préfixe que *ad*, le *d* étant tombé devant le *n* qui s'est doublé. (Voyez n°s 1, 5, 6, 7 et 8.) Exemples :

annexer   de   *annectere*, pour *ad nectere*, attacher à.

15. AN. Le même préfixe que *ante* et qui marque la priorité de temps. (Voyez n° 13.)

EXEMPLE :

ancêtre   de   *ante cedere*, marcher avant.

16. AN. Le même préfixe que *a* privatif, le *n* étant ajouté par euphonie. (Voyez plus haut n° 2.)

EXEMPLE :

anémie   de   *an aimia*, manque de sang.

17. ANA. Préfixe prépositionnel provenant de la préposition grecque *ana*, indiquant la répétition, la reduplication, le retour.

anachorète   de   *anachôretos*, qui va en retraite, qui vit dans la retraite.

anachronisme   de   *anachronismos*, d'après *ana chronon*, avec le temps.

18. ANTÉ. Préfixe prépositionnel provenant du latin *ante* et qui marque la priorité de temps, l'antériorité. (Voyez n°s 13 et 15.)

EXEMPLE :

*anté*diluvien   avant le déluge.

19. ANTE. Préfixe prépositionnel provenant du grec *anti*, marquant l'opposition.

EXEMPLE :

*ante*christ   contre le Christ.

20. ANTI. Préfixe prépositionnel provenant du latin *ante*. (Voyez n°ˢ 13, 15 et 18.)

EXEMPLES :

*anti*ciper   de   *ante capere,* prendre avant.
*anti*chambre   avant la chambre.
*anti*dater   dater avant.

21. ANTI. Préfixe prépositionnel provenant du grec *anti*. (Voyez plus haut n° 19.)

EXEMPLES :

*anti*dote   de   *antidoton*, de *anti didêmi*, don-
                   ner contre.
*anti*pathie   de   *anti patheia*, affection contre.
*anti*enne   de   *anti phônon*, qui renvoie le son,
                   qui répond, d'où chant à
                   deux chœurs chantant alter-
                   nativement.

22. APO. Préfixe prépositionnel venant du grec *apo* signifiant éloignement.

EXEMPLES :

*apo*gée   de   *apo-geion*, mot à mot loin de terre.
*apo*logie · de   *apo-logia*, discours qui écarte une in
                   culpation mot à mot *dire de.*
*apo*stasie   de   *apo-stasia*, état de se tenir à l'écart, de
                   apo, loin de, *istêmi*, placer.

23. **AP**. Préfixe provenant de *ab* (voyez n° 3), le *b* s'étant transformé en *p* par euphonie.

*ap*parat	de	*apparatus*, formé sur *ad parare*, préparer à.
*ap*partement		ce qui est divisé, de *ad partiri*, partager en.
*ap*pliquer	de	*applicare*, pour *ad plicare*, plier à.

24. **AR**. Préfixe prépositionnel provenant du latin *ad*, le *d* étant tombé devant le *r* qui s'est doublé. (Voyez n°s 1, 5, 6, 7, 8 et 14.)

*ar*rière	de	*ad retro*.

25. **ARCHI**. Préfixe marquant le superlatif et la supériorité, et provenant du mot grec *archi*, forme de *archê*, signifiant commandement, primauté.

*ar*change	de	*archaggelos*, le premier des anges.
*archi*tecte	de	*architectôn*, maître des charpentiers, puis chef des ouvriers.
*archi*chancelier		le premier chancelier.
*archi*duc		duc ayant une prééminence sur les ducs.
archi fou		fou au superlatif.

26. **AS**. Préfixe provenant de *ad* (voyez ce mot), le *d* s'étant transformé en *s* par euphonie. (Voyez n°s 1, 5, 6, 7, 8, 14 et 24.)

EXEMPLES :

*a*scendant	de	*ascendentem*, d'après *ad scandere*, monter vers.
*a*sperger	de	*ad spergere*, disperser sur.
*a*spirer	·	*ad spirare*, souffler vers.

27. AT. Préfixe provenant de *ad* (voyez n°s 1, 5, 6, 7, 8, 14, 24 et 26)), le *d* s'étant changé en *t* par euphonie.

EXEMPLES :

*at*ourner	de	*ad ornare*, orner sur.
*at*tendre		*ad tendere*, tendre vers.

28. AUTO. Préfixe provenant du grec *autos*, signifiant soi-même.

EXEMPLES :

*auto*crate	de	*autocratès*,indépendant,qui ne dépend que de lui-même, de *autos*, même, et *cratos*, puissance.
*auto*mate	de	*automatos*, spontané, qui se meut par soi-même, de *autos*, même, et *memaa*, vouloir.
*auto*nomie	de	*autonomia*, indépendance, de *autos*, même, *nomos*, loi.

29. AV. Même préfixe que *ab* (voyez n°s 3 et 23), le *b* s'étant changé en *v* par euphonie.

EXEMPLES :

*av*ant	de	*ab ante*, de avant.
*av*eugle		*ab oculo*, sans œil.

30. BÉ. Préfixe quantitatif qui exprime le doublement. (Voyez n° 32.)

EXEMPLE :

Bévue   double vue.

31. BÉNÉ. Préfixe qualitatif de forme savante venant du latin *bene* qui signifie *bien*.

EXEMPLES :

*béné*diction   de   *benedictionem.*
*béné*fice   de   *beneficium.*

32. BI. Préfixe quantitatif qui exprime le doublement et qui vient du mot *bis* signifiant deux fois. (Voyez n° 30.)

*bi*corne   deux cornes.
*bi*nocle   œil double.
*bi*pède   à deux pieds.

33. BIEN. Préfixe qualitatif d'origine populaire venant du latin *bene*. (Voyez plus haut, n° 31.)

*bien*fait   de   *benefactum.*
*bien*heureux de   *bien* et *heureux.*

34. CATA. Préfixe venu de la préposition grecque *cata*, qui signifie *contre, dans, sur, en bas.*

*cata*chrèse   de   *catachrèsis*, mauvais emploi, contre l'usage, de *cata*, contre, *chraomaï*, user.
*cata*combe   profondeur, cavité, de *cata*, dessous, *kumbè*, cavité.
*cata*plasme   de   *cataplasma*, enduit, de *cata*, dessus, *plassô*, appliquer.
*cata*rrhe   de   *catarrous*, fluxion d'humeurs, de *cata*, en bas, *rhéô*, couler.

35. CIRCON. Préfixe prépositionnel qui provient du mot latin *circum*, signifiant autour.

*circon*férence	de	*circumferre*, porter autour.
*circon*scrire	de	*circumscribere*, tracer autour.
*circon*venir	de	*circumvenire*, venir autour.

36. CIS. Préfixe provenant de la préposition latine *cis* signifiant au delà.

*cis*alpin	au delà des Alpes.
*cis*rhénan	au delà du Rhin.

37. CO. Préfixe prépositionnel provenant du mot latin *cum*, signifiant *avec*, et qui indique la réunion, l'adjonction.

*co*adjuteur	celui qui est adjoint à quelqu'un pour l'aider à remplir ses fonctions.
*co*alition	action de se réunir ensemble.
*co*habiter	habiter avec.

38. COL. Préfixe venant du mot *cum*. (Voyez n° 37.)
*col*laborer de *collaborare*, pour *cum laborare* travailler avec

39. COM. Préfixe venant du mot *cum*. (Voyez n°s 37 et 38.)

EXEMPLES :

*com*battre	mot à mot	battre avec.
*com*mode		avec convenance.

40. CON. Préfixe venant du mot *cum*. (Voyez n° 37, 38 et 39.)

EXEMPLES :

concourir   mot à mot   courir avec.
confesser   avouer avec.

41. CONTRE. Préfixe prépositionnel provenant du mot latin *contra*, désignant le côté opposé à une chose, vis-à-vis, en face, etc.

EXEMPLES :

contre seing   c'est-à-dire   du côté opposé à la signature.

*contre*bande   bande opposée à une autre bande.

*contrô*le   liste opposée à une autre liste.

42. COR. Préfixe venant du mot *cum*. (Voyez nos 37 à 40.)

EXEMPLE :

*cor*rompre de *cor rumpere*, détruire, pour *cum rumpere* mot à mot, rompre avec.

43. DÉ. Préfixe prépositionnel qui vient de la préposition latine *de*, et qui exprime l'action de sortir, de descendre, d'enlever, de diminuer.

*dé*bander   c'est-à-dire   défaire une bande.
*dé*baptiser   changer le nom de quelqu'un.
*dé*boucher   retirer un bouchon.

44. DES. Préfixe prépositionnel qui vient du mot latin *de*, auquel le *s* a été ajouté par euphonie. (Voyez le n° 43.)

EXEMPLES :

*dés*abuser   pour   dé abuser
*dés*accord   dé accord
*dés*agréable   dé agréable
*dés*appointé   dé appointé
*dés*armer   dé armer.

45. DI. Préfixe quantitatif provenant du préfixe grec et répondant au préfixe *bis* qui signifie deux fois :

*dil*emme   de   *dilemma*, de *dis*, deux, *lemma*, arguments.

*diph*thongue de   *diphthoggos*, qui a un double son, de *dis*, deux, *phthoggos*, sons.

46. DI. Préfixe signifiant le retranchement, la négation, la séparation, l'éloignement, comme le *dis* latin d'où il provient.

*di*ffamer   de   *diffamare*, répandre un *mauvais bruit.*

*di*fficile de   *difficilis*, pour *disfacilis*, difficile c'est-à-dire *mal aisé.*

*di*lapider de   *dilapidare*, mot à mot jeter des pierres au loin en les dispersant.

47. DIA. Préfixe provenant de la préposition grecque *dia*, qui signifie *à travers, par, pendant, entre, au moyen de*, etc.

*dia*code   de   *dia kôdion*, onguent fait *avec des têtes de pavot.*

*dia*dème   de   *diadêma*, bandeau, d'après le verbe *diadeïn*, lier en travers, ceindre.

diagnostic de *diagnôsticos*, qui aide à discerner, du verbe *dia gignô-scöï*, connaître parfaitement.

*dio*rama de *dia* et *orama*, vision, mot à mot vue à travers.

48. DIS. Préfixe venant comme *di* (voyez plus haut le n° 46) du *dis* latin :

*dis*cerner de *dis cernere*, diviser, distinguer.
*dis*paraître c'est-à-dire ne plus paraître.
*dis*traire de *distrahere*, séparer, tirer en sens divers.

49. DYS. Préfixe péjoratif provenant du grec *dus*, et donnant par conséquent un mauvais sens au mot devant lequel il est placé :

*dys*pepsie de *dus pepsia*, digestion mauvaise, de *dus*, difficilement, *peptô*, cuire, digérer.
*dys*senterie de *dusenteria*, de *dus*, mal, et *enteron* entrailles.

50. É. Préfixe prépositionnel provenant de la préposition latine *ex*, signifiant *hors de, venant de, de la part de*, etc., etc :

é bouler	tomber de
é crêmer	prendre la crème de
é maner	couler de
é têter	retirer la tête de
é vanouir	disparaître de.

51. EF. Même préfixe que E venant de la préposition latine *ex*. (Voyez n° 50.)

*ef*fusion	de	*effusionem*, action de verser hors de (*ex fundere*).
*ef*faroucher		rendre farouche.

52. EM. Préfixe prépositionnel qui a tous les sens de la préposition *en* qui vient de *in*, et qui signifie *à l'intérieur de, vers l'intérieur de* :

*em*barbouiller	barbouiller en
*em*blaver	semer du blé dans
*em*bourber	se mettre dans la bourbe
*em*braser	devenir en braise
*em*brasser	se mettre dans les bras
*em*ployer	placer dedans, mettre dans.

Ce même préfixe vient aussi du *en* grec, qui signifie *dans*. Exemples :

*em*bryon	de	*embryon*, de *en*, dans, *bryó*, végéter, croître.
*em*pyrée		*empyros*, de *en*, dans, *pyr*, feu.

53. EN. Préfixe prépositionnel venant aussi de *in*. (Voyez n° 52.)

*en*cadrer	mettre dans un cadre
*en*chaîner	mettre dans les chaînes
*en*fouir	fouir dans.

Le *en* vient aussi de la préposition grecque *en*, qui a la même signification que *in*.

*en*céphale	de	*egkephalos*: de *en*, dans, et *képhalè*, tête.
*en*cyclique		*egkyklios*, circulaire, de *en*, dans, *kyclos*, cercle.

endémique   de   *endemios*, qui est propre au peuple d'un certain pays, de *en*, dans, *dêmos*, peuple.

54. EN. Préfixe prépositionnel venant de *inde* signifiant *d'où*. Exemple :

envoyer   de   *inde viare.*

55. ENTRE. Préfixe prépositionnel provenant du mot latin *inter*, signifiant *entre* (Voyez n° 71.)

*entr*ave
*entr'*acte.

56. ÉPI. Préfixe prépositionnel du grec *épi* qui signifie *sur :*

*épi*démie   de   *épi dêmia*, arrivée, séjour dans un pays, de *epi*, sur, et *dêmos*, peuple.

*épi*derme   de   *épi dermis*, pour *épi derma*, sur la peau.

*épi*gastre   de   *épi gastrion*, pour *épi gastêr*, sur le ventre.

*épi*taphe   de   *épi taphos*, sur la sépulture.

*épi*tome   de   *épi tomê*, amputation, retranchement, abrégé, de *épi*, sur, et *temnó*, couper, retrancher.

57. ES. Même préfixe que E (voyez n° 50, 51) :
essuyer   de   *ex sucare*, ôter le suc de.
essouffler   mot à mot être hors de souffle.

58. EU. Préfixe qualitatif qui vient du mot grec *eu* signifiant *bien :*

*eu*charistie   de   *eucharistia*, action de grâce, de *eu*, bien, et *charis*, grâce.

| euphonie | de | *euphónia*, belle voix, de *eu*, bien, *phonè* voix. |
| Euménides | | *Euménides*, déesses bienveillantes, de *eu*, bien, *menos*, esprit ; c'est une antiphrase. |

59. EX. Préfixe prépositionnel provenant de la préposition latine *ex*. (Voyez n° 50, 51, 57.)

exagérer	de	*ex aggerare*, faire un monceau de terre élevé par des terres rapportées, de là le sens d'exhausser, augmenter.
excéder		*ex cedere*, aller au delà, aller hors.
excentrique		hors du centre.
exclamer		*ex clamare*, crier, élever fortement la voix.

Il y a aussi quelques mots français dont les préfixes proviennent du *ex* grec, signifiant aussi *hors de*. Je citerai :

| exode | de | *exodos*, sortie, de *ex*, hors de, *odos*, route. |
| extase | | *exstasis*, étonnement, de *ex-istèmi*, mettre hors de soi. |

60. FOR. Préfixe prépositionnel venant du latin *foris* ou *foras*, signifiant *dehors*.

EXEMPLES :

| forfait | de | (*foris factum*) fait en dehors. |
| formariage | | mariage fait contre la loi. |

61. FOUR. Même préfixe que *for*. (Voyez n° 60.)

| fourvoyer | | être hors de la voie (*foris via*). |

62. HÉTÉRO. Préfixe qui vient du grec *eteros* et qui signifie *autre* :

    hétérodoxe   de   *eteros doxa*, autre opinion,
    hétérogène   *eteros genos*, autre genre.

63. HYPER. Préfixe qui vient du grec *yper*, signifiant *par dessus, au delà* :

    *hyper*bole   de   *yperbolè*, exagération, de *yper*, au delà, *ballô*, jeter.
    *hyper*boréen   *yperboréios*, très-reculé vers le nord, de *yper*, au delà, *boreas*, vent du nord.

64. HYPO. Préfixe qui vient du grec *hypo*, signifiant *sous*.

EXEMPLES :

    hypocauste   de   *hypocauston*, étuve, de *upo*, sous, *causó*, brûler.
    hypocrisie   *hypocrisia*, dissimuler, de *upo*, en dessous, *crinomaï*, juger.

65. IL. Préfixe négatif venant du latin *in*. (Voyez n° 69.)

EXEMPLES :

    *il*légal   c'est-à-dire   non légal
    *il*légitime   non légitime
    *il*lettré   non lettré
    *il*lisible   non lisible.

66. IL. Préfixe prépositionnel venant du latin *in* et signifiant *dans*. (Voyez n°s 68 et 70.)

illuminer   de   *illuminare*, mettre en lumière (*in lumen*).

illusion   de   *illusionem*, action de jouer dans (*in lusum*).

illustre   de   *inluster*, dans l'éclat.

67. IM. Préfixe négatif venant de *in*. (Voyez n° 65 et 69.)

EXEMPLES :

*im*berbe	sans barbe
*im*maculé	sans tache
*im*médiat	non médiat
*im*meuble	non meuble
*im*modeste	sans modestie.

68. IM. Préfixe prépositionnel venant de *in* latin. (Voyez n° 66 et 70.)

*im*biber	boire dans
*im*broglio	dans le fourré (*in brogilo*).

69. IN. Préfixe négatif venant de *in* latin. (Voyez n°ˢ 65 et 67.)

EXEMPLES :

*in*action	sans action.
*in*aliénable	non aliénable
*in*animé	sans vie (mot à mot sans âme)
*in*capable	non capable
*in*fâme	mal famé.

70. IN. Préfixe prépositionnel venant du latin *in*. (Voyez n°ˢ 66 et 68.)

incarcérer   mettre en prison, *in carcere*.
incision   action de couper dans.

71. INTER. Préfixe prépositionnel venant du latin *inter*. (Voyez n° 55.)

*inter*ruption
*inter*valle

72. IR. Préfixe négatif qui provient du latin *in*. (Voyez n°s 65, 67 et 69.)

*ir*réconciliable   non réconciliable.
*ir*réductible   non réductible.
*ir*régulier   non régulier.

73. IR. Préfixe qui signifie *dans* et qui vient du mot latin *in*. (Voyez n°s 66, 68 et 70.)

*ir*radier   de   *irradiare*, rayonner sur.
*ir*rigation   de   *irrigationem*, action d'arroser dans.

74. MAL. Préfixe qualitatif qui vient du latin *malè*, et qui signifie *mal*.

malade   de   *male aptus*, mal apte à.
maltraiter   de   *maletractare*, traiter mal.

75. MAU. Préfixe qualitatif qui vient aussi du latin *male*. (Voyez n° 47.)

maudire   de   *male dicere*, dire mal.
maussade   *male sapidus*, mal savoureux.

76. MÉ. Préfixe qualificatif qui a un sens péjoratif, exprimant l'amoindrissement, la privation, etc., il tient du latin *minus*, qui signifie *moins*.

méchant,	c'est-à-dire	mes *cheant*, c'est-à-dire, ayant mauvaise chance, mal doué, etc.
mécontent		non content
mécréant		ne croyant pas
médire		mal dire
mégarde		faute de soin
mépriser		mal priser.

77. MÉS. Préfixe qualitatif venant comme *me* de *minus*. (Voyez n° 76.)

EXEMPLES :

mésallier	contracter une alliance moindre que celle à laquelle on a droit.
mésaventure	mauvaise aventure.

78. MÉGA. Préfixe qualitatif qui provient du grec *megas* et qui signifie *grand :*

mégamètre	de	*megas*, grande, *metron*, mesure.
mégacephale		*megas*, grande, *kephalè*, tête.

79. MÉLAN. Préfixe qui signifie *noir* et qui vient du grec *melas*, qui tire son origine du sanscrit *mala*, tache, saleté, d'où le latin *malus*, en français *mal :*

mélancolie	de	*melagcholia*, humeur sombre, de *melas*, noire, *cholé*, bile.

80. MÉS et MÉSO. Préfixe qui vient du grec *mesos*,

équivalent du latin *medius*, et qui signifie *milieu, entre deux :*

mésentère   de   *mesenterion*, membrane qui unit les intestins, de *mesos*, qui est au milieu, et de *enteron*, intestin.

Mésopotamie   entre deux fleuves.

81. MÉT et MÉTA. Préfixe qui provient de la préposition grecque *meta*, qui signifie transformation, changement, succession :

météore   de   *météôros*, de *meta aëiro*, s'élever au dessus.

métamorphose   de   *metamorphôsis*, transformation, forme qui change.

82. MICRO et MICROS. Préfixe qui signifie *petit* et qui vient du grec *micros :*

microcosme   petit monde, de *micros*, petit, et *cosmos*, monde.

microscope   de   *micros*, petit, et de *scopeïn*, regarder, instrument au moyen duquel on examine les petites choses.

83. MI. Préfixe quantitatif venant du latin *medius* et signifiant *moitié :*

minuit   de   *mediam noctem*, au milieu de la nuit.

midi   *mediam diem*, au milieu du jour.

milieu   *medium locum*, au milieu du lieu.

84. NÉO. Préfixe qui signifie *nouveau* et qui vient du grec *neos,* neuf : ·

néophyte   de *neophytos*, nouveau né.

néologisme   *neos,* nouveau, et *logos*, discours.

85. NON. Préfixe négatif qui vient du mot latin *non*.

EXEMPLES :

*non*pareil
*non*chalant.

86. OB. Préfixe prépositionnel qui vient du préfixe latin *ob* et qui signifie *contre, vis-à-vis*.

EXEMPLES :

*ob*éir   de *ob audire*, c'est-à-dire écouter quelqu'un vis-à-vis, avec soumission.

*ob*liger   *ob ligare*, c'est-à-dire lier vis-à-vis de quelqu'un.

87. ORTHO. Préfixe qui vient du grec *orthos*, signifiant *droit, dressé :*

*ortho*graphie du latin *orthographia*, qui vient du grec *orthos graphèin*, écrire droit.
*ortho*pédie   de *orthos*, droit, *païdeïa*, éducation.

88. OUTRE. Préfixe prépositionnel qui signifie la dernière limite, *au delà*, du mot latin *ultra* .

*outr*age
*outr*ance
*outr*ecuidance.

89. PAR et PARA. Préfixe qui vient du grec *para* qui signifie *à côté :*

*para*bole   du grec *parabolè*, du verbe *para ballèin*, jeter à côté, mettre auprès, mettre en parallèle, comparer.
*para*doxe   *paradoxa*, qui vient du grec *para-doxa*, à côté de l'opinion.

90. PAR. Préfixe prépositionnel qui signifie *à travers* et qui vient du mot latin *per*. Il avait au moyen âge une signification superlative comme dans pardonner :

*par*courir de *percurrere*, courir à travers.
*par*donner   remettre complétement.
*par*faire   faire complétement, compléter.
*par*fumer   fumer à travers, produire une fumée qui se répand.

91. PENTA. Préfixe quantitatif qui signifie *cinq* et qui vient du mot grec *pente, cinq :*

*penta*gone, de *pentagônos*, qui a cinq angles.
*penta*teuque   *pentateuchôs*, qui a cinq livres.

92. PER. Préfixe prépositionnel venant du latin *per*. (Voyez n° 90.)

*per*cevoir de *percipere*, voir à travers.

93. PÉRI. Préfixe prépositionnel provenant du grec *peri* et qui signifie *à l'entour de :*

*péri*mètre de *perimetros*, circonférence, mesure autour.
*péri*phrase   *periphrasis*, circonlocution.

94. PHIL et PHILO. Préfixe qualitatif signifiant *qui aime* et qui vient du grec *philos :*

*phil*anthrope ami de l'homme, de *philos* et *anthrópos*.
*philo*sophie   ami de la sagesse, de *philos* et *sophia*.

95. POUR. Préfixe prépositionnel venant de *pro*, qui signifie *pour*. (Voy. le n° 97.)

*pour*chasser
*pour*boire.

96. PRÉ. Préfixe prépositionnel qui signifie *avant* et qui vient du latin *præ :*

*pré*cher	de *præ dicare,* mot à mot *dire devant* quelqu'un.
*pré*coce	*præcox,* qui mûrit avant le temps, et qui vient de *præ coquus.*
*pré*poser	*præ ponere,* placer en avant.
*pré*sumer	*præ sumere,* prendre d'avance.

97. PRO. Préfixe prépositionnel qui vient du latin *pro* et qui signifie *pour, à la place de.* (Voy. le n° 95.)

*pro*curer	de *pro curare,* avoir soin de, pour.
*pro*dïge	*pro agere,* chose mise en avant (pousser en avant).
*pro*consul	à la place du consul.

98. PRO. Préfixe prépositionnel qui a la même signification que *pre* et qui vient du mot grec *pro,* en avant :

*pro*céder	de *procedere,* aller en avant.
*pro*clamer	*proclamare,* mot à mot crier en avant.

99. RÉ. Préfixe réduplicatif provenant de la particule itérative latine *re* marquant la retrogradation, le renouvellement, la réciprocité, le retour en :

*ré*agir	ré agir
*re*cueillir	re cueillir
*ré*criminer	ré criminer
*re*joindre	re joindre.

100. RE. Préfixe prépositionnel venant du mot latin *retro,* signifiant en arrière :

*re*specter	de *respectare,* formé sur *retro spectare* regarder en arrière.

101. RÉTRO. Préfixe prépositionnel venant du mot latin *retro*, signifiant en arrière :

*rétro*céder   de *retro cedere*, mot à mot se mouvoir en arrière
*rétro*grader   *retro gradare*, reculer
*rétro*spectif d'après *retro specere*, regarder en arrière.

102. SE. Préfixe prépositionnel provenant de la particule latine *se*, marquant la division, l'éloignement, la privation :

sevrer   de   *se parare*
séduire   *se ducere*.

103. SE. Préfixe prépositionnel provenant du mot latin *sub*, signifiant *sous*. (Voy. nᵒˢ 104 et 107.)

séjour de *subdiurnum*, mot à mot sous le jour.

104. SOU. Préfixe prépositionnel provenant du mot latin *sub*. (Voy. nᵒˢ 103 et 107.)

*sou*venir   de   *sub*venire
*sou*terrain   *sub*terraneus
*sou*rire   *sub*ridere.

105. SOUS. Préfixe prépositionnel provenant du mot latin *subtus*, dessous :

*sous*traire de *subtus trahere*, dérober.

Parmi les mots de formation française, nous citerons :

sous-diacre
sous-chantre.

106. SOUR. Préfixe prépositionnel venant de *super*. (Voy. nᵒˢ 103 et 109.)

*sour*cil   de   **super**cilium

107. SUP. Préfixe provenant du mot latin *sub*. (Voy. nᵒˢ 103 et 104.)

*sup*plier de *sub plicare*, plier dessous, se prosterner.

108. SUPER. Préfixe prépositionnel provenant du mot latin *super*, dessus. (Voy. nᵒ 106.)

EXEMPLES :

*super*fluité	de	*superfluitatem*
*super*stition		*superstitionem*
*super*poser		
*super*cherie		

109. SUR. Préfixe prépositionnel venant de *super*. (Voy. nᵒˢ 106 et 108.)

EXEMPLE :

*sur*venir de *supervenire*, venir au-dessus, se mettre sur.

Citons encore les mots de formation française, commè :

*sur*nommer
*sur*tout
*sur*face
*sur*humain

110. SYM. Préfixe provenant du grec *sun*, qui signifie *avec* :

*sym*étrie de *symmetria*, du grec *sun metron*, avec mesure.

*sym*pathie de *sympathia*, du grec *sympatheia*, de *sun pathos*, avec passion.

*sym*phonie de *symphonia*, du grec *symphonia*, de *sun phônè*, avec la voix.

111. TÉLÉ. Préfixe qui marque l'éloignement, et

qui vient de l'adverbe grec *télé*, qui signifie loin.

*télé*graphe de *télé graphô*, j'écris loin.
*télé*scope   *télé scopeô*, je vois loin.

112. TETRA. Préfixe quantitatif, venant du mot grec *tétra*, qui signifie *quatre*.

*tetra*corde	quatre cordes
*tetra*gone	quatre angles.

113. TRA. Préfixe prépositionnel provenant du mot latin *trans*, signifiant *au delà*. (Voy. n° 114.)

*tra*verser	de *trans* versare
*tra*duire	de *trans* ducere.

114. TRANS. Préfixe venant du mot latin *trans*, qui indique le mouvement et qui signifie au delà. (Voy. n° 113.)

*trans*action de *transactionem*, acte par lequel les deux parties passent outre quant à leurs contestations.
*trans*ition   *transitionem*, action de passer d'un endroit à un autre.

115. TRÉ. Préfixe prépositionnel provenant du mot latin *trans*. (Voy. n° 113 et 114.)

*tré*pas   de *trans passus*, mot à mot passage au delà.
*tres*saillir   *trans salire*, mot à mot sauter au delà.

116. VI. Préfixe prépositionnel venant du mot latin *vice*, qui signifie l'alternative, la succession, et qui exprime aussi l'idée de remplacement, etc. :

*vi*damé	de *vice dominus*
*vi*comte	*vice comitem*

117. VICE. Préfixe prépositionnel venant du mot latin *vice*. Ex. :

vice-roi, *vice*-amiral

La liste qui précède permet de concevoir l'influence que les préfixes exercent sur les radicaux lorsqu'ils se combinent avec eux.

XXIV

DES SUFFIXES

Les suffixes, c'est-à-dire les particules qui suivent les radicaux, ne jouent pas le même rôle que les préfixes. Ces derniers métamorphosent le sens du radical, tandis que les suffixes déterminent presque toujours la place que le radical doit avoir dans le discours. Je dis presque toujours, car il y a un certain nombre de suffixes qui donnent aux mots qu'ils terminent une valeur soit minorative, soit péjorative, soit augmentative.

En effet, si je prends la racine sanscrite *aj* qui signifie *mouvoir*, et que je la cherche dans les langues indo-européennes, je la retrouve escortée d'un suffixe. C'est ainsi que l'infinitif se distingue :

En grec	par le suffixe *ëin*	ag *ëin*
En latin	par le suffixe *ere*	ag *ere*
En français	par le suffixe *ir*	ag *ir*

Sans remonter au sanscrit, connaissant la filiation

qui existe entre le français et le latin, je cherche maintenant quels sont les mots qui, venant d'*agere*, peuvent me donner les différentes valeurs grammaticales de ce mot ; je trouve alors, parmi les dérivés, les mots *actus, acti, activitas, actio,* etc., qui, devenus français, donnent, soit étymologiquement, soit par analogie, les mots :

$$\text{ac} \begin{cases} \text{te} \\ \text{tif} \\ \text{teur} \\ \text{tivant} \\ \text{tiver} \\ \text{tivement} \\ \text{tivité} \\ \text{tion} \\ \text{tionné} \\ \text{tionner} \\ \text{tionnaire} \end{cases}$$

J'examine ces suffixes, et je vois que le mot n'a pas changé de sens puisque l'idée de faire quelque chose se trouve dans tous les mots. La valeur des suffixes est donc, sauf quelques exceptions, essentiellement grammaticale. Comme je l'ai dit plus haut, le plus grand nombre des suffixes exprime le rôle que le radical doit jouer dans la phrase, soit comme verbe, soit comme substantif, soit comme adjectif, etc., etc.

Je n'ai pas besoin d'ajouter que, comme les préfixes, les suffixes doivent leur formation aux influences savante et populaire.

Dans la liste des suffixes qui va suivre, j'ai eu le soin d'indiquer les principaux suffixes qui appartiennent au langage géographique. J'aurais pu en citer un plus grand nombre, mais, comme j'ai déjà traité la question des suffixes ethniques dans mes Entretiens sur l'origine et la formation de la langue française, je renvoie à ce livre ceux que cette étude intéresserait particulièrement.

1. A. Suffixe ethnique venant des désinences *acum* et *acus* :

Gisi*a*   de   Gisi*acus* (Jura)
Nantu*a*   Nanto*acum* (Ain).

2. ABLE. De *abilis*, suffixe latin.

EXEMPLES :

am*able*   am*abilis*
aff*able*   aff*abilis*.

Ce suffixe est tantôt actif, tantôt passif.

Il est actif lorsqu'il indique ce qui peut produire l'action par le radical.

EXEMPLES :

faveur   favor*able*, qui donne faveur
secours   secour*able*, etc.

Il est passif lorsqu'il indique ce qui est digne de recevoir l'action exprimée par le radical.

EXEMPLE :

punir   puniss*able*, qui mérite d'être puni
manger   mange*able*, etc.

3. AC. Suffixe ethnique venant de la désinence *iacum* et *atum* en usage dans le midi de la France :

Aurillac	Aurel*iacum* (Cantal)
Neyrac	Nigr*iacum* (Aveyron
Floirac	Flor*iacum* (Gironde)
Clairac	Clair*atum* (Hérault).

4. AC. Suffixe ethnique venant de la désinence *acus, aca, acum*, produite par un radical celtique différent du *iacum* cité ci-dessus :

Carn*ac*	Carn*acum* (Morbihan)
Carenn*ac*	Carenden*acus* (Lot).

5. ACE. Suffixe d'origine savante provenant du suffixe *acem :*

ten*ace*	ten*acem*
viv*ace*	viv*acem*
rap*ace*	rap*acem*.

6. ACÉ. De *aceus*. Suffixe particulièrement employé pour désigner des catégories de plantes et d'animaux :

les crust*acés*
les mélastom*acés*
les lili*acés*.

7. ACE et ASSE. Suffixe augmentatif et souvent péjoratif. On le retrouve dans :

fil*asse*	de	fil
paill*asse*		paille
paper*asse*		papier
popul*ace*		peuple

bonace   de bon
coriace   cuir
grimace   grimer.

C'est avec ce suffixe qu'on a formé le suffixe péjoratif *assier* :

paperassie*r*
tracassier
écrivassier.

8. ACHE. Suffixe péjoratif qu'on retrouve dans l'italien *accio*, et qui vient du suffixe péjoratif latin *ascia* :

bravache
ganache
gavache
panache
plumache
rondache
patache.

Des verbes ont été composés d'après ce suffixe et dans un même sens péjoratif :

amouracher
panacher
rabâcher.

9. ACHE est aussi un suffixe verbal d'origine populaire provenant du suffixe *ico*, comme :

mastico, je mâche.

Voyez le suffixe correspondant d'origine savante *ique*.

10. ACLE, du suffixe *aculum*, indiquant ce qui est :

spectacle	spectaculum, c'est-à-dire ce qu'on voit
miracle	miraculum, ce qu'on admire
oracle	oraculum, ce qu'on entend.

Acle n'est qu'un suffixe d'origine savante. Dans la langue populaire il a la forme *ail*. (Voyez ce suffixe.)

11. ADE. Suffixe tiré du participe passif latin *tus*, correspondant à l'*ada* espagnol et à l'*ata* italien, exprimant une action qui s'est faite :

> œillade
> croisade.

Il a certainement un caractère sinon péjoratif, au moins minoratif, dans :

> capucinade
> escapade
> fanfaronnade
> jérémiade.

Tous ces mots sont ou savants d'origine ou relativement modernes, les suffixes *atus* et *ata* ayant formé régulièrement les suffixes français *é* et *ée*. (Voyez ces suffixes.)

12. AGE, du suffixe latin *aticus*.

EXEMPLES :

voyage	de	viaticum
fromage	de	formaticum
sauvage	de	sylvaticus.

Ce suffixe indique la disposition à, l'emploi de, l'action de.

EXEMPLES :

abordage	action d'*aborder*
agiotage	action d'*agioter*
aunage	action d'*auner*
badinage	action de *badiner*
feuillage	emploi des *feuilles*
fourrage	emploi de la *paille*
volage	disposé à *voler*.

13. AI. Des suffixes latins *acem, aius, atum, agium* :

vr*ai*	de	ver*acem*
ni*aîs*		nid*acem*
b*ai*		b*aius*
del*ai*		dil*atum*
ess*ai*		ex*agium*.

Il y a des dérivés français, comme :

débl*ai*	de	deb*layer*
fr*ai*		f*rayer*

14. AIE. Du suffixe latin *etum*, qui désigne les plantations d'une même espèce d'arbres :

aunaie (aln*etum*) lieu planté d'*aunes*
frenaie (frasn*etum*) lieu planté de *fresnes*.

Voyez à ce sujet le chapitre que j'ai consacré à l'origine des noms de lieux, dans mes Entretiens sur l'origine et la formation de la langue française.

15. AIL. Des suffixes latins *aculum* et *ale*.

EXEMPLE EN *aculum* :

gubern*aculum*   gouvern *ail.*

EXEMPLES EN *ale* :

vervec	*ale*	berc	*ail*
besti	*ale*	bét	*ail*
port	*ale*	port	*ail.*

M. Littré dit que ce suffixe exprime quelque chose
instrumental; cela est vrai pour certains mots, mais
y a de trop nombreuses exceptions, comme on peut
en convaincre, pour pouvoir généraliser à ce point.

16. AILLE. Du suffixe latin *aculum*.

EXEMPLE :

ten *aculum*   ten *aille*

17. AILLE. Du suffixe *alia*. Ce suffixe a un sens
ollectif et quelquefois péjoratif.

Dans le sens collectif, nous citerons :

aum	*aille*	anim	*alia*
ou	*aille*	ov	*alia*
épous	*ailles*	spons	*alia*
fût	*aille*	fust	*alia*

Dans le sens collectif et péjoratif, je citerai ces dé-
ivés français :

prêtr*aille*
gueus*aille*
mange*aille*
moin*aille*
rac*aille*
valet*aille.*

18. AILLE suffixe ethnique qui vient de la désinence latine *alia :*

Boujaille   Botkalia (Doubs).

19. AIM. Provenant du suffixe *amen :*

faim   famen
essaim   examen.

20. AIN. Provenant des suffixes latins *amen, anus :*

airain   æramen
levain   levamen
romain   romanus
chapelain   capellanus
germain   germanus

Il y a aussi des dérivés français en *ain*, comme :

hautain   de   haut

21. AIN. Suffixe éthnique venant de la désinence latine *inus, inum :*

Beaurain   Bellirinus (Pas-de-Calais)
Chalain   Calinum (Jura)
Bouchain   Bulcinius (Nord)
Denain   Dononium (Nord).

22. AINE. Du suffixe latin *ena.* Exemple :

chaîne   de   catena.

23. AIRE. Suffixe d'origine savante des suffixes latin *arius* et *aris :*

advers aire   advers arius
antiphon aire   antiphon arius
angul aire   angul aris
milit aire   milit aris.

Le suffixe d'origine populaire correspondant à *aire* est *ier* :

Voyez ce que je dis à propos des formes *aire* et *ier* dans ma lettre XII.

24. AIS. Suffixe des verbes de la 4ᵉ conjugaison provenant du suffixe *asco* :

Je n*ais*	n*asco*
Je p*ais*	p*asco*.

25. AITRE. Suffixe de l'infinitif des verbes de la 4ᵉ conjugaison, répondant au suffixe *ascere* des Latins :

p*aître*	p*ascere*
conn*aître*	cogn*oscere*
n*aître*	n*ascere*.

26. AL. Suffixe répondant aux finales *alis* et *elis* latins et qui donne au radical le sens actif d'une idée ou d'une chose qui s'affirme :

fé	*al*	fid	*elis*
journ	*al*	diurn	*alis*
loy	*al*	leg	*alis*
ég	*al*	æqu	*alis*
roy	*al*	reg	*alis*

27. AN. Suffixe d'origine savante provenant des suffixes latins *anus* et *antem* :

an	de	ann*us*
pl*an*		plan*us*
vétér*an*		veter*anus*
quadr*an*		quadr*antem*

28. AN. Suffixe ethnique d'origines celtique et ger-

manique, provenant des désinences *encum, antum, ennus,* etc. :

Dourd*an*	de	Dord*encus* (Seine-et-Oise)
Cach*an*		Catic*antum* (Seine)
Crav*an*		Crev*ennus* (Yonne).

29. ANCE. Suffixe provenant du suffixe latin *antia* et *entia* :

abond *ance*	de	abund *antia*
const *ance*		const *antia*
confi *ance*		confid *entia.*

Une grande partie des mots qui terminent en *ance* sont des dérivés français qui, par conséquent, n'ont pas de correspondants en latin.

AND. Voyez ANT.

30. ANDE. Du suffixe latin *endus* ou *anda*, qui est la forme du participe futur des verbes passifs latins et qui donnent au radical la signification de l'obligation et du devoir :

viande   de   vivenda.

Il y a beaucoup de dérivés français en *ande* comme :

offr*ande*   d'offrir
réprim*ande* de réprimer.

31. ANS. Suffixe ethnique d'origine celtique et germanique, provenant de la désinence latinisée *incum* :

Oun*ans*	de Audinn*incum* (Jura)
Dort*ans*	de Dort*incum* (Ain)
Couh*ans*	de Covin*cum* (Saône-et-Loire).

32. ANT et AND. Suffixe des participes présents

etdes adjectifs issus de ces participes, provenant des désinences *ans*, des participes présents actifs latins *ans, antis, ens, entis :*

abond*ant*	abund*antem*
cepend*ant*	hoc pend*ente*
intend*ant*	intend*entem*
march*and*	merc*antem*
méch*ant*	minus cad*entem*
éché*ant*	ex cad*entem*

33. ARD. Du suffixe *ardus*, provenant du germanique *hart* et qui offre un sens sinon péjoratif au moins intensitif :

babill*ard*
bav*ard*
caf*ard*
cri*ard*
rich*ard*
job*ard*
mign*ard*
vieill*ard*

34. AS. Suffixe ethnique venant des désinences *iacum, acum, ate, ates, atio, atis, atum, atus, adius, etum, anus :*

Mars*as*	de	Marci*acum* (Gironde)
Arn*as*		Arn*acus* (Rhin)
Coussen*as*		Curcen*ate* (Hérault)
Lun*as*		Lun*atés* (Hérault)
Douss*as*		Dums*atio* (Nièvre)
Vi*as*		Avi*atis* (Hérault)
Le Castel*as*		Castell*atum* (Var)
Le Bourg*as*		Bourgu*etum* (Basses-Alpes)

Bourr*as*	Bonus*radius* (Nièvre)
Cesser*as*	Cesera*nus* (Herault)
Cru*as*	Crud*atus* (Ardèche).

ASSE. Voyez ACE.

35. AT. Suffixe d'origine savante provenant du suffixe latin *atus* :

avoc*at*   de   advoc*atus*
épiscop*at*   épiscop*atus*

La forme populaire du suffixe *atus* est *é*.

36. AT. Suffixe ethnique venant des désinences *iacum*, *acum*, *ate* :

Mars*at*	de Mar*ciacum*	(Puy-de-Dôme).
Carbonn*at*	de Carbon*acum*	(Saône-et-Loire).
Cond*at*	de Cond*ate*	(Lot).

37. ATRE. Suffixe minoratif répondant à la désinence latine *aster* qui exprime le blâme et la diminution, ou qui, par antithèse augmente la signification :

blanch*âtre*
verd*âtre*
bleu*âtre*
fol*âtre*
douce*âtre*
rouge*âtre*
mar*âtre*
bell*âtre*
acari*âtre*.

38. AUD. Suffixe diminutif du bas latin *aldus* du germanique *walt* :

bad*aud*
roug*eaud*
lourd*aud*.

39. AUGE. Suffixe ethnique venant de la désinence atine *ilicus, ilica, ilicum :*

Herbauge	Arbat*ilicus* (Loire-Inférieure).
Bazauge	Bas*ilica* (Charente-Inférieure).

40. AU et **AUS.** Suffixe ethnique provenant des lésinences *avus, avum :*

Milhau	Amigl*avum* (Aveyron).

41. AY. Suffixe ethnique des désinences *iacum* et *acum, agium, atus, etum, itum, idum, ilia, oilum, iscum, arum :*

Civray	de	Sever*iacus* (Vienne)
Alizay		Alis*iacum* (Eure)
Aulnay		Auden*acum* (Charente)
Epernay		Sparn*acum* (Marne)
Charamay		Caram*agium* (Isère)
Accolay		Accol*atus* (Yonne)
Coudray		Cori*letum* (Oise)
Hermeray		Hermor*itum* (Seine-et-Oise)
Groslay		Graul*idum* (Seine-et-Oise)
Arzay		Ars*ilia* (Isère)
Le Chenay		Can*oilum* (Seine-et-Oise)
Chalay		Cal*iscum* (Rhône)
Talmay		Talm*arum* (Côte-d'Or).

42. CE. Du suffixe latin *icem.*

EXEMPLES :

écorce	de	cort*icem*
pouce		poll*icem*
puce		pul*icem.*

43. CER. Suffixe verbal venant du suffixe de basse latinité *tiare :*

sucer	suc*tiare*

tracer   tract*iare*

chasser   capt*iare*.

44. CHE. Des suffixes latins *ia* et *ica :*

sè*che*   sep*ia*

man*che*   man*ica*

per*che*   pert*ica*.

45. CHE. Suffixe ethnique provenant des désinences latines *ia*, *icus* et *icum :*

La Garna*che*	Gasnap*ia*	(Vendée)
Aven*che*	Avent*icum*	(Suisse)
Le Per*che*	Pert*icus*	(France).

46. DUN. Suffixe ethnique d'origine celtique provenant de la désinence latinisée *dunum :*

Issou*dun*	de	Exol*dunum*
Château*dun*		Castello*dunum*

Voyez aussi le suffixe *un*.

47. E. Suffixe ethnique provenant des désinences latines *ia*, *ium*, *iacum*, *angum*, *inus*.

EXEMPLES

Ali*se*	de	Alis*ia*	(Côte-d'Or)
Chacri*se*		Carcris*ia*	(Aisne)
Valen*ce*		Valen*tia*	(Drôme)
Andu*se*		Andus*ia*	(Gard)
Deneuv*re*		Donob*rium*	(Meurthe)
Quarou*be*		Karub*ium*	(Nord)
Pr*ye*		Priv*iacum*	(Nièvre)
Joy*e*		Gaud*incum*	(Nièvre)
Mou*se*		Musc*iacum*	(Var)
Lucen*ge*		Lucin*iangum*	(H.-Savoie)
Le Caus*se*		Cauc*inus*	(Herault).

48. É. Suffixe ethnique venant des désinences *iacum, acum, ate, arius* et *ium :*

Fleuré de	Flor*iacum* (Vienne)
Quarré-les-Tombes de	Care*acus* (Yonne)
Céré de	Cer*ate* (Indre-et-Loire)
Montaigné	Mons asin*arius* (Puy-de-Dôme
Neuillé	Novisol*ium* (Maine-et-Loire)

49. É. Suffixe venant de l'*atus* latin. (Voyez le suffixe *ade*.)

Comme dans :

né	de	*natus*
aimé	de	*amatus*
ainé	de	anten*atus*

50. EAU. Suffixe diminutif attaché le plus souvent à des mots considérés aujourd'hui comme termes simples :

EXEMPLES.

ruisseau	de	*riu*, et *ru* (rivus)
ram*eau*		*rame*
chevr*eau*		*chèvre*
drap*eau*		*drap*

Certains mots en *eau* viennent du suffixe latin *ellus*, comme :

beau	de	b*ellus*
jum*eau*		gem*ellus*

51. EAU. Suffixe ethnique d'origine celtique venant des désinences latinisées *ogilum, oilum, iolum, olium, ellum :*

Arm*eau* de	Ermo*gilum* (Yonne)
Blen*eau*	Blan*oilus* (Yonne)

Avign*eau*   Aquinio*lum* (Yonne)
Epin*eau*   Spino*lium* (Yonne)
Menestr*eau* Monesterel*lum* (Nièvre).

52. EC. Suffixe ethnique venant des désinences *iacum* et *etum* :

Ruff*ec*   de   Ruff*iacum* (Charente)
Lir*ec*   Lir*iacum* (Vienne)
S. Martin du Trons*ec*   S. Martinus de Truns*etc* (Nièvre).

53. ECHES. Suffixe ethnique provenant de la désinence *iscæ* :

Roman*eches* de Roman*iscæ* (Saône-et-Loire)
Almen*eches* de Alman*iscæ* (Orne).

54. ÉE. Suffixe provenant du suffixe latin *ata* très-employé dans la basse latinité :

araign*ée* de arane*ata*
aim*ée*   am*ata*
chemin*ée*   cammin*ata*.

55. EGUE. Suffixe ethnique venant de la désinence latine *icus, ica, icum* :

Fabr*egues* de Fabr*ica* (Aveyron)
Vern*egue*   Alven*icum* (Bouches-du-Rhône).

56. EIL. Suffixe ethnique d'origine celtique, venant des suffixes *ogilus, ogilum*, transformés plus tard en *olium* :

Cret*eil* de Cristo*gilum* (Seine)
Corb*eil* de Corb*olium* (Seine-et-Oise).

57. EIL. Suffixe venant du suffixe diminutif latin *iculus* :

ort*eil*   art*iculus*
par*eil*   par*iculus*
verm*eil*   verm*iculus*.

58. EILLE. Du suffixe latin *icula :*

abeille   apicula
bouteille   buticula
oreille   auricula.

59. EILLE et **EILLES**, suffixe ethnique venant de la désinence *ilia, iculœ, iliœ, olœ :*

Marseille   Massilia (Bouches-du-Rhône)
Estivareilles   Stivariculœ (Allier)
Tourreilles   Torriliœ (Hérault)
Lignoreilles   .Linerolœ (Yonne).

60. EIN. Provenant du suffixe *enus* et *enum :*

serein   serenus
plein   plenus
frein   frenum.

61. EL. Des suffixes latins *alis,* *elis,* appartenant aux adjectifs de la 2ᵉ classe.

EXEMPLES :

mortel   mortalis
charnel   carnalis
cheptel   capitalis
cruel   crudelis
quel   qualis.

62. ELLE. Du suffixe latin *ela :*

tutela   tutelle
querela   querelle.

63. ELLE. Suffixe diminutif comme *eau.* Correspondant au latin *ella, illa :*

demoiselle   dominicella
aisselle   axilla
écuelle   scutella.

Il y a beaucoup de mots qui terminent en *elle*, mais qui n'ont pas d'analogues en latin. Ce sont des dérivés français comme :

prun*elle*	de	prune
tonn*elle*		tonne
cann*elle*		canne (roseau)

ou des mots empruntés à l'italien, comme :

bagat*elle* de l'italien	*bagatella*
citad*elle*	*citadella*

64. EN. Suffixe ethnique d'origine celtique, provenant des désinences *magus, omus* :

Rou*en*	Roto*magus* (Seine-Inférieure)
Noy*en*	Novio*magus* (Sarthe)
Ca*en*	. Cado*mus* (Calvados)
Lor*en*	Langro*mus* (Yonne).

65. EN et IEN. Des suffixes latins *anis*, *en*, *em*, *cne* *anus* :

chrét*ien* .	de	christi*anus*
cito*yen*		civitad*anus* (basse latinité)
do*yen*		deca*nus*
mo*yen*		medi*anus*
paï*en* .		paga*nus*
chi*en*		ca*nis*
li*en*		liga*men*
bi*en*		be*ne*
ri*en*		re*m*.

Beaucoup de mots n'ont pas d'origine latine, et sont dérivés de mots français, comme :

chirurg*ien*	de	chirurgie
gard*ien*		garder
maint*ien*		maintenir

66. ENDE. Du suffixe latin *endus*, provenant du participe futur du verbe passif latin. (Voyez *ande*.)

légende	de	legenda
dividende		dividendu
prebende		prebenda.

67. ENT. Du suffixe latin *entem*, accusatif de *ens*, qui n'est autre chose que le participe du verbe *être*, ce qui donne par conséquent au mot auquel il est joint le sens d'exister, d'être :

absent	absentem
adjacent	adjacentem
parent	parentem
sergent	servientem

Voyez *ant*.

68. ER. Suffixe qui vient du suffixe latin *arius*. (Voyez *ier*.)

berger	berbic	arius
boulanger	buleng	arius
danger	domini	arium

69. ER. Suffixe des verbes de la 1re conjugaison répondant aux suffixes *are* et *ere* des verbes des 2e et 3e conjugaisons :

aimer	am	*are*
douer	dot	*are*
discerner	discern	*ere*
dompter	domit	*are*
édifier	ædific	*are.*

70. ERE. La plus grande partie des mots français finissant par cette désinence viennent du grec. Les autres ne sont que les formes féminines de mots en

er. Ceux qui restent ne sont pas assez nombreux pour mériter l'attention.

71. ERRE. Suffixe ethnique, d'origine celtique, provenant de la désinence latine *durum* ou *dorum* :

Nant*erre*	Nemeto*durum* (Seine-et-Oise)
Aux*erre*	Autissio*durum* (Yonne)
Tonn*erre*	Terno*durum* (Yonne)
Iss*erre* (auj. Issoire)	Icio*durum* (Puy-de-Dôme).

72. ESC. Suffixe ethnique venant de la désinence latine *iscum* :

Lamb*esc*	de	Lamb*iscum* (Bouches-du-Rhône)
Peyr*esc*		Petr*iscum* (Hautes-Alpes).

73. ESSE. Vient des suffixes latins *issa* et *itia*.

EXEMPLES :

abb*esse*	de abbat*issa*
proph*étesse*	de prophet*issa*
par*esse*	de pigr*itia*
trist*esse*	de trist*itia*.

Ce suffixe indique l'état de ce qui est, comme dans ces dérivés français :

faibl*esse*	état de ce qui est	faible
allégr*esse*		allègre
délicat*esse*		délicat
jeun*esse*		jeune
vieill*esse*		vieux.

74. ET. Suffixe qui marque le diminutif. Ces diminutifs ne sont pas toujours faciles à observer, parce que les mots sur lesquels ils ont été construits n'exis-

tent plus dans la langue. En effet, s'il est facile de voir que :

lac*et*	vient de	lac
œillet		œil
corcel*et*		corps
feuill*et*		feuille
jardin*et*		jardin.

Il n'est pas aussi aisé de savoir que :

guichet (autrefois huichet) est un diminutif de *hui*.
ourlet d'*orl* (bord).
valet de *varletus*, varlet, *vassal* (vasaletus) pour valet.
soret de *saure* (brun) ordinairement hareng saure.

75. ET. Suffixe ethnique venant des désinences latines *itium, atum, etum, iacum, icus :*

Bourr*et*	Botri*lium* (Pas-de-Calais)
Orr*et*	Audr*atum* (Côte-d'Or)
Chaten*et*	Castan*etum* (Charente-Inférieure)
Lu*et*	Loi*sius* (Rhône)
Genill*et*	Genili*acum* (Puy-de-Dôme).

76. ÈTE. Des suffixes latins *estus, estum, estia, ista, isita :*

honn*ête*	de	hon*estus*
fête		fes*tum*
b*éte*		bes*tia*
arbal*ète*		arcubal*ista*
ar*éte*		ari*sta*
conqu*ête*		conqu*isita*
enqu*ête*		inqu*isita*.

77. ETTE. Suffixe qui marque le diminutif. J'ai, à

propos des suffixes *ette* la même observation à faire que pour *et*, il y en a de très-reconnaissables comme :

cassette	de	*châsse*
couchette		*couche*
cuvette		*cuve*
fourchette		*fourche*
miette		*mie*
vignette		*vigne*
maisonnette		*maison.*

Mais il y en a de plus difficiles à reconnaître aujourd'hui, comme :

chouette	de	*choue*
alouette		*aloue*
cachette		*cache*
mauviette		*mauvis*
violette		*viole.*

78. EU. Suffixe ethnique venant des désinences *iacum, ivum :*

Lagn*eu*	de	Latin*iacus* (Ain)
Ponthi*eu*		Pont*ivus* (Picardie)
Bezi*eux*		Bac*ivum* (Somme).

79. EUIL et EUL. Des suffixes diminutifs de basse latinité *iolus* et *eolus* provenant de *eus* et de *ius :*

fill*eul*	de	fil*iolus*, diminutif de *filius.*
chevr*euil*		capr*eolus* diminutif de *capra.*
glai*eul*		glad*iolus*, diminutif de *gladius.*
aï*eul*		av*iolus*, diminutif de *avus.*
bouvr*euil*		bovar*iolus*, diminutif de *bovarius.*

80. EUIL. Suffixe ethnique, d'origine celtique, ve-

nant aes suffixes latinisés *ogilus*, *ogilum*, transformés plus tard en *olium :*

Argent*euil*	Argent*ogilum* (Seine-et-Oise)
Br*euil*	Br*ogilum* (Oise).

81. EUR. Suffixe qui marque l'action transitive, et qui vient du suffixe latin *orem :* en latin les désinences *ator*, *atrix* désignent celui ou celle qui fait l'action :

ven*eur*	ven*atorem*
su*eur*	sud*orem*
sauv*eur*	salvat*orem*
amat*eur*	amat*orem*
accusat*eur*	accus*atorem*
admirat*eur*	admirat*orem*
adulat*eur*	adulat*orem*.

La forme *euse* s'est formée par analogie sur les formes dialectales en *eux*. Voyez *eux*.

Quant au suffixe comparatif *eur*, voyez *ieur*.

82. EURE. Suffixe ethnique provenant des désinences *durum* et *uræ :*

Is*eure*	Iciod*urum* (Indre-et-Loire)
Iz*eure*	Iciod*urum* (Allier)
Mand*eure*	Epomanduod*urum* (Doubs)
Cloy*eures*	E. de Claus*uris* (Meurthe).

83. EUX. Suffixe ethnique venant des désinences *iacus* ou *iacum*, *ivum*, *eolum*, *eolæ*, *iolum :*

Bezi*eux*	Bac*ivum* (Oise)
Braci*eux*	Brac*eolum* (Loir-et-Cher)
Poiz*eux*	E. de put*eolis* (Nièvre)
Bagn*eux*	Bann*iolum* (Moselle)
Fleur*ieux* de	Flor*iacus* (Rhône).

84. EUX. Suffixe qui répond à la finale latine *osus*, et que l'on met à la fin des radicaux de substantifs pour en faire des adjectifs qui marquent ce qui compose, ce qui constitue, ce qui possède et ce qui est doué de. M. Littré dit que ce suffixe remonte au sanscrit:

ois*eux*	oti*osus*
aqu*eux*	aqu*osus*
belliqu*eux*	bellic*osus*.

Il ne faut pas confondre ce suffixe avec la finale dialectale *eux*, fort en usage au moyen âge, et à laquelle on a préféré la finale *eur*, dont je viens de parler tout à l'heure.

85. EVE. Suffixe ethnique provenant de la désinence *ava :*

M*ève*	de	Messa*va* (Vienne)
Ren*ève*		Riona*va* (Côte-d'Or).

86. EVRE. Suffixe ethnique provenant de la désinence *verum :*

De*vre*	de	Do*verum* (Cher)
Mes*vre*		Maga*verum* (Saône-et-Loire).

87. EX. Suffixe ethnique venant de la désinence *iacum :*

G*ex*	de	Gia*cum* (Ain)
Fl*eix*		Flavia*cum* (Vienne).

88. EY. Suffixe ethnique venant des désinences *iacum, acum, arium, erium, eium, iagus, angium, iatus, adum, edum, etum, ada, isium, ellus :*

Lang*ey*	d'Angeli*acum* (Eure-et-Loir)
Mam*ey*	de Mam*acus* Meurthe)

— 337 —

Saus*sey* de Salic*etum* (Côte-d'Or)
Colomb*ey*   Columb*arium* (Meurthe
Centr*ey*   Cent*erium* (Meurthe
Thor*ey*   Torr*eium* (Meurthe)
Vill*ey*-le-Sec Vitil*iagus* (Meurthe
Pomp*ey*   Pomp*angium* (Meurthe
Aux*ey*   Alc*iatus* (Côte-d'Or)
Och*ey*   Osc*adum* (Meurthe)
Venr*ey*   Volv*redum* (Isère)
Coul*ey*   Codol*ada* (Haute-Savoie)
Arv*ey*   Arv*isium* (Savoie)
Champ*ey*   Camp*ellus* (Meurthe).

89. GE. Suffixe provenant des suffixes latins *eus, ius, ea, ia, icem, ica :*

étran*ge*   de   extran*eus*
sa*ge*   sap*ius*
ca*ge*   cav*ea*
ti*ge*   tib*ia*
ju*ge*   jud*icem*
ser*ge*   ser*ica*
pié*ge*   ped*ica*.

90. GE. suffixe ethnique provenant du suffixe *icus, icum :*

Lié*ge*   Leod*icum* (Belgique)
Uri*age*   Uriat*icum* (Isère)
Couza*ges*   Cozat*icus* (Corrèze).

91. GE. Du suffixe verbal latin *ico :*

jud*ico*   je ju*ge*
vend*ico*   je ven*ge*.

Voyez le suffixe verbal d'origine savante *iqué.*

LANGUE FRANÇAISE.   22

92. GNE. Suffixe provenant des suffixes *nea* :

lin*ea*	li*gne*
vin*ea*	vi*gne*
tin*ea*	tei*gne*.

93. GNE. Suffixe ethnique, vient de la désinenc
nia :

Marma*gne*	Marcom*annia* (Cher)
Cho*gne*	Ciconi*a* (Saône-et-Loire)
Colo*gne*	Coloni*a* (Gers).

94. GUE. Suffixe ethnique venant de la désinence
ica :

Camar*gue*	Camar*ica* (Bouches-du-Rhône)
Far*gue*	Fabr*ica* (Lot).

95. I. Des suffixes latins *icus* et *ica :*

am*i*	de	am*icus*
ennem*i*		inim*icus*
fourm*i*		form*ica*.

Voyez Y.

96. IBLE. Du suffixe latin *ibilis*, qui marque la
possibilité, comme *if* marque la certitude ; ainsi le
fer est *destructible* et *destructif ;* dans le premier cas,
il peut être détruit, dans le second il a la vertu de détruire.

EXEMPLES :

access	*ible*	access	*ibilis*
comest	*ible*	comest	*ibilis*
compréhens	*ible*	comprehens	*ibilis*
corrupt	*ible*	corrupt	*ibilis*.

Beaucoup d'adjectifs ont été formés sur le type latin sans en provenir, comme :

> admiss*ible*
> amov*ible*
> compat*ible*
> corrig*ible.*

97. ICE, ISSE et IS. Des suffixes latins *icium, itium, itia* et *icem* qui, d'après M. Littré, paraissent être une forme fréquentative du participe passif :

artif*ice*	artif*icium*
bénéf*ice*	benef*icium*
cil*ice* ᛐ	cil*icium*
exerc*ice*	exerc*itium*
avar*ice*	avar*itia*
just*ice*	just*itia*
mal*ice*	mal*itia*
cal*ice*	cal*icem*
cicatr*ice*	cicatr*icem*
compl*ice*	compl*icem*
gén*isse*	jun*icem.*

Il y a de ces noms en *ice* qui sont relativement modernes et qui proviennent soit de l'italien, comme :

esquisse	de	*schizzo*
caprice		*capriccio,*

soit du haut allemand, comme :

ecrevisse	de	*schrepiz.*

98. ICHE. Suffixe diminutif.

bourr*iche*	de	bourre
can*iche*		*canc* ou de *canis*

On retrouve ce suffixe dans certains mots de provenance étrangère, comme :

corniche   de   cornic⌣.

99. IDE. Suffixe qui vient du grec *eidos* et qui signifie *en forme de*, *semblable à*, comme :

sphéro*ïde*,   en forme de sphère.

100. IDE. Suffixe d'origine savante venant du suffixe latin *idus* :

rig*ide*	rig*idus*
ar*ide*	ar*idus*.

Les philologues retrouvent dans ce suffixe la trace du verbe sanscrit *dâ* ou *dhâ* qui signifie donner ou faire: ce suffixe caractériserait le radical, de façon à lui donner une valeur particulière :

cand*ide*	mot à mot	qui fait blanc
mor*bide*		qui fait malade
alg*ide*		qui fait froid.

· Le suffixe *idus* n'a pas produit de suffixes français d'origine populaire.

101. IE. Des suffixes latins *ium*, *ia*, *ica* et *ies* :

incend*ie*	incend*ium*
coméd*ie*	comœd*ia*
perfid*ie*	perfid*ia*
effig*ie*	effig*ies*
p*ie*	p*ica*
m*ie*	m*ica*
ort*ie*	urt*ica*.

Ce suffixe attaché à beaucoup de mots d'origine

grecque a été aussi composé d'après le type commun, comme :

maladie de malade.

Le suffixe verbal de l'indicatif présent des verbes de la première conjugaison vient des suffixes *igo*, *ego* et *ico*.

EXEMPLES :

je lie	ligo
je châtie	castigo
je nie	nego
je gratifie	gratifico.

102. IÈME. Suffixe quantitatif, appartenant aux noms de nombre ordinaux et venant de la finale latine *esimus :*

deuxième
troisième
quatrième, etc.

IEN. Voyez *en*.

103. IER et YER. Suffixe donnant au mot auquel il est joint un sens collectif désignant le plus souvent des emplois, des métiers, des objets, des végétaux et provenant des suffixes latins *aris*, *arius* et *erium*. Voyez aussi le suffixe *aire :*

aumônier	eleemosinarius
séculier	sæcularis
sanglier	singularis
métier	ministerium
foyer	focarium

voyer	*viarium*
cahier	*quaternus* [1].

Un grand nombre de ces mots en *ier* ne sont que des dérivés français.

abricot*ier*	d'abricot
amand*ier*	d'amande
banqu*ier*	de banque.

104. IERE et IERES. Suffixe ethnique très-répandu, provenant des suffixes latins *aria* ou *ariæ*, formes féminines singulière et pluriel d'*arius*, que j'ai cité plus haut, et qui donnent un sens de collectivité aux racines auxquelles elles se joignent :

Ach*ères*	*Apiariæ*, lieu où se trouvent des ruches.
Ani*ères*	*Asinariæ*, lieu où on élève des ânes.
Arment*ières*	*Armentariæ*, lieu où on élève des bestiaux.
Argent*ières*	*Argentariæ*, lieu où se trouvent des mines d'argent.
Plomb*ières*	*Plumbariæ*, lieu où se trouvent des mines de plomb.
Lini*ères*	*Linariæ*, lieu où l'on cultive du lin.

En *er*, etc.

105. IES. Suffixe ethnique assez commun dans le

---

[1] Voyez à propos de ce mot une communication très-intéressante de M. Gaston Paris, dans les Mémoires de la Société de linguistique, t. I, p. 285, par laquelle ce savant démontre l'étroite parenté des mots *cahier*, *carnet* et *caserne*.

nord de la France, venant de la désinence latine *acas*
transformée plus tard en *acum* :

Sasseign*ies*	Sacon*iacas* (Nord)
Landrec*ies*	Lander*iciacum* (id.)
Wargn*ies*	War*iniacum* (id.)

106. IEUR. Suffixe comparatif venant de la désinence latine *ior* qui exprime la comparaison. Seulement par une métathèse très-connue, l'*i* s'est rejeté
en arrière après la consonne dans la plupart des cas :

meill*eur*	de	mel*ior*
seign*eur*		sen*ior*
si*eur*		sen*ior*

107. IF. Suffixe marquant la certitude: il vient du
suffixe latin *ivus* qui exprime l'action. (Voyez *ible*.)

act*if*	de	act*ivus*
ablat*if*		abla*tivus*
chét*if*		cap*tivus*

Les dérivés français sont très-nombreux.

EXEMPLES :

abréviat*if*	d'abréviation
décis*if*	de décision.

108. IL. Des suffixes latins *ilis, ilium, ilum, ile,
ilicus, iculum, elinum* :

gent*il*	de	gent*ilis*
civ*il*		civ*ilis*
avr*il*		apr*ilis*
puér*il*		puer*ilis*
c*il*		c*ilium*

exil	exilium
fil	filum
chenil	canile
nombril	umbilicus
péril	periculum
persil	petroselinum.

109. ILLE. Des suffixes latins *icula* et *ilia;* le suffixe *icula* est un suffixe diminutif :

aiguille	acicula
cheville	clavicula
chenille	canicula
grille	graticula
famille	familia.

Il y a beaucoup de mots en *ille,* qui ne sont que des diminutifs formés sur des radicaux français :

EXEMPLES

béquille	de	bec
broutille		brou
charmille		charme
coquille		coque
flottille		flotte
faucille		faux.

110. IME. Suffixe d'origine savante provenant du suffixe latin *imen :*

crime	de	crimen
regime	de	regimen.

111. IN. Des suffixes latins *inus, ignus* et *enum :*

Antonin	Antoninus
aquilin	aquilinus

dauph*in* de delph*inus*
mal*in*   mali*gnus*
ben*in*   beni*gnus*
ven*in*   ven*enum*.

Il a un sens diminutif dans les dérivés français,
tels que :

diablot*in*
casaqu*in*
ignorant*in*.

Il a un sens péjoratif dans ceux-ci :

bouqu*in*
galop*in*
coqu*in*.

Il y a des mots en *in* auxquels on pourrait donner
l'un de ces sens, mais qui proviennent d'une langue
étrangère, comme :

faqu*in*   de   *facchino*
chicot*in* pour *socotrin*, aloës de l'île de *Socotora*.

112. IN. Suffixe ethnique provenant de la désinence *iacum, inus, unum, inium, ianum, onium, ingas* et
angus :

Chaucon*in*   Coconi*acum* (Seine-et-Marne)
le Cotent*in* Constant*inus* (Normandie)
Angoul*in*   Ingol*inus* (Charente-Inférieure)
Su*in*   Sed*unum* (Saône-et-Loire)
Anz*in*   As*inium* (Nord)
Press*in*   Pres*inium* (Pas-de-Calais)
Chaleyss*in*   Calessi*anum* (Isère)
Asqu*ins*   Escon*ium* (Yonne)
Lorqu*in*   Lorch*ingas* (Meurthe)
Rouf*in*   Roof*angus* (Loire).

113. INE. Suffixe d'origine savante provenant du suffixe latin *ina* :

machine de machina.

Les suffixes latins *inus* et *ina* se sont contractés en *e* dans les mots d'origine populaire.
C'est ainsi que :

pag*ina*	est devenu page
as*inus*	âne
dom*ina*	dame.

114. ING. Suffixe ethnique d'origine germanique *inghem*, provenant de désinences latinisées, *ingas*, *inga* :

Sotzel*ing*	de Sutsoli*ngas* (Meurthe).
Virm*ing*	Warn*ingas* (Meurthe)
Insm*ing*	Alm*ingas* (Meurthe)
Tritte*ling*	Dructer*inga* (Moselle).

115. INGE. Suffixe de même origine que la précédente :

Valent*inge*   Valent*ingos* (Nièvre).

116. INGUE. Suffixe de même origine que la précédente :

Ronn*ingues*   Ron*ingas* (Pas-de-Calais).

117. IQUE. Ce suffixe d'origine savante est en grande partie de formation française; il **correspond** au suffixe latin *icus* et au suffixe grec *icos*, et marque le rapport, l'origine :

port*ique*	port*icus*
viat*ique*	viat*icum*

mystique   de   *mysticos*   de   *mystès*, initié aux mystères, de *muô*, se taire, garder le silence.

narcotique   *narcoticos* de *narkê*, engourdissement.

Dans la plupart des cas, ce suffixe, combiné avec des thèmes nominaux, donne, comme en grec, une forme adjective au radical auquel il est joint :

académique d'académie
algébrique d'algèbre
angélique   d'ange.

Ique est aussi un suffixe verbal de forme savante qui est calqué sur le suffixe *ico* :

je mastique mastico
j'explique   explico
je revendique revendico
je pratique   pratico

Ico s'est transformé populairement en *ge* ou en *che*. Voyez ces suffixes.

118. IR. Suffixe verbal des verbes latins en *cre* transformé en *ire* dans la basse latinité :

agir   agere
avertir advertere.

La plus grande partie des verbes en *ir* est de composition récente et n'existe pas en latin :

aboutir
abrutir
accourir
adoucir, etc., etc.

119. IRE. Suffixe verbal des verbes latins en *ere* :

circon*cire*   circum ci*dere* (pour *circum cœdere*)
circons*crire*   circum scri*bere*
conf*ire*   confi*cere*
d*ire*   di*cere*
l*ire*   le*gere*.

120. IS et IX du suffixe latin *ecem* et *icem :*

breb*is* · verve*cem*
perdr*ix* perdi*cem*.

121. ISE. Suffixe presque toujours péjoratif qui donne à l'adjectif auquel il est joint la valeur d'un substantif :

balourd*ise*	de	balourd
bêt*ise*		bête
sott*ise*		sot
couard*ise*		couard
prêtr*ise*		prêtre
friand*ise*		friand.

122. ISER. Suffixe verbal qui signifie généralement faire, rendre :

util*iser*   rendre utile
fertil*iser*   rendre fertile
immortal*iser* rendre immortel
légal*iser*   rendre légal.

123. ISME. Suffixe qui marque l'aspect d'une chose, la qualité, la doctrine, et qui vient du suffixe grec *ismos, isma,* de *ismé,* esprit. Il se retrouve dans des mots qui proviennent directement du grec, comme :

archa*ïsme* de *archaïsmos,* expression antique, de *archaïos,* antique.

gargarisme de gargarismos de *gargaridzô*, gargariser.

barbarisme de *barbarismos*, parler barbare, de *bar-baros*, barbare.

cynisme   de *cynismos*, de *kyôn*, chien.

sophisme de *sophismos*, argument captieux, de *sophos*, habile.

Le suffixe *isme* a été aussi employé dans le même sens dans des mots qui ne sont que des dérivés français, comme :

> catholicisme de catholique
> calvinisme   de Calvin
> christianisme de chrétien
> cagotisme   de cagot
> terrorisme   de terreur.

Enfin, on le retrouve à la fin des mots d'origine latine, dont le radical n'existe cependant pas en français, comme :

> égoïsme de *ego*, je.

124. ISSIME. Du suffixe latin *issimus* qui marque le superlatif :

> amplissime
> clarissime
> grandissime
> généralissime.

125. ISTE. Suffixe qui vient de la désinence grecque *istès* et *istos*, qui désigne celui qui fait l'action indiquée par le radical. Exemple :

antagoniste de *antagônistès*, adversaire, de *anti*, contre, et *agôn*, combat.

helléniste   de *hellénistès*, de *ellèn*, grec.

sophiste   de *sophistès*, de *sophos*, habile.
Christ   de *Christos*, de *chriô*, oindre.

On a formé sur le même thème des dérivés français, comme :

ébén*iste*	de	ébène
duell*iste*	de	duel
liquor*iste*	de	liqueur
orneman*iste*	de	ornement.

126. LE. Des suffixes latins *ilis* et *ula :*

humb*le*	de	hum*ilis*
meub*le*		mob*ilis*
frê*le*		frag*ilis*
tab*le*		tab*ula*
ang*le*		ang*ula*
fâb*le*		fab*ula*.

Le suffixe français *ile* provenant de *ilis* est dû à l'influence savante.

127. LE. Suffixe verbal de certains temps de verbes français, venant du suffixe verbal latin *ulo* :

je comb*le*	cum*ulo*
je troub*le*	turb*ulo*
je mou*le*	mod*ulo*

Sous l'influence savante, ces verbes font : je cumule, je module.

128. MENT. Suffixe qui caractérise abverbialement des adjectifs, il vient du latin *mens*, *mentis* (esprit) auquel les néo-Latins ont donné le sens de façon, manière.

De *prudent* on a fait *prudemment*, c'est-à-dire d'une façon prudente :

ordinaire ordinaire*ment*

réel réelle*ment*.

Ce suffixe s'ajoute quelquefois à d'autres suffixes; c'est ainsi que de :

égoïste on a fait égoïs*tement*

chaleur*eux* chaleur*eusement*

imperçep*tible* impercep*tiblement*.

129. MENT. Suffixe nominal qui donne le sens d'acte ou d'action, et venant du suffixe latin *mentum* du vieux verbe *minere*, être :

testa*ment* acte par lequel on teste

docu*ment* acte par lequel on instruit.

130. OC. Presque tous les mots qui possèdent ce suffixe sont d'origine germanique ou celtique. Je citerai :

br*oc*, cr*oc*, est*oc*, fr*oc*.

131. OCHE. Suffixe ethnique provenant des désinences *oca, usca, ilica* :

M en *to che* Ment*usca* (Haute-Saône)

Baz*oche* Bas*ilica* (Mayenne)

Chevr*oches* Cavar*oca* (Nièvre)

132. OGNE. Suffixe péjoratif de formation française :

char*ogne* de chair

ivr*ogne* de ivre.

133. OILE. Du suffixe latin *ela :*

tela	toile
vela	voile
stella	étoile.

134. OINE. Du suffixe latin *ena:*

avoine   avena

135. OIR et OIRE. Des suffixes latins *orium* et *eres;* le suffixe *orium* désignait en latin la destination propre des choses :

dortoir	dormitorium, c'est-à-dire lieu où l'on dort.
pressoir	pressorium — où l'on presse.
Ozoir	Oratorium (Eure-et-Loir), lieu où l'on prie.
auditoir	auditorium lieu où l'on écoute.
hoir	hœres.

136. OIR. Du suffixe verbal latin *ere* qui marque l'infinitif :

habere	avoir
-debere	devoir
videre	voir.

Non-seulement un grand nombre de ces verbes ont été employés substantivement, mais on a forgé des substantifs en *oir* d'après des verbes français en *er* comme :

chauffoir	de	chauffer
épluchoir		éplucher
frottoir		frotter
lavoir		laver.

Je n'ai pas besoin d'ajouter que la forme *issoir* vient des verbes en *ir* :

rafraîchissoir   de   rafraîchir.

137. OIS. Du suffixe latin *ensis*:

bourg*eois*   burg*ensis*
m*ois*   m*ensis*.

On a forgé sur ce type plusieurs mots d'origine moderne:

cour*tois*   de   cour
ch*oix*   choisir.

138. OISE. Du suffixe *ensa* :

m*oise*   de   m*ensa*
t*oise*   de   t*ensa*.

139. OIT. Des suffixes *itus, ictus, ectus, ectum, idum*:

d*oigt*   de   dig*itus*
dé*troit*   distr*ictus*
è*troit*   str*ictus*
droit   dir*ectus*
t*oit*   t*ectum*
expl*oit*   expl*ectum*
fr*oid*   frig*idum*.

140. OLE. Suffixe diminutif du suffixe latin *olu* :

besti*ole*   de   besti*ola*
bric*ole*   bric*ola* (basse latinité).

Beaucoup de mots en *ole* ont été composés d'après le type latin, tout en n'étant que des dérivés français, comme :

band*erole*   de   *bandière*
camis*ole*   *camise* (chemise)
carri*ole*   *car* (char)
casser*ole*   *casse* (bassin)
croquign*ole*   *croquet* (biscuit).

Parmi les mots en *ole*, on en compte quelques-uns qui dérivent de diminutifs italiens ou espagnols, comme :

boussole	de	bossolo, petite boîte, diminutif italien de *bosso* (buis).
cabriole		*caviola* (ital.)
caracole		*caracol* (esp.)
coupole		*cupola*, dimin. ital. de *cupa*, coupe.

141. OM. Suffixe ethnique provenant des désinences *magus, omus :*

Riom	Ricomagus (Puy-de-Dôme).
Rom	Rotomagus (Deux-Sèvres).
Brom (auj. Brum)	Hebromagus (Aude)
Billom	Billomus (Puy-de-Dôme).

142. ON. Des suffixes latins *onem* et *ionem :*

charbon	carbonem
larron	latronem
soupçon	suspicionem
leçon	lectionem.

143. ON. Suffixe ethnique provenant de la désinence *onnus, edonus, ianum, ongæ, dunum, magus, onus :*

Châlon	de	Captialonnum (Charente-Inf.)
Mougon		Médiconnus (Indre-et-Loire)
Vallon		Vatilonnum (Sarthe)
Authon		Augustodunum (Eure-et-Loir)
Lyon		Lugdunum (Rhône)
Laon		Lugdunum (Aisne)
Sion		Sedunum (Suisse)

Argenton	Argentomagus (Indre)
Chassenon	Cassinomagus (Charente)
Noyon	Noviomagus (Oise)
Charenton	Carentonus (Cher)
Courson	Curcedonus (Yonne)
Pisançon	Pisancianum (Drôme)
Jaillon	Gavalongœ (Meurthe)

144. ON. Suffixe quelquefois augmentatif, quelquefois diminutif :

bouchon	de	bouche
capuchon		capuche
manchon		manche
cornichon		corne
bridon		bride
guidon		guide.

145. OND. Du suffixe latin *undus* :

blond	de	blundus (bas lat.)
fécond		fecundus
fond		fundus
rond		rotundus.

146. OQUE. Suffixe diminutif :

bicoque   de   bicoca (bas. lat.)

147. OR et ORE. Suffixe ethnique provenant de la désinence *durum* ou *dorum* :

Vaussor	Valciodorum (Belgique)
Isernore	Isernodurum (Ain).

148. OT. Ce suffixe peut être quelquefois considéré comme un diminutif :

chariot	de	char
finot		fin
manchot		manche
vieillot		vieux.

149. OT et OZ. Suffixe ethnique venant des désinences *oscus, atus, etum, eium* et *olum :*

Caderot	de	Cadar*oscus* (Bouches-du-Rhône)
Onnoz		Hagn*oscus* (Jura)
Dollot		Dodol*atus* (Yonne)
Munot		Muln*etum* (Nièvre)
Azelot		Arsill*eium* (Meurthe)
Anneot		Agne*olum* (Yonne).

150. OTE. C'est aussi un suffixe diminutif :

cal*otte*	de	cal
garg*otte*		garg
men*otte*		main

151. OU. Des suffixes latins *avus, ulus, ollis, ollum,* pour quelques mots seulement, la plupart des mots en *ou* ne venant pas du latin, et étant d'origine incertaine :

cl*ou*	de	cl*avus*
couc*ou*		cuc*ulus*
p*ou*		pedic*ulus*
gen*ou*		genic*ulum*
f*ou*		f*ollis*
c*ou*		c*ollum*

152. OU. Suffixe ethnique provenant des désinences *acum, avum, oscum, iolum, ogilum :*

Chat*ou*	de	Captun*acum* (Seine-et-Oise)
Narl*ou*		Narlo*dum* (Nièvre)
Anj*ou*		Andeg*avum* (France)
Poit*ou*		Pict*avum* (France).
Caill*ou*		Cajo*scum* (Tarn-et-Garonne)
Br*ou*		Bra*iolum* (Eure-et-Loir)
Authi*ou*		Alto*qilum* (Nièvre).

153. OUILLE. Du suffixe latin *ucula-uculum* qui parait être dans certains cas un diminutif :

cornouille	corniculum
grenouille	ranuncula.

Les désinences *ula, ullæ, uctile, olium* ont aussi ormé le suffixe *ouille* :

gargouille	de	gargula
houille		hullæ
douille		ductile
andouille		inductile
dépouille		despolium.

Enfin quelques mots en *ouille* ont été composés sur des verbes comme :

fouille	de	fouiller
brouille		brouiller.

154. OUR. Ce suffixe français vient des suffixes latins *orem, urnus ou urnum, urtis :*

amour	amorem
cour	curtis
four	furnum
jour	diurnus.

155. -OUR. Suffixe ethnique, vient de la désinence latine *orium :*

Oradour   Oratorium (Cantal).

156. OUSSE. Suffixe ethnique provenant de la désinence *osca :*

Caderousse   Cadarosca (Vaucluse).

157. OY. Suffixe ethnique provenant des désinences *edum, etum, irus, iaca, iacum* :

Gerber*oy*	Gerbor*edum* (Oise)
Auln*oy*	Aln*etum* (Aisne)
Châten*oy*	Castan*etum* (Loiret)
Omm*oy*	Ulm*irus* (Seine-Inférieure
Puln*oy*	Purner*iaca* (Meurthe)
Chol*oy*	Caul*iacum* (Meurthe).

158. RE. Suffixe de l'indicatif de certains verbes français provenant du suffixe *ere* :

sour*dre*	de	sur*gere*
mou*dre*		mol*ere*.

159. RIE. Ce suffixe exprime tantôt l'effet de la cause indiquée par le radical, comme :

bouffonn*erie*	de	bouffon
coquin*erie*		coquin
flatt*erie*		flatteur
fourber*ie*		fourbe ;

Tantôt l'état de celui qui remplit certaines fonctions ou certains métiers, comme dans :

chancell*erie*	de	chancelier
chevaler*ie*		chevalier
bouch*erie*		boucher
boulang*erie*		boulanger
drap*erie*		drapier.

Quelquefois enfin *rie* s'ajoute à certains mots dans un sens péjoratif, comme :

ân*erie*	de	âne
prud*erie*		prude
vieill*erie*		vieux.

160. SON. Du suffixe latin *tionem*. C'est le suffixe d'origine populaire correspondant au suffixe *tion* d'origine savante :

rai	*son*	ra	*tionem*
poi	*son*	po	*tionem*
fa	*çon*	fac	*tionem*
déclinai	*son*	déclina	*tionem*.

161. TE. Du suffixe latin *ita* :

det*te*	deb*ita*
per*te*	perd*ita*
ren*te*	redd*ita*.

162. TÉ. Du suffixe latin *tatem*, accusatif d'une série de mots latins appartenant à la 3ᵉ déclinaison, et qui expriment presque tous des qualités :

boni*tatem*	bon*té*
volun*tatem*	volon*té*
sani*tatem*	sainte*té*
æs*tatem*	é*té*
pauper*tatem*	pauvre*té*.

163. TION. Suffixe d'origine savante, calqué sur des mots latins terminant à l'accusatif en *tionem* :

ra*tionem*	ra*tion*
po*tionem*	po*tion*
fac*tionem*	fac*tion*.

Le suffixe correspondant d'origine populaire est *son* (Voyez ce suffixe).

164. U. Du suffixe latin *utus* :

corn*u*	de	corn*utus*
chen*u*		can*utus*.

Les dérivés français sont nombreux :

ventru	de	ventre
barbu		barbe
chevelu		cheveu.

165. UCHE. Suffixe diminutif venant du suffixe latin *uceus :*

peluche
merluche
guenuche.

166. UDE. Suffixe d'origine savante d'après les mots latins en *itudo, itudinis,* qui marque l'état d'une chose :

amplitude	amplitudinem
aptitude	aptitudinem
béatitude	beatitudinem
certitude	certitudinem.

Il y a aussi des mots en *ude,* dérivés du français sur le type des mots venus du latin, comme

aptitude	de	apte
décrépitude		décrépit.

167. UE. Du suffixe latin *uca :*

charrue	de	carruca
laitue		lactuca
massue		massuca.

Quelques mots en *ue* ne sont que des dérivés français, comme

avenue	de	avenir
battue		battre.

168. UME. Suffixe d'origine savante provenant du suffixe latin *umen :*

légume	de	legumen
volume		volumen
bitume		bitumen.

169. UME. Suffixe d'origine populaire provenant du suffixe accusatif latin *udinem :*

amer**tume**	amari**tudinem**
cou**tume**	consue**tudinem**
enc**lume**	in**cudinem.**

170. UN. Du suffixe latin *unus :*

un	*unus*
jeu**n**	jeju**nus.**

171. UN. Suffixe ethnique provenant de *dunum* voyez *dun :*

Autu**n**	de	Augusto**dunum** (Saône-et-Loire)
Embru**n**		Eburo**dunum** (Hautes-Alpes)
Ahu**n**		Agi**dunum** (Creuse).

172. URE. Des suffixes latins *ura* et *atura :*

arm**ure**	arma**tura**
chauss**ure**	calci**atura**
agricul**ture**	agricul**tura**
cein**ture**	cinc**tura.**

La plus grande partie des mots en *ure* sont de dérivés français formés d'après des types provenant du latin comme :

ver**dure**	de	*vert*
froi**dure**		*froid.*

173. VIERS. Préfixe ethnique venant des désinences *verus, verum :*

Lou**viers**	Loco**verus** (Eure)
Re**viers**	Rode**verum** (Calvados).

174. Y. Suffixe ethnique provenant des désinences

latines *ia, iacus, iacum, idum, itus, itum, etum, iola, aha* :

Liazy	de	Lausia (Marne)
Antony		d'Antoniacus (Seine-et-Oise)
Jouy		Gaudiacus (Seine-et-Oise)
Rouy		Rotegiacum (Nièvre)
Preny		Prunidum (Meurthe)
Noisy-le-Sec		Nucitus superior (Seine)
Noisy-sur-Oise		Nocitum (Seine-et-Oise)
Champlemy		Campus lemetii (Nièvre)
Chassigny		Cassaniola (Yonne)
Tincry		Dincraha (Meurthe).

175. YER. Voyez *ier* :

Tels sont les principaux suffixes qui entrent dans la formation des mots de la langue et du langage géographique.

FIN

TABLE ANALYTIQUE DES MATIÈRES

FIN DE LA TABLE ANALYTIQUE DES MATIÈRES

LISTE DES MOTS FRANÇAIS

Les noms de lieux sont en italique

Abbesse, 332.
Abée, 100.
Abeille, 174, 248, 329.
Abhorrer, 285.
Abject, 285.
Ablatif, 343.
Abondance, 322.
Abondant, 323.
Abordage, 318.
Aboutir, 347.
Abréviatif, 343.
Abricot, 100, 101.
Abricotier, 342.
Abrutir, 347.
Absence, 286.
Absent, 331.
Absoudre, 195, 285.
Abstenir, 286.
Abstraire, 286.
Abus, 285.
Acabit, 276.
Académique, 347.
Acariâtre, 324.
Accabler, 106
Accent, 286.
Accepter, 286.
Accessible, 338.
Acclamer, 286.
Accolay, 325.
Accoster, 286.
Accouder, 286.
Accourir, 347.
Accusateur, 335.
Achat, 276.
Ache, 229.
Acheres, 342.

Acheter, 173, 276.
Achever, 274.
Achey, 337.
Acide, 214.
Actif, 177, 343.
Adage, 286.
Adjacent, 331.
Admirateur, 335.
Admissible, 339.
Adorer, 193, 286.
Adoucir, 347.
Adragant, 100.
Adulateur, 335.
Adversaire, 138, 283, 320.
Affable, 314.
Affirmer, 286.
Affluer, 286.
Agiotage, 318.
Agir, 222, 347.
Agneau, 146, 259.
Agriculture, 361.
Ahun, 361.
Aïeul, 147, 184, 334.
Aigle, 219, 244.
Aigu, 137, 190, 219.
Aiguille, 248, 344.
Aiguiser, 158.
Ail, 247.
Aile, 137.
Aimé, 190, 327.
Aimée, 328.
Aimer, 137, 331.
Aîné, 288, 327.
Airain, 136, 320.
Aisselle, 205, 329.
Algébrique, 347.

Cahier, 258, 342.
Cahors, 235.
Caille, 248.
Cailler, 248.
Caillou, 356.
Caisse, 173, 211.
Caleçon; 230.
Calice, 339.
Calotte, 356.
Calumet, 230.
Calvinisme, 349.
Camaïeu, 160.
Camarade, 231.
Camargue, 338.
Cambrai, 176.
Camelot, 231.
Camisole, 353.
Camp, 230.
Campagne, 230.
Canal, 230.
Cancan, 216, 217.
Cancre, 230.
Candélabre, 231.
Candide, 340.
Caniche, 339.
Cannelle, 330.
Canonicat, 231.
Cap, 273, 274.
Capade, 278.
Caparaçon, 277.
Cape, 230.
Capeline, 277.
Capitaine, 275.
Capital, 82, 275.
Capitaliste, 276.
Capitan, 275.
Capitation, 275.
Capiteux, 275.
Capitoul, 275.
Capitulaire, 276.
Capitulation, 276.
Caporal, 275.
Capote, 277.
Caprice, 339.
Captal, 275.
Captif, 177.
Capuce, 277.
Capuche, 277.
Capuchon, 277, 355.

Capucin, 278.
Capucinade, 278, 307.
Capucine, 278.
Caqueux, 217.
Car, 211.
Caracole, 354.
Carbonnat, 324.
Carène, 109.
Carennac, 315.
Carnac, 315.
Carré, 242.
Carrefour, 242.
Carriole, 353.
Cartulaire, 138.
Cas, 77.
Casaquin, 345.
Casser, 205, 211.
Casserole, 353.
Cassette, 334.
Castelas (le), 323.
Catachrèse, 292.
Catacombe, 292.
Catafalque, 83.
Cataplasme, 292.
Catarrhe, 292.
Catholicisme, 349
Cause, 201.
Ce, 121.
Ceinture, 141, 361.
Celui, 121.
Cendre, 194.
Centenaire, 138.
Centenier, 138.
Centrey, 337.
Cep, 172.
Cependant, 323.
Cercle, 109.
Cercler, 82.
Céré, 327.
Cerf, 177.
Cerise, 116, 117, 201.
Certes, 203.
Certitude, 360.
Cerveau, 145, 181.
Cesseras, 324.
Cet, 121.
Chabot, 275.
Chacrise, 326.
Chaîne, 190, 320.

Ciboire, 155.
Ciboule, 117.
Cicatrice, 339.
Cigogne, 219, 259.
Cidre, 195, 214.
Ciel, 160, 213.
Cierge, 160.
Cil, 343.
Cilice, 339.
Cimetière, 118.
Cingler, 214.
Cinq, 217.
Circoncire, 348.
Circonférence, 293.
Circonscrire, 293, 348.
Circonspect, 269.
Circonspection, 265, 269.
Circonvenir, 293.
Circuler, 82.
Cire, 118.
Cisalpin, 293.
Cisrhénan, 293.
Citadelle, 330.
Citerne, 204.
Citoyen, 330.
Civil, 343.
Civray, 325.
Clair-obscur, 284.
Clair-voyant, 284.
Clairac, 315.
Clarissime, 349.
Clarté, 81.
Clore, 129.
Clou, 356.
Cloyeures, 335.
Coadjuteur, 293.
Coalition, 293.
Coffre, 176, 239.
Cognée, 259.
Cohabiter, 293.
Coi, 211.
Coin, 221.
Coing, 221.
Collaborer, 293.
Cologne, 338.
Colombey, 337.
Colonne, 258.
Colporter, 284.
Combattre, 293.

Comble, 176.
Combler, 82, 135, 350.
Comédie, 340.
Comestible, 338.
Comité, 82.
Commentaire, 138.
Commode, 293.
Communier, 83.
Communiquer, 83.
Compatible, 339.
Complice, 339.
Compréhensible, 338.
Compte, 81.
Comté, 82.
Concombre, 258.
Concourir, 294.
Condat, 324.
Conduit, 159.
Confesser, 294.
Confiance, 83, 322.
Confidence, 83.
Confire, 348.
Connaître, 258, 321.
Connétable, 257, 283
Conquête, 333.
Constance, 322.
Constance, 144.
Contradiction, 283.
Contraire, 138.
Contrebande, 294.
Contredanse, 283.
Contredire, 283.
Contreseing, 294.
Contrôle, 294.
Convent, 144.
Coquille, 218,, 344.
Coquin, 345.
Coquinerie, 358.
Corail, 247.
Corbeau, 175.
Corbeil, 328.
Corbeille, 248.
Corcelet, 333.
Coriace, 316.
Corme, 252.
Corniche, 340.
Cornichon, 355.
Cornouille, 357.
Cornu, 359.

FIN DE LA LISTE DES MOTS FRANÇAIS

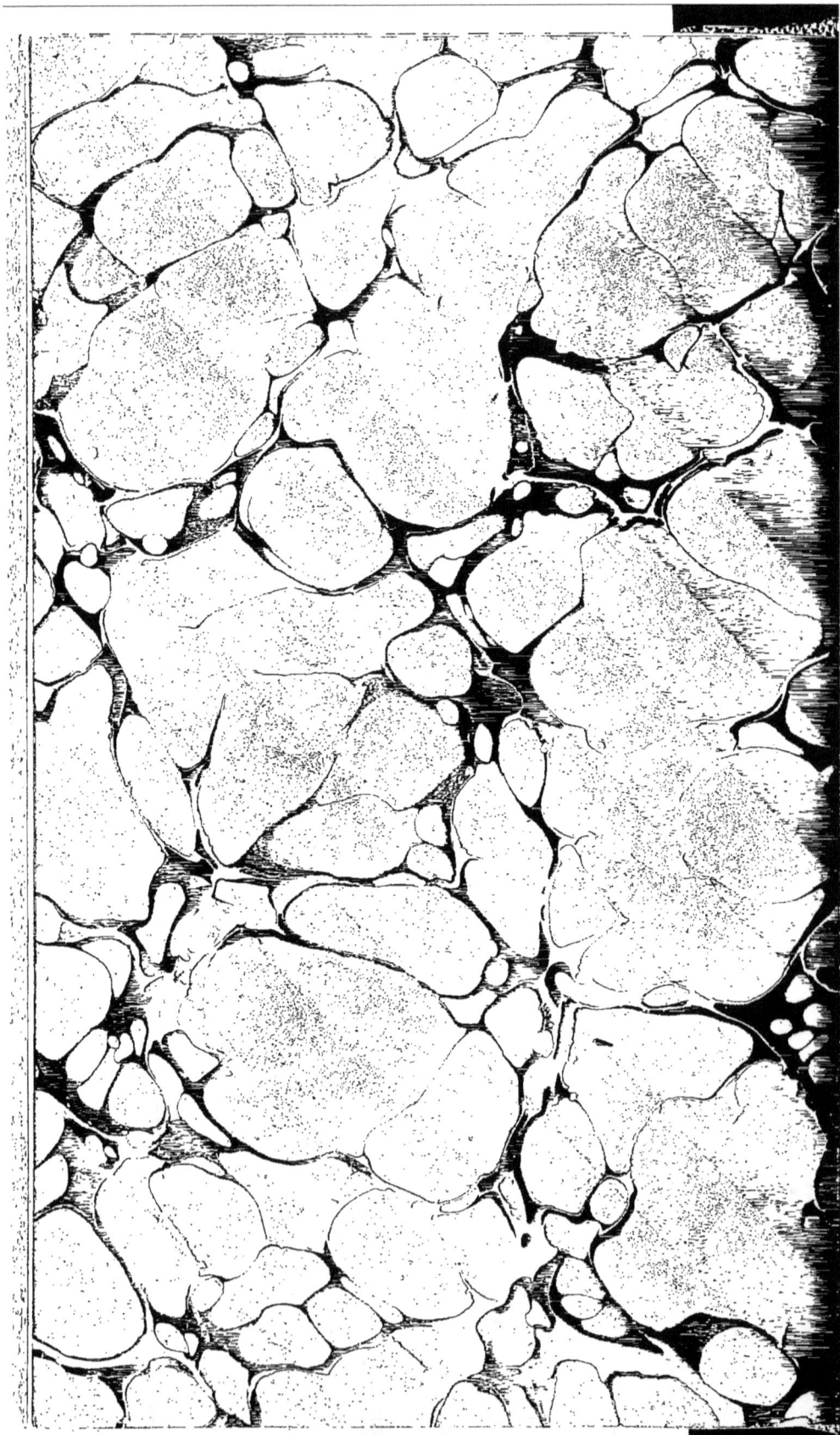

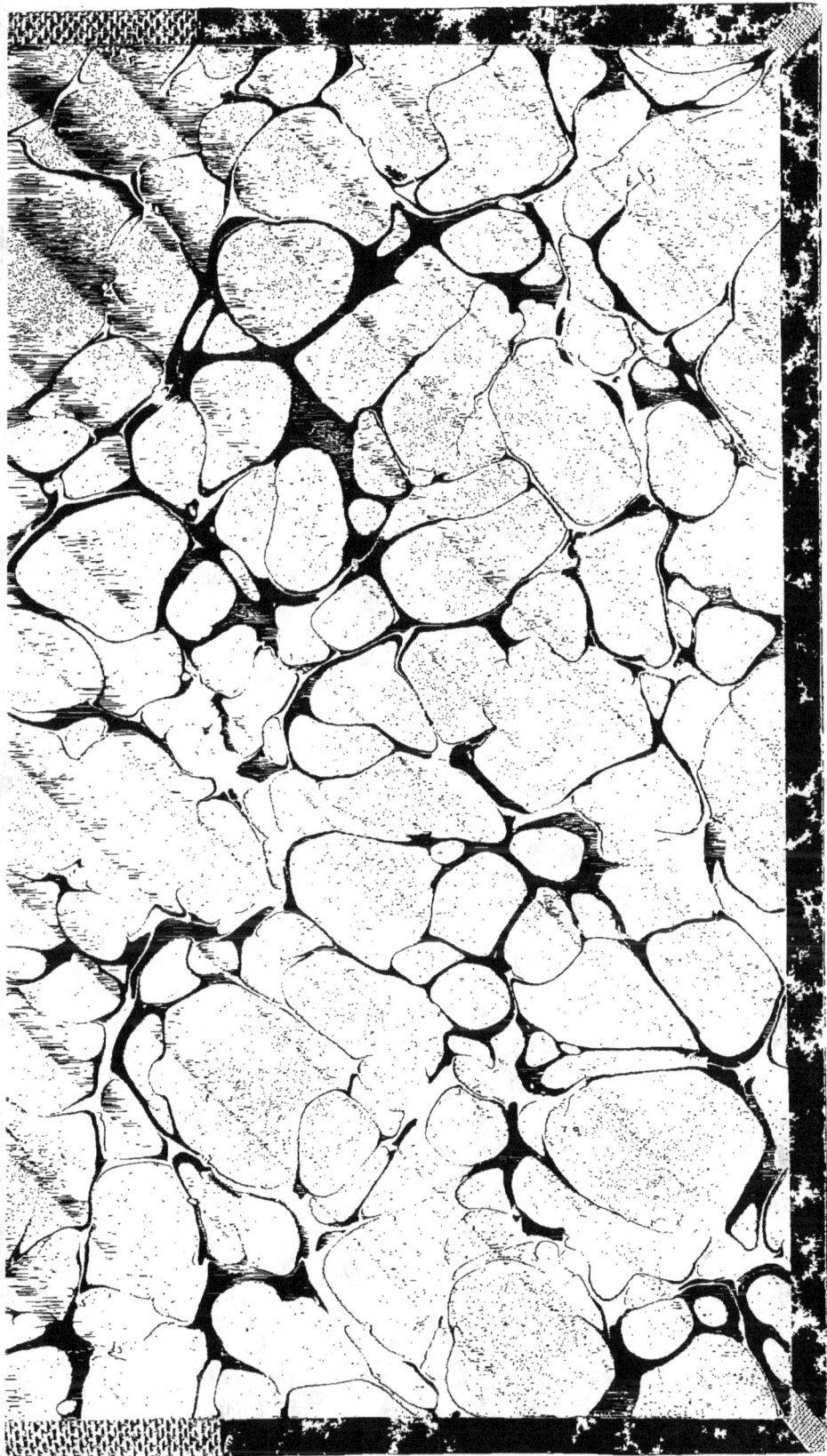

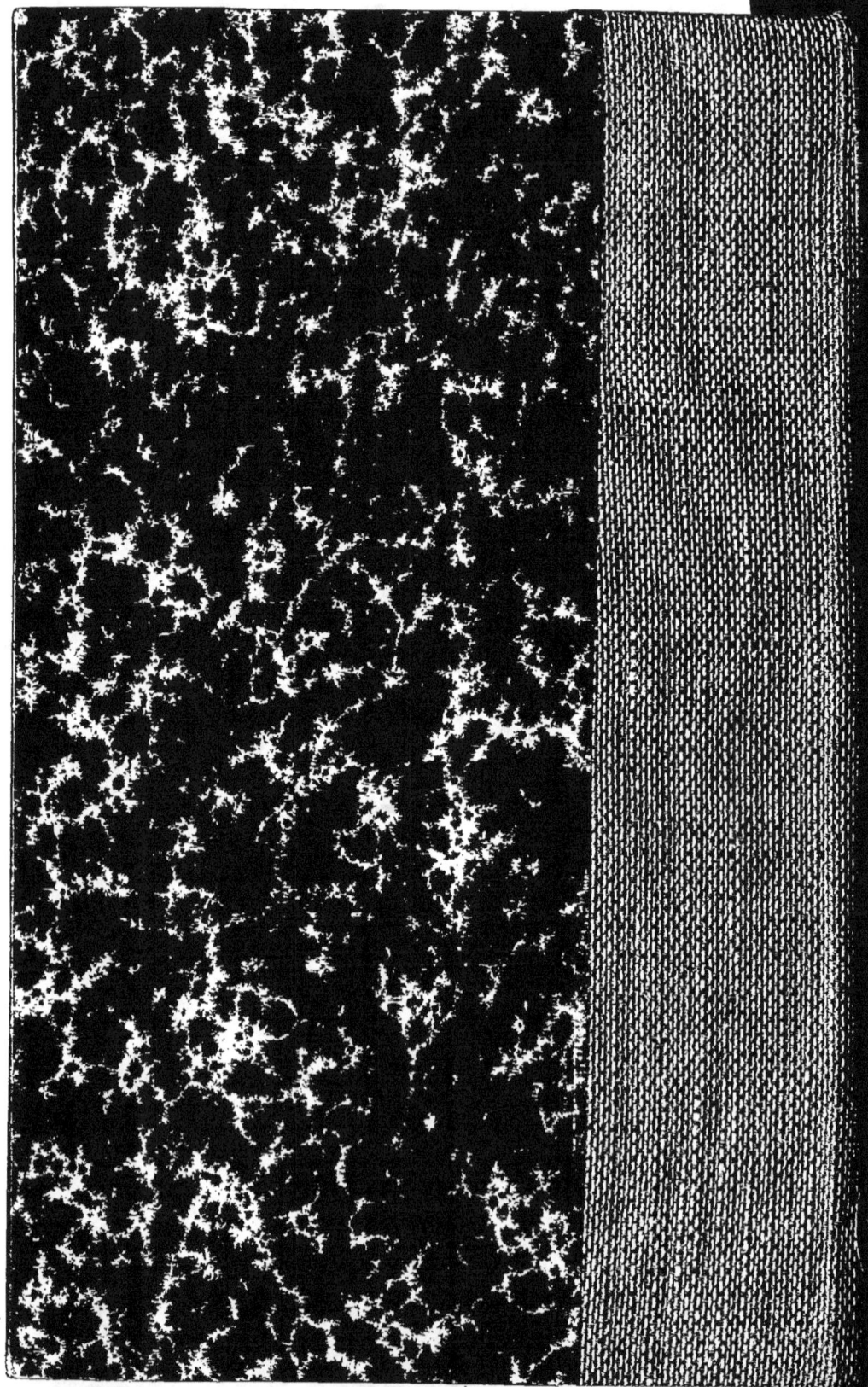

www.ingramcontent.com/pod-product-compliance
Lightning Source LLC
Chambersburg PA
CBHW072001270326
41928CB00009B/1513